全経簿記 上級
原価計算・管理会計テキスト
Cost accounting
Management accounting

第4版

公益社団法人
全国経理教育協会［編］

中央経済社

はしがき

本書は，公益社団法人全国経理教育協会主催の簿記能力検定試験上級のうち，「原価計算」および「管理会計」の受験者が勉強する際のテキストを意図して作成されている。同時に，大学院など上級の教育機関における原価計算あるいは管理会計の教材としても利用できるように意図されている。おかげさまで，今回第4版を刊行できることになった。なお，姉妹書として「商業簿記」および「財務会計」のテキスト「全経簿記上級　商業簿記・財務会計テキスト」も作成されている。

本書の特徴は，次のとおりである。

1　体裁はコンパクトながらも原価計算および管理会計の全領域を網羅し，しかも，全体がスムースに理解しやすいように編集されている。
2　上級レベルに焦点をあてて説明されているが，同時に，基本的な部分も簡単に説明することにより，基本的な部分の復習ができるように工夫されている。読んでみて理解が不十分と感じられた場合は，基本が不十分なわけであるから，入門書に戻って復習されることをお勧めする。
3　各項目の論点をできるだけやさしく解説し，さらに〈練習問題〉と〈解答・解説〉をつけることにより，理解をより確実なものにするように配慮した。読者は，論点説明を読んだ後，自ら計算し，問題を解いてほしい。
4　管理会計の分野は近年の社会環境の変化に伴い，従来とは大きく変化してきている。このため管理会計の伝統的な領域だけでなく，近年の管理会計理論の新しい領域も含む内容となっている。

本書の編集・執筆は，奥村雅史氏（早稲田大学商学学術院教授），高橋賢氏（横浜国立大学大学院国際社会科学研究院教授），および坂口順也氏（名古屋大学大学院経済学研究科教授）にお願いした。三氏の他に，斯界で定評のある先生方を執筆協力者としてお迎えすることができた。この場をお借りしてご協力に深甚なる感謝を申し上げる。

本書が全経上級簿記能力検定試験の受験者に広く利用され，一人でも多く上級試験に合格され，また職業会計人として，社会で活躍されるよう，心から祈っている。

令和5年8月

公益社団法人　全国経理教育協会　簿記上級試験審査会会長
熊本学園大学大学院教授　佐藤　信彦

＊　上級試験の科目名は令和6年7月実施の試験より変更になりますが，本書の内容は，令和6年2月実施の試験にも対応しています。

執筆者一覧

奥村　雅史（早稲田大学商学学術院教授）――――Ⅰ章，Ⅹ章，Ⅺ章

高橋　　賢（横浜国立大学大学院国際社会科学研究院教授）――――Ⅰ章，Ⅴ章，Ⅷ章

坂口　順也（名古屋大学大学院経済学研究科教授）――――Ⅰ章，Ⅵ章，Ⅶ章

中村　彰良（高崎経済大学経済学部教授）――――Ⅱ章

望月　恒男（愛知大学経営学部教授）――――Ⅲ章

望月　信幸（熊本県立大学総合管理学部教授）――――Ⅳ章

渡邊　章好（東京経済大学経営学部教授）――――Ⅵ章

寺戸　節郎（中央学院大学商学部教授）――――Ⅶ章

上山　晋平（文教大学経営学部准教授）――――Ⅷ章

君島美葵子（横浜国立大学大学院国際社会科学研究院准教授）――――Ⅸ章

吉田　栄介（慶應義塾大学商学部教授）――――Ⅺ章

窪田　祐一（南山大学経営学部教授）――――Ⅺ章

大西　　靖（関西大学大学院会計研究科教授）――――Ⅺ章

伊藤　和憲（専修大学商学部教授）――――Ⅻ章・XIII章

公益社団法人　全国経理教育協会主催
簿記能力検定試験規則

（令和６年４月改正）

第１条　本協会は，この規則により全国一斉に簿記能力検定試験を行う。

第２条　検定試験は筆記によって行い，受験資格を制限しない。

第３条　検定試験は年間４回行い，その日時及び場所は施行のつどこれを定める。
ただし上級の試験は毎年２回とする。

第４条　検定試験は上級，１級，２級，３級，基礎簿記会計の５階級に分ける。

第５条　検定試験の科目及び制限時間を次のように定める。

級	科目	制限時間
上級	商業簿記／財務会計	１時間30分
	原価計算／管理会計	１時間30分
１級	商業簿記・財務会計	１時間30分
	原価計算・管理会計	１時間30分
２級	商業簿記	１時間30分
２級	工業簿記	１時間30分
３級	商業簿記	１時間30分
基礎簿記会計		１時間30分

第６条　検定試験の標準開始時間を次のように定める。

級	科目	開始時間	級	科目	開始時間
上級	商業簿記／財務会計	13時00分	２級	商業簿記	10時50分
	原価計算／管理会計	15時00分	２級	工業簿記	13時00分
１級	商業簿記・財務会計	９時00分	３級	商業簿記	９時00分
	原価計算・管理会計	10時50分	基礎簿記会計		13時00分

ただし，１級以下の試験については，天災，交通機関の遅延等により，上記の時間に開始できないときは，各試験場検定責任者において，「開始時間変更に関する申請書」を提出することとする。

第７条　検定試験は各級とも１科目100点を満点とし，全科目得点70点以上を合格とする。ただし，上級は各科目の得点が40点以上で全４科目の合計得点が280点以上を合格とする。

第８条　検定試験に合格した者には合格証書を交付する。ただし，１級の１科目（商業簿記・財務会計又は原価計算・管理会計）の得点70点以上の者には科目合格証書を交付する。科目合格証書を有する者が，その後の検定試験において，他の１科目の得点が70点以上のときは，「１級合格証書」を交付する。
２級商業簿記と２級工業簿記に合格した者には合格証書を交付するが，「２級合格証書」は交付しない。

第９条　上級試験については，施行細則を別に定める。

第10条　受験手続き及び受験料については別にこれを定める。

第11条　本規則の改廃は，理事会が決定する。

※第８条１級科目合格者は第178回（平成27年５月31日施行）から適用するが，それ以前の１級科目合格者は合格証書や合格証明書の提出をもって交付します。

簿記能力検定試験上級施行細則

（平成30年４月改正）

簿記能力検定試験規則第９条の規定による施行細則を次のとおり定める。

第１条　試験場については，正会員校又は理事長が認めた場所とする。

第２条　試験の公開性を尊重し広く一般に公正な試験を施行するため，特に厳重に監督，管理する。

第３条　上級試験の試験委員は正会員外の学識経験ある者の中から理事長が委嘱する。

第４条　試験委員は２名以上とする。

第５条　試験委員の任期は簿記上級試験審査会規則に定める。

第６条　試験委員は試験問題の作成から簿記能力検定試験規則第７条ただし書きの規定による合格判定まで担当する。

簿記能力検定試験実施要項

（令和６年４月改正）

簿記能力検定試験規則第10条の規定による詳細を次のとおり定める。

●受験資格　男女の別，年齢，学歴，国籍等の制限なく誰でも受けられる。

●申込方法　協会ホームページの申込サイト（http://www.zenkei.or.jp）にアクセスし，メールアドレスを登録し，マイページにログインするためのIDとパスワードを受け取る。

上級受験者は，試験当日，顔写真付の「身分証明書」を持参する必要がある。

マイページの検定実施一覧から申し込みを行う。申し込み後，コンビニ・ペイジー・ネットバンキング・クレジットカード・キャリア決済・プリペイドのいずれかで受験料を支払う。受験票はマイページから印刷し試験当日に持参する。２つの級を受験することもできる。

●受験料（税込）

級	科目	受験料	級	科目	受験料
上級		7,800円	２級	商業簿記	2,200円
１級	商業簿記・財務会計	2,600円	２級	工業簿記	2,200円
	原価計算・管理会計	2,600円	３級	商業簿記	2,000円
			基礎簿記会計		1,600円

●試験時間　試験時間は試験規則第５条を適用するものとする。開始時間は受験票に記載する。

●合格発表　試験日から１週間以内にインターネット上のマイページで閲覧できる。ただし，上級については２か月以内とする。※試験場の学生，生徒の場合，各受付校で発表する。

簿記能力検定試験出題基準および合格者能力水準

（令和６年４月改正）

簿記能力検定試験は，次の基準により作成し，この簿記会計能力水準を保証するものとする。

基礎簿記会計　（簿記会計学の基本的素養が必要な営利・非営利組織）

①組織が営利か非営利かに関係なく必要とされる簿記の仕組み及び会計学の基本的な考え方を理解できる。

②個人事業主及び極めて小規模な株式会社の経営者や経理担当者，あるいはマンション管理組合の役員として関連組織を計数の観点から管理するための会計情報を作成及び利用できる。

３　級　**商業簿記**　（小規模株式会社）

①小売業や卸売業（商業）における管理のために必要とされる簿記の基本的な仕組みを理解できる。

②小規模な株式会社の経理担当者ないし経営管理者として計数の観点から管理するための会計情報を作成及び利用できる。

２　級　**商業簿記**　（中規模株式会社）

①会社法による株式会社を前提とし，小売・卸売業のみならず他業種にも応用できる簿記，とりわけ資本の管理（調達・運用）のために必要とされる簿記の仕組みを理解できる。

②中規模な株式会社の経理・財務担当者ないし経営管理者として計数の観点から管理するための会計情報を作成及び利用できる。

工業簿記（製造業簿記入門）　（工業簿記の基礎）

製造業における簿記の学習の導入部と位置付け，現場の経理担当者として，工程管理のための実際原価に基づく基本的な帳簿を作成でき，また，これらを管理する能力を持つ。

1　級　**商業簿記・財務会計**　（大規模株式会社）

①会社法による株式会社のなかで商業を前提にし，主たる営業活動のみならず，財務活動や投資活動など，全般的に管理するために必要な簿記及び財務会計に関する基本的な事柄を理解できる。

②大会社の経理・財務担当者ないし経営管理者として計数の観点から管理するための会計情報を作成及び利用できる。連結財務諸表については，会計人として初歩的知識を保有する。

原価計算・管理会計　（中小規模企業）

製造業の経理担当者ないし管理者として，原価の意義や概念を理解したうえで，複式簿記に精通し，製造過程の帳簿を作成できるとともに，その内容を理解でき，製造原価報告書および製造業の損益計算書と貸借対照表を作成できる。また，作成した製造原価報告書と損益計算書を管理に利用できる能力を持つ。

上　級　**商業簿記／財務会計**　（上場企業）

①上場企業のCFO，公認会計士や税理士などの会計専門職およびその候補者として必要な簿記及び財務会計に関する事柄を理解できる。

②大規模株式会社組織を計数の観点から管理するため，並びに，公認会計士や税理士又はその候補者として業務を行うために，会計情報を作成及び利用できる。

原価計算／管理会計

製造・販売過程に係る原価の理論を理解したうえで，経理担当者ないし公認会計士を含む会計専門職を目指す者として，原価に関わる簿記を行い，損益計算書と貸借対照表を作成できる。また，製造・販売過程の責任者ないし上級管理者として，意思決定ならびに業績評価のための会計を運用できる。

基礎簿記会計・商業簿記・財務会計

1．上級は高度な知識と複雑な実務処理が求められる。
2．会計基準及び法令は毎年４月１日現在施行されているものに準拠する。

基礎簿記会計	３級商業簿記	２級商業簿記	１級商業簿記・財務会計	上級商業簿記／財務会計
簿記会計学の基本的素養が必要な営利・非営利組織	**小規模株式会社**	**中規模株式会社**	**大規模株式会社**	**上場企業**
出題理念および合格者の能力 ①組織が営利か非営利かに関係なく必要とされる簿記の仕組み及び会計学の基本的な考え方を理解できる。 ②個人事業主及び極めて小規模な株式会社の経営者や経理担当者，あるいはマンション管理組合の役員として関連組織を計数の観点から管理するための会計情報を作成及び利用できる。	**出題理念および合格者の能力** ①小売業や卸売業（商業）における管理のために必要とされる簿記の基本的な仕組みを理解できる。 ②小規模な株式会社の経理担当者ないし経営管理者として計数の観点から管理するための会計情報を作成及び利用できる。	**出題理念および合格者の能力** ①会社法による株式会社を前提とし，小売・卸売業のみならず他業種にも応用できる簿記，とりわけ資本の管理（調達・運用）のために必要とされる簿記の仕組みを理解できる。 ②中規模な株式会社の経理・財務担当者ないし経営管理者として 計数の観点から管理するための会計情報を作成及び利用できる。	**出題理念および合格者の能力** ①会社法による株式会社のなかで商業を前提にし，主たる営業活動のみならず，財務活動や投資活動など，全般的に管理するために必要な簿記及び財務会計に関する基本的な事柄を理解できる。 ②大会社の経理・財務担当者ないし経営管理者として計数の観点から管理するための会計情報を作成及び利用できる。 連結財務諸表については，会計人として初歩的知識を保有する。	**出題理念および合格者の能力** ①上場企業のCFO，公認会計士や税理士などの会計専門職およびその候補者として必要な簿記及び財務会計に関する事柄を理解できる。 ②大規模株式会社組織を計数の観点から管理するため，並びに，公認会計士や税理士又はその候補者として業務を行うために，会計情報を作成及び利用できる。
1　簿記の基本構造 1. 基礎概念（営利） a. 資産，負債，純資産 b. 収益，費用 c. 損益計算書と貸借対照表との関係 2. 取引 a. 取引の意義 b. 取引の種類 c. 取引の構成要素（８要素） 3. 勘定 a. 勘定の分類 b. 勘定記入の原則 …… c. 仕訳と転記 d. 貸借平均の原理	 評価勘定……	……	……	……対照勘定

基礎簿記会計	3級商業簿記	2級商業簿記	1級商業簿記・財務会計	上級商業簿記／財務会計
簿記会計学の基本的素養が必要な営利・非営利組織	**小規模株式会社**	**中規模株式会社**	**大規模株式会社**	**上場企業**
4. 帳簿 a. 主要簿 仕訳帳 （現金出納帳） 総勘定元帳 b. 補助簿 （次の2諸取引の処理参照）				
	5. 証ひょう			
		6. 帳簿組織 a. 単一仕訳帳制		
			b. 特殊仕訳帳制	
2　諸取引の処理 1. 現金預金 a. 通貨	通貨代用証券			
現金出納帳	b. 現金過不足 c. 小口現金 小口現金出納帳			
d. 普通預金				
	e. 当座預金 当座預金出納帳	当座借越 当座 当座勘定出納帳	銀行勘定調整表	
		f. 納税準備預金		
			g. 別段預金	
		h. 外貨預金		
	i. 定期預金 （一年以内）			
		2. 手形 a. 約束手形の振出,受入,取立,支払 営業外受取手形・支払手形	為替手形の振出,受入,引受,取立,支払 (自己宛為替手形) (自己受為替手形) 自己受外貨建為替手形	
		b. 裏書及び割引 c. 手形の更改 d. 手形の不渡り		
			e. 外貨建荷為替手形(荷為替手形)	
		f. 受取手形記入帳 支払手形記入帳 g. 金融手形 借入, 貸付における証書代用の手形		

基礎簿記会計	3級商業簿記	2級商業簿記	1級商業簿記・財務会計	上級商業簿記／財務会計
簿記会計学の基本的素養が必要な営利・非営利組織	小規模株式会社	中規模株式会社	大規模株式会社	上場企業
			h. 保証債務	
3. 売掛金と買掛金 a. 売掛金, 買掛金	売掛金（得意先）元帳, 買掛金（仕入先）元帳			
		b. クレジット売掛金 c. 電子記録債権・債務		
			d. 仕入割引 e. 外貨建売掛金・買掛金	
4. その他の債権と債務等 a. 貸付金, 借入金				
	b. 未収（入）金, 未払金 c. 前払金（前渡金）, 前受金（予約販売を含む） d. 立替金, 預り金 e. 仮払金, 仮受金			
			f. 商品券（自社）	
		g. 他店（共通）商品券		
	5. 有価証券 a 有価証券の売買			
		b. 売買目的有価証券の評価		約定日基準, 修正受渡基準 総記法
			c. 端数利息 d. 有価証券の貸付・借入・差入・預り・保管	
	6. 貸倒れと貸倒引当金 a. 貸倒れの処理 b. 差額補充法			財務内容評価法, キャッシュ・フロー見積法

基礎簿記会計	3級商業簿記	2級商業簿記	1級商業簿記・財務会計	上級商業簿記／財務会計
簿記会計学の基本的素養が必要な営利・非営利組織	小規模株式会社	中規模株式会社	大規模株式会社	上場企業
7. 商品 a. 分記法				総記法
	b. 売上原価対立法(個別／月次) c. 三分法 返品			値引
	売上帳・仕入帳			d. 五分法その他の分割法
	e. 払出原価の計算 先入先出法	移動平均法	総平均法	後入先出法
	商品有高帳			
		f. 期末商品の評価		売価還元法
		棚卸減耗 商品評価損		
			g. 履行義務の充足 一時点に充足 一定期間にわたり充足 (基本的なもの	(複雑なもの)
			－営業第1期)	原価回収基準 特殊商品売買 割賦販売 (利息別記法) 取戻品の処理 委託売買 受託売買 試用販売 未着品売買 h. 変動対価 売上割引 返品権付販売 カスタマー・ロイヤリティ・プログラム i.トレーディング目的の棚卸資産
				8. デリバティブ取引(ヘッジ会計などを含む)
9. 固定資産			割賦購入(利息は定額法処理のみ)	
a. 有形固定資産の取得	固定資産台帳			
		b. 建設仮勘定	圧縮記帳 直接控除方式 積立金方式	

基礎簿記会計	3級商業簿記	2級商業簿記	1級商業簿記・財務会計	上級商業簿記／財務会計
簿記会計学の基本的素養が必要な営利・非営利組織	小規模株式会社	中規模株式会社	大規模株式会社	上場企業
			c. リース債務の整理	
		オペレーティングリース取引 ファイナンス・リース取引 利子込み法	借手側の処理 定額法	貸手側の処理 利息法
			d. 資産除去費用の資産計上	計算
	e. 減価償却 定額法		定率法 生産高比例法	その他の償却法
	記帳法・直接法	間接法		
		f. 有形固定資産の売却	有形固定資産の除却	
			g. 無形固定資産 ソフトウェア （自社利用）	（受注制作） （市場販売目的）
			h. 固定資産の減損	計算
		i. 投資その他の資産		
			満期保有目的の債券 償却原価法－定額法	利息法
			子会社株式 関連会社株式 その他有価証券 （税効果を含む） 出資金 長期前払費用 投資不動産	
			10. 繰延資産 繰延創立費，繰延開業費，繰延社債発行費（等），繰延株式交付費，繰延開発費	
		11. 引当金 賞与引当金，修繕引当金	商品保証引当金，債務保証損失引当金，退職給付引当金	計算 （連結貸借対照表では，退職給付に係る負債）
			12. 資産除去債務	計算
13. 純資産（資本） a. 資本金 b. 引出金				

基礎簿記会計	3級商業簿記	2級商業簿記	1級商業簿記・財務会計	上級商業簿記／財務会計
簿記会計学の基本的素養が必要な営利・非営利組織	**小規模株式会社**	**中規模株式会社**	**大規模株式会社**	**上場企業**
14. 収益と費用				
商品販売益，家賃収入，サービス収入など，受取利息 給料，広告費，水道光熱費，発送費，旅費，交通費，通信費，消耗品費，修繕費，支払家賃，支払地代，保険料，雑費，支払利息	売上，雑益など 仕入，交際費，支払手数料，租税公課雑損など	償却債権取立益，受取手数料など 福利厚生費，保管料，支払リース料，創立費，開業費，株式交付費など	負ののれん発生益，社債発行費（等），開発費，減損損失など	研究開発費など
	15. 税金 a. 所得税 b. 固定資産税			
	c. 消費税（税抜方式）	決算整理		
		d. 法人税・住民税・事業税		
				e. 税効果会計
	3　株式会社			
	1. 資本金 a. 設立			
		b. 増資		
		通常の新株発行	資本準備金・利益準備金の資本金組入	その他資本剰余金・その他利益剰余金の資本金組入
			c. 減資	
				d. 現物出資 e. 株式の転換 f. 株式の消却 g. 株式の分割
		2. 資本剰余金		
		a. 資本準備金	減少	
		株式払込剰余金		株式交換剰余金 株式移転剰余金 新設分割剰余金 吸収分割剰余金 など
			b. その他資本剰余金	減少
			資本金減少差益 資本準備金減少差益	自己株式処分差益 自己株式処分差損
	3. 利益剰余金			
		a. 利益準備金		減少
	b. その他利益剰余金			
		任意積立金	減少	
	繰越利益剰余金			

基礎簿記会計	3級商業簿記	2級商業簿記	1級商業簿記・財務会計	上級商業簿記／財務会計
簿記会計学の基本的素養が必要な営利・非営利組織	小規模株式会社	中規模株式会社	大規模株式会社	上場企業
				4. 会計上の変更と誤謬の訂正
		5. 剰余金の配当等		分配可能額の計算
		a. 剰余金の配当	中間配当	
		b. 剰余金の処分 （基本的なもの）	（複雑なもの）	
				6. 自己株式 7. 評価・換算差額等 その他の包括利益
			8. 会社の合併	
				9. 株式交換 10. 株式移転 11. 会社の分割 12. 株式交付 13. 新株予約権 新株予約権付社債 14. 会社の清算
			15. 社債 a. 発行及び利払 b. 期末評価 定額法	利息法 評価勘定法（社債発行差金勘定） c. 社債の償還（満期償還，買入償還，分割償還，繰上償還），社債の借換
		4 本支店会計 1. 支店会計の独立 2. 本支店間の取引		
			3. 支店相互間の取引 支店分散計算制度 本店集中計算制度	
		4. 本支店合併財務諸表	a. 未達事項の整理	
		b. 本支店損益計算書の合併及び本支店貸借対照表の合併 内部利益なし		内部利益の控除
		5 外貨建取引等の換算 1. 外貨の換算		
			2. 外貨建取引の換算	
				3. 外貨表示財務諸表項目の換算

基礎簿記会計	3級商業簿記	2級商業簿記	1級商業簿記・財務会計	上級商業簿記／財務会計
簿記会計学の基本的素養が必要な営利・非営利組織	小規模株式会社	中規模株式会社	大規模株式会社	上場企業
6 決算 1. 試算表				
	2. 決算整理 商品棚卸，減価償却，貸倒見積，現金過不足，営業費用の繰延と見越	売買目的有価証券の評価，収益と費用の繰延と見越および再振替	満期保有目的の債券・その他有価証券の評価，リース取引の整理，繰延資産の償却，社債の評価など	
3. 精算表 6欄(桁)精算表	8欄(桁)精算表			
4. 収益と費用の損益勘定への振替				
5. 純損益の資本金勘定への振替	繰越利益剰余金勘定への振替			
6. 帳簿の締切り 英米式			大陸式	
繰越試算表			資産，負債および純資産の開始残高勘定と閉鎖残高勘定への振替	
7. 財務諸表 a. 損益計算書と貸借対照表 勘定式・無区分		勘定式・区分損益計算書	報告式(会社法)	報告式(金融商品取引法) b. キャッシュ・フロー計算書
			c. 株主資本等変動計算書 (基本的なもの)	(複雑なもの)
			8. 連結財務諸表 a. 連結精算表 (基本的なもの－支配獲得日)	(複雑なもの) b. 連結貸借対照表 c. 連結損益計算書 d. 連結包括利益計算書(連結損益及び包括利益計算書) e. 連結キャッシュ・フロー計算書 9. 四半期個別財務諸表 10. 四半期連結財務諸表

基礎簿記会計	3級商業簿記	2級商業簿記	1級商業簿記・財務会計	上級商業簿記／財務会計
簿記会計学の基本的素養が必要な営利・非営利組織	小規模株式会社	中規模株式会社	大規模株式会社	上場企業
7 その他の組織形態の会計 5. 非営利団体 a. 収入，支出 b. 現金出納帳 c. 元帳 d. 試算表 e. 会計報告書				1. 合名会社 2. 合資会社 3. 合同会社 4. 組合(組合法)
			8 会計に関する法令等 1. 会社法 会社法施行規則 会社計算規則 2. 企業会計原則	3. 財務諸表等規則・ガイドライン 4. 連結財務諸表規則・ガイドライン 5. 公表された各種の基準，意見書，適用指針，実務対応報告，国際会計基準等
			9 財務諸表の分析 (基本的なもの)…… ＲＯＡ(総資産利益率) ＲＯＥ(自己資本利益率) 総資産負債比率・自己資本比率 流動比率 当座比率	……(複雑なもの)

原価計算・管理会計

＜公益社団法人　全国経理教育協会＞

2級工業簿記（製造業簿記入門）	1級原価計算・管理会計	上級原価計算／管理会計
出題理念および合格者の能力 製造業における簿記の学習導入部と位置付け，現場の経理担当者として，工程管理のための実際原価に基づく基本的な帳簿を作成でき，また，これらを管理する能力を持つ。	**出題理念および合格者の能力** 製造業の経理担当者ないし管理者として，原価の意義や概念を理解したうえで，複式簿記に精通し，製造過程の帳簿を作成できるとともに，その内容を理解でき，製造原価報告書および製造業の損益計算書と貸借対照表を作成できる。また，作成した製造原価報告書と損益計算書を管理に利用できる能力を持つ。	**出題理念および合格者の能力** 製造・販売過程に係る原価の理論を理解したうえで，経理担当者ないし公認会計士を含む会計専門職を目指す者として，原価に関わる簿記を行い，損益計算書と貸借対照表が作成できる。また，製造・販売過程の責任者ないし上級管理者として，意思決定ならびに業績評価のための会計を運用できる。
1　工業簿記の特質		
1. 商業簿記と工業簿記		
2. 工業経営における分課制度		
2　工業簿記の構造		
1. 商的工業簿記（小規模製造業簿記）		
2. 完全工業簿記		
3. 工業簿記の勘定体系		
4. 工業簿記の帳簿組織		
5. 報告書の作成		
a. 原価計算表	………製造原価報告書／明細書	
	b. 損益計算書と貸借対照表	
3　原価		
1. 原価の意義		
2. 原価の要素と種類		
a. 材料費，労務費，経費		
b. 直接費と間接費		
c. 製造原価と総原価		
d. 製品原価と期間原価		
e. 実際原価		
	f. 正常原価	
	g. 予定原価	
	h. 標準原価	
		i. 特殊原価
	3. 原価の態様	
	a. 変動費と固定費	
	4. 非原価項目	

2級工業簿記(製造業簿記入門)	1級原価計算・管理会計	上級原価計算／管理会計
4　原価計算		
1. 原価計算の意義と目的		
2. 原価計算の種類		
a. 個別原価計算		
b. 総合原価計算		
c. 実際原価計算		
	d. 正常原価計算	
	e. 予定原価計算	
	f. 標準原価計算	
	g. 直接原価計算	
3. 原価計算期間		
5　材料費の計算と記帳		
1. 分類		
2. 帳簿と証ひょう		
3. 購入		
4. 消費		
5. 期末棚卸，棚卸減耗		
6　労務費の計算と記帳		
1. 分類		
2. 帳簿と証ひょう		
3. 支払		
4. 消費		
5. 賃金以外の労務費		
7　経費の計算と記帳		
1. 分類		
2. 帳簿と証ひょう		
3. 支払		
4. 消費		
		5. 複合費の計算
8　製造間接費の計算と記帳		
1. 分類		
2. 帳簿と証ひょう		
3. 製造間接費の配賦		
a. 実際配賦		
	b. 正常配賦／予定配賦	
	4. 製造間接費予算	
	9　部門費の計算と記帳	
	1. 意義と種類	
	2. 部門個別費と部門共通費	

2級工業簿記（製造業簿記入門）	1級原価計算・管理会計	上級原価計算／管理会計
	3. 補助部門費の配賦	
	a. 直接配賦法	
	b. 相互配賦法（簡便法）…………	（連続配賦法）
		（連立方程式法）
		c. 階梯式配賦法
10 個別原価計算と記帳		
1. 意義		
2. 特定製造指図書		
3. 製造元帳		
	4. 作業くず，仕損の処理と評価	
11 総合原価計算と記帳		
1. 意義と記帳		
a. 直接材料費と加工費		
b. 仕掛品の評価		
c. 平均法と先入先出法…………	…………	後入先出法
2. 単純総合原価計算		
	3. 組別総合原価計算	
	4. 等級別総合原価計算	
	（等価係数の決定を含む）	
	a. 単純総合原価計算に近い方法	
	b. 組別総合原価計算に近い方法	
	5. 連産品原価計算	
	6. 工程別総合原価計算	
	a. 累加法	
		b. 非累加法
		c. 加工費工程別総合原価計算
	7. 副産物，作業くずの処理と評価	
	8. 仕損，減損の処理…………	評価
	a. 度外視法	
		b. 非度外視法
	12 標準原価計算と記帳	
	1. 意義	
	2. 記帳	
	a. パーシャル・プラン	
		b. シングル・プラン
		c. 修正パーシャル・プラン
	3. 原価差異の計算と分析	
	a. 直接材料費の材料消費価格差異と数量差異…………	左記以外の差異すべて
	b. 直接労務費の賃率差異と作業時間差異…………	左記以外の差異すべて

2級工業簿記(製造業簿記入門)	1級原価計算・管理会計	上級原価計算／管理会計
	c. 製造間接費差異(三分法)…………	(二分法, 四分法ほか)
	13　直接原価計算と記帳	
	1. 意義	
	2. 直接原価計算方式の損益計算書…………	固定費調整
	3. 損益分岐点とCVP分析	
	a. 安全率と損益分岐点比率	
		b. 経営レバレッジ係数
		4. 事業部損益計算書
		5. 直接標準原価計算
		6. 企業予算
		14　意思決定のための原価情報
		1. 差額原価収益分析
		2. 設備投資の経済計算
		15　戦略的会計情報
		1. 活動基準原価計算
		2. 品質原価計算
		3. ライフサイクル・コスティング
		4. 原価企画
		5. 残余利益
16　製品の受払		
1. 製品の完成, 受け入れ		
2. 製品の販売, 払い出し		
	17　販売費及び一般管理費	
	18　工場会計の独立	
	1. 振替価格に内部利益を含めない方法	
		2. 振替価格に内部利益を含める方法
	19　原価差異の会計処理	
	1. 売上原価加減法	
		2. 営業外損益法
		3. 特別損益法
	20　原価計算基準	

簿記能力検定試験
標準勘定科目表

基礎簿記会計

標準的な勘定科目の例示は，次のとおりである。

資産勘定	現金	普通預金	売掛金	商品	貸付金	建物
車両運搬具	備品	土地	**負債勘定**	買掛金	借入金	**純資産(資本)勘定**
資本金	**収益勘定**	○○収入	商品販売益	役務収益	受取利息	**費用勘定**
給料	広告費	発送費	旅費	交通費	通信費	水道光熱費
消耗品費	修繕費	支払家賃	支払地代	保険料	雑費	支払利息
その他の勘定	損益	引出金				

3級商業簿記

標準的な勘定科目の例示は，次のとおりである。なお，基礎簿記会計に示したもの以外を例示する。

資産勘定	小口現金	当座預金	定期預金	有価証券	繰越商品	消耗品
前払金	支払手付金	前払家賃	前払地代	前払保険料	従業員貸付金	立替金
従業員立替金	未収金	仮払金	仮払消費税	**負債勘定**	未払金	未払税金
未払給料	未払広告費	未払家賃	未払地代	前受金	受取手付金	預り金
従業員預り金	所得税預り金	社会保険料預り金	仮受金	仮受消費税	**純資産(資本)勘定**	繰越利益剰余金
収益勘定	売上	有価証券売却益	雑益	雑収入	**費用勘定**	売上原価
仕入	貸倒引当金繰入(額)	貸倒損失	減価償却費	交際費	支払手数料	租税公課
有価証券売却損	雑損	**その他の勘定**	現金過不足	貸倒引当金		

2級商業簿記

標準的な勘定科目の例示は，次のとおりである。なお，基礎簿記会計・3級に示したもの以外を例示する。

資産勘定	納税準備預金	外貨預金	受取手形	クレジット売掛金	電子記録債権	売買目的有価証券
営業外受取手形	他店商品券	前払利息	未収手数料	未収家賃	未収地代	未収利息
未収還付消費税	仮払法人税等	リース資産	手形貸付金	建設仮勘定	長期貸付金	不渡手形
投資不動産	**負債勘定**	支払手形	手形借入金	当座借越	電子記録債務	営業外支払手形
未払利息	未払賞与	未払役員賞与	未払法人税等	未払配当金	未払消費税	前受利息
前受家賃	前受地代	リース負債	賞与引当金	修繕引当金	商品保証引当金	長期借入金
特別修繕引当金	**純資産(資本)勘定**	資本準備金	利益準備金	新築積立金	別途積立金	**収益勘定**
受取手数料	受取家賃	受取地代	償却債権取立益	為替差益	受取配当金	固定資産売却益
費用勘定	棚卸減耗費	商品評価損	賞与	役員賞与	福利厚生費	保管料
○○引当金繰入	支払リース料	手形売却損	為替差損	創立費	開業費	株式交付費
固定資産売却損	**その他の勘定**	当座	○○減価償却累計額	支店	本店	有価証券運用損益
法人税等						

2級工業簿記

標準的な勘定科目の例示は，次のとおりである。なお，製造過程外で使用される商業簿記の勘定科目を除く。

製造原価に関する勘定	材料(費)	補助材料(費)	工場消耗品(費)	消耗工具器具備品(費)	労務費	賃金
雑給	経費	賃借料	電力料	ガス代	水道料	直接材料費
直接労務費	製造間接費	加工費	**資産勘定**	仕掛品	製品	機械装置
費用勘定	売上原価	**その他の勘定**	月次損益	年次損益		

1級商業簿記・財務会計

標準的な勘定科目の例示は，次のとおりである。なお，基礎簿記会計・３級・２級に示したもの以外を例示する。

資産勘定	別段預金	外貨建売掛金	割賦売掛金	工事未収入金	積送品	試用品
未着品	半成工事	未収還付法人税等	貸付有価証券	差入有価証券	保管有価証券	貯蔵品
繰延税金資産	構築物	のれん	特許権	借地権	商標権	実用新案権
意匠権	鉱業権	ソフトウェア	ソフトウェア仮勘定	満期保有目的債券	その他有価証券	子会社株式
関連会社株式	長期前払費用	出資金	繰延創立費	繰延開業費	繰延株式交付費	繰延社債発行費(等)
繰延開発費	**負債勘定**	外貨建買掛金	工事未払金	役員預り金	未払中間配当金	借入有価証券
預り有価証券	繰延税金負債	商品券	保証債務	債務保証損失引当金	長期未払金	社債
退職給付引当金	資産除去債務	**純資産(資本)勘定**	新株式申込証拠金	その他資本剰余金	資本金及び資本準備金減少差益	減債積立金
固定資産圧縮積立金	税法上の積立金	その他有価証券評価差額金	非支配株主持分	**収益勘定**	工事収益	為替差損益
有価証券利息	保証債務取崩益	投資有価証券売却益	負ののれん発生益	保険差益	国庫補助金受贈益	建設助成金受贈益
工事負担金受贈益	**費用勘定**	工事原価	退職給付費用	のれん償却	特許権償却	商標権償却
実用新案権償却	意匠権償却	鉱業権償却	ソフトウェア償却	開発費	開発費償却	社債利息
社債発行費(等)	保証債務費用	為替差損益	創立費償却	開業費償却	株式交付費償却	社債発行費(等)償却
固定資産除却損	火災損失	減損損失	子会社株式評価損	投資有価証券売却損	○○圧縮損	**その他の勘定**
○○未決算	閉鎖残高	開始残高	追徴法人税等	還付法人税等		

1級原価計算・管理会計

標準的な勘定科目の例示は，次のとおりである。なお，２級工業簿記に示したもの以外を例示し，製造過程外で使用される商業簿記の勘定科目を除く。

製造原価に関する勘定	素材(費)	原料(費)	買入部品(費)	燃料費	○○手当	(法定)福利費
外注加工賃	特許権使用料	厚生費	直接経費	○○部門費	組間接費	第○工程仕掛品
(第○工程)半製品	○組仕掛品	○組製品	○級製品	副産物	作業くず	原価差異
直接材料費差異	材料消費価格差異	数量差異	直接労務費差異	賃率差異	作業時間差異	製造間接費(配賦)差異
予算差異	能率差異	操業度差異	○○部門費(配賦)差異	**負債勘定**	未払賃金	**収益勘定**
半製品売上	**費用勘定**	半製品売上原価	販売費及び一般管理費	**その他の勘定**	本社	工場

上級

上級（商業簿記・財務会計・原価計算・管理会計）で使用する勘定科目は，問題文に指示がある場合を除き，関係する法令及び公表されている基準，意見書，適用指針，実務対応報告，国際会計基準等にもとづき一般に妥当と認められているものとする。

※「その他の勘定」に含まれている項目の一部は，他の区分に計上される可能性あり。

Contents

● はしがき *I*

● 執筆者一覧 *III*

● 試験規則・試験実施要項・出題基準および合格者能力水準 *IV*

I 導入と基礎 —— *1*

1 原価計算・*1*

2 原価計算と管理会計・*1*

3 原価計算制度と特殊原価調査・*2*

4 原価概念・*3*

5 原価計算の手続きと原価計算の類型・*5*

6 工業簿記と原価計算・*6*

7 工業簿記の勘定体系・*6*

8 管理会計情報の展開・*7*

II 費目別原価計算 —— *9*

1 材料費計算・*9*

2 労務費計算・*12*

3 経費計算・*14*

III 製造間接費の計算と配賦 —— *19*

1 製造間接費の配賦・*19*

2 差異分析と配賦差異の処理・*23*

Ⅳ　部門別原価計算 —— 27
1　部門別原価計算の意義・27
2　原価部門の設定と部門別原価計算の手続き・28
3　部門費の第1次集計・29
4　部門費の第2次集計（補助部門費の配賦）・30
5　複数基準配賦法・35
6　製造部門費の配賦・36
7　製造間接費の予定配賦・37

Ⅴ　個別原価計算 —— 41
1　個別原価計算とは何か？・41
2　個別原価計算の原理・41
3　仕損と作業屑・43
4　部門別個別原価計算・47

Ⅵ　総合原価計算 —— 53
1　総合原価計算の位置づけ，タイプ，論点・53
2　単一工程単純総合原価計算（月末仕掛品原価の算定）・55
3　単一工程単純総合原価計算（仕損と減損）・59
4　工程別総合原価計算・70
5　組別総合原価計算・82
6　等級別総合原価計算・84
7　連産品と副産物・89

Ⅶ　標準原価計算 ―――― *93*

1　標準原価計算の意義と目的・*93*

2　標準原価の種類・*95*

3　原価標準の設定と標準原価の計算・*96*

4　原価差異の計算と処理・*99*

5　標準原価計算の勘定記入・*113*

Ⅷ　直接原価計算と損益分岐分析 ―――― *119*

1　直接原価計算とは何か・*119*

2　全部原価計算と直接原価計算の相違点・*120*

3　損益分岐点とCVP分析・*123*

4　直接原価計算とCVP分析・*129*

5　原価分解・*130*

6　固定費調整・*132*

7　セグメント別損益計算書・*136*

8　事業部制会計と直接原価計算・*136*

9　直接原価計算の応用～製品の最適組合せ・*137*

10　直接標準原価計算・*139*

11　直接原価計算と企業予算・*140*

Ⅸ　営業費計算 ―――― *145*

1　営業費計算の意義・*145*

2　営業費の分類・*146*

3　営業費の分析・*147*

X 経営意思決定のための原価情報 —— 151
1 意思決定のための原価概念・151
2 業務的意思決定・153
3 構造的意思決定・160

XI 管理会計情報の展開 —— 175
1 ライフサイクル・コスティング・175
2 品質原価計算・178
3 原価企画・原価維持・原価改善・181
4 活動基準原価計算（ABC）・190
5 ミニ・プロフィットセンター・198
6 マテリアルフローコスト会計・201
7 残余利益と企業価値・203

XII 工場会計の独立 —— 209
1 工場の取引・209
2 未達取引の整理・212
3 内部利益の控除・213

XIII 決　　算 —— 215
1 原価計算勘定の決算整理・215
2 月次決算・216
3 製造原価明細書・217
4 製造業会計と決算・217

XIV　過去問題演習 ―――――――――――――― 221

［付録］● 現価係数表・269

● 年金現価係数表・270

I 導入と基礎

1 原価計算

原価計算とは，企業が財やサービス（用益）を提供するために発生した費用を当該財やサービスに関わらせて計算することである。財やサービスは一括して「給付」とよばれ，給付に関わらせて計算される費用のことを「原価」という。

歴史研究によると，原価計算は工業化が進んだ19世紀にはじまり，その後，工業経営の発達とともにその手法が精緻化されたとされている。このような経緯から，一般に，原価計算は，工業経営における，製品原価を計算するためのプロセスであると理解されており，本書で説明する原価計算も，製品の製造・販売を行う，すなわち，工業経営を行う企業を想定したものとなっている。なお，工業経営を想定した原価計算は緻密に設計されているため，そこでの原価計算の考え方やプロセスはサービスを提供している企業においても有用なものであり，サービス業への応用は容易に可能である。また，本書は営業費に関する計算も含んでいるが，それは商業経営を行う企業も含めてビジネス一般に有用な計算である。

図表1－1　工業経営における製造

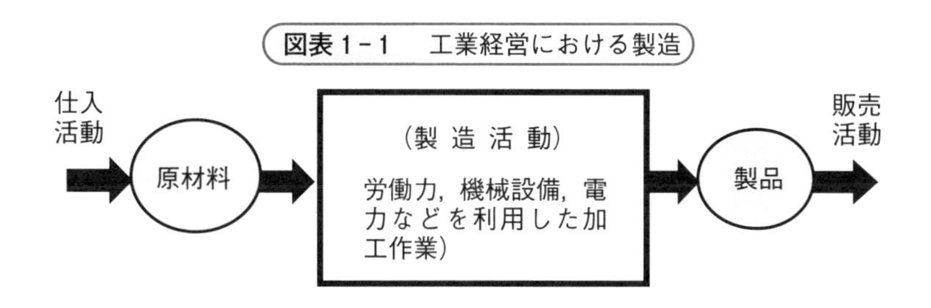

2 原価計算と管理会計

工業経営においては，どのような製品をどのように製造し販売するかが，企業自体の存続・成長に大きくかかわる。特定の製品にどれだけの費用がかかっているかを明らかにするためには，精緻な計算が必要であり，適切に設計された精緻な計算プロセスにおいて計算される原価情報は，企業のマネジメントにおいて重要な情報を多く含む。このように，古くから原価計算は正確な原価計算の実行を通じて，有用なマネジメント情報を提供できるように進化してきている。現在，一般に認識されている原価計算の目的は，以下のとおりである。

(1) 財務諸表作成目的

企業は法規制のもとで強制的に財務諸表を作成する義務があり，原価計算は，財務諸表の作成のために必要な原価情報を提供する。

(2) 原価管理

原価計算は原価管理に必要な原価情報を提供する。ここで，原価管理とは，原価の発生を管理する活動であり，後述される原価維持，原価改善，原価企画といった活動がこれに含まれる。

(3) 利益管理

企業は，予算を利用した利益管理を広く実践している。原価計算は，利益計画やその具体化プロセスである予算編成，さらには，予算と実績の比較を通じた統制活動にとって必要な原価情報を提供する。なお，企業予算はⅧ章で説明される。

(4) その他の意思決定

経営上の意思決定の巧拙は企業の将来を左右する。たとえば，新製品導入の可否，機械設備の取り換え可否，特定の注文の受注可否，部品を自製するか外注するかの決定など，企業における重要な意思決定においては，原価計算によって作成される原価情報がきわめて重要な役割を演じる。

以上の目的のなかでも，(1)財務諸表作成目的については，作成する財務諸表が外部へ提供される場合には財務会計目的であるが，内部的に利用される場合には管理会計に関わる。また，(2)から(4)はいずれもマネジメントにおける利用の典型的な目的である。このように，原価計算と管理会計は不可分の状況にあり，原価計算において適切に計算された原価が，マネジメントにおいて管理会計情報として利用されることがわかる。以下では，原価計算に関する基礎的な知識を整理したうえで，管理会計に関して本書で扱っている領域の概略を紹介する。

3 原価計算制度と特殊原価調査

原価計算は，制度としての原価計算と制度外の原価計算に分けられる。

制度として実施される原価計算は，財務会計機構（複式簿記システム）と有機的に結合し，常時継続的に実施される原価計算であり，このような原価計算を「原価計算制度」という。原価計算制度は，製造活動，販売活動および一般管理活動に関連する原価，すなわち，製造原価と販売費及び一般管理費（両者を合わせて「総原価」という）を対象としている。また，原価計算制度は，財務諸表作成のための原価情報を提供するものであるため，そこで計算される原価は支出額をベースに測定されるという特徴がある。

これに対して，経営管理においては，特定の意思決定をすることが必要となった段階で必要な原価情報を随時断片的に調査する場合がある。そこにおける原価は，複式簿記システムと結合することなく，原価計算制度上の原価以外の原価（後述する特殊原価）の情報をも収集する必要がある。このような制度外の原価計算は，原価計算制度と区別して「特殊原価調査」といわれる。

4 原価概念

(1) 原価とは

原価とは，特定の目的で費消される経済価値である。原価は，多様な経営活動に関して計算できるが，原価計算基準は，とくに，原価を，「経営における一定の給付にかかわらせて，は握された財貨又は用役の消費を，貨幣価値的に表わしたものである。」と規定し，その本質として，以下の4点をあげている。

① 経済価値の消費である。

経営活動は，経済価値を有する財・サービスを消費するプロセスであり，原価は消費された経済価値である。

② 経営において作り出された一定の給付に転嫁される価値である。

原価は，給付（企業が顧客に提供する財・サービス）を獲得するために消費された経済価値を給付に関わらせて把握したものである。なお，給付には，最終的に顧客に提供する製品やサービスだけではなく，完成前の給付である仕掛品や半製品なども含む。

③ 経営目的に関連したものである。

経営目的は財・サービスの生産・販売であり，原価はこれに関連して消費された経済価値である。それゆえ，経営目的に関連しない活動において生じる費用，たとえば，投資不動産や遊休設備に関する維持費や減価償却費，支払利息などの財務費用，有価証券の評価損益や売却損益などは原価ではない。

④ 正常的なものである。

正常な状態のもとでの経営活動における経済価値の消費が原価であり，異常な状態を原因とする価値の減少（災害や事故などを原因とする損失など）を含まない。

以上は，原価計算制度上の原価の本質を説明するものであり，これを狭義の原価という。これに対して，広義の原価には，特殊原価調査において計算される，原価計算制度上の原価ではない特殊原価が含まれる。これには現金支出の有無にかかわらず，代替案の選択に関係して測定される機会原価，関連原価などがあげられる（これらに関しては，X章において詳述する）。

(2) 非原価項目

原価計算制度上，原価に算入されない項目を非原価項目という。これは，原価計算の目的を合理的に遂行するために，経済価値の減少であっても原価に算入するべきでない項目であり，次のようなものがある。

① 経営目的に関連しない価値の減少

投資用不動産，未稼働の固定資産，長期にわたり休止している設備，その他経営目的に関連しない資産に関する減価償却費，管理費，租税等の費用，寄付金等であって経営目的に関連しない支出，支払利息等の財務費用などがこれに該当する。

② **異常な状態を原因とする価値の減少**

異常な仕損，棚卸減耗などによる損失，災害，火災等を原因とする損失，固定資産の売却や除却における損失，異常な貸倒損失などがこれに該当する。

③ **税法上特に認められた損金算入項目**

税法において損金算入が認められている場合であっても原価に算入しないことが合理的であると考えられる項目がある。代表的な例は，租税特別措置法による償却額のうち通常の償却範囲額を超える額であり，これについては原価に含めることなく，特別損失として処理される。

④ **剰余金の配当や処分に関連する項目**

配当金や任意積立金繰入額などが，これに該当する。

(3) 製品原価と期間原価

原価計算上の原価は，損益計算における収益との対応関係によって，製品原価と期間原価に分けられる。製品原価は，製品の一定単位に集計される原価であり，損益計算においては売上原価として収益と直接的・個別的に対応する。これに対して，期間原価は，一定期間において発生した原価であり，損益計算においては同期間における収益と期間的に対応する。通常，製造原価は製品原価とされ，販売された製品に集計された原価が収益から控除され，販売費及び一般管理費は期間原価とされ，一定期間に発生した原価が同期間の収益から控除される。なお，後述する直接原価計算方式の損益計算においては，製品原価と期間原価の範囲がこれとは異なる。

(4) 原価の分類

原価計算制度上の原価の要素は，原価計算の目的を合理的に達成できるように，まず，製造原価要素と販売費及び一般管理費の要素に分類され，さらに，製造原価要素は，以下のような基準で分類される。

① **形態別分類**

製造原価要素は，原価発生の形態によって，材料費（物品の消費による価値減少），労務費（労働サービスの消費による価値減少），経費（材料費と労務費に該当しない価値の減少）に分類される。

② **機能別分類**

製造原価要素は，原価が経営上のいかなる機能のために発生したかによって機能別に分類される。たとえば，材料費は，製品の実体を構成する主要材料費，修繕用の修繕材料費，試験研究活動に利用される試験研究材料費等の補助材料費，機械の潤滑油やねじなどの工場消耗品費等に分類される。

③ **製品との関連による分類**

製造原価要素は，原価の発生が一定単位の製品の生成に関して直接的に認識されるかどうかの性質上の区別によって分類され，直接的に認識できるものを直接費，認識できないものを間接費とする。なお，特定の製造原価要素を製品に関連させて直接的に認識するか否か，換言すると，直接費とするか否かは原価計算実施上の合理性を勘案して決定する。

④ 操業度との関連による分類

製造原価要素は，操業度の増減に対する原価発生の態様によって固定費と変動費とに分類される。ここで，操業度とは，生産設備を一定とした場合におけるその利用度をいい，固定費は操業度が増減しても総額として発生額が変化しない原価要素であり，変動費は操業度の増減に応じて総額として比例的に増減する原価要素である。

準固定費（ある範囲内の操業度変化では固定的であるが，これを超えると急増し，再び固定化する原価要素）や準変動費（操業度が零の場合にも一定額が発生し，同時に操業度の増加に応じて比例的に増加する原価要素）があるが，これらは状況に応じて固定費または変動費に分類される場合がある。

⑤ 管理可能性による分類

製造原価要素は，原価の発生が一定の管理者層によって一定期間のうちに管理しうるかどうかによって管理可能費と管理不能費に分類される。原価要素によっては，下級管理者層にとって管理不能費である原価要素が上級管理者層にとっては管理可能費となる場合がある。

5 原価計算の手続きと原価計算の類型

(1) 原価計算の手続き

図表1－2に示すように，原価計算において製造原価は，まず費目別に計算し，次いで部門別に計算し，最終的に製品別に集計する。製品別の集計においては，製品の一定単位ごとに原価が集計されるが，その際の集計対象となる単位を「原価計算単位」あるいは「原価単位」という。原価計算単位は，製造活動の状況に応じて製品1個，1kg，1リットルなどさまざまな単位が選択される。

図表1－2 原価計算の手続き

（第1次） 費目別計算 …原価の発生額を費目別（種類別）に分類集計する手続き

↓

（第2次） 部門別計算 …原価要素を，原価部門（通常，工場内の原価の発生場所）別に分類集計する手続き

↓

（第3次） 製品別計算 …原価要素を一定の製品単位に集計し，単位製品の製造原価を算定する手続き

原価計算には，製造原価に関する計算に加えて販売費及び一般管理費の計算が行われる。販売費及び一般管理費は期間原価として会計処理するため，一定期間における実際発生額を費目別に計算するにとどまる。

以上のような原価計算は，期間を区切って実行される。この期間を「原価計算期間」という。原価管理や利益管理などの目的をより有効に行うためには原価計算期間を短くして原価情報を早く提供したほうが良いが，短くすればするほど原価計算を実行するコストが増大することになるため，このバランスによって原価計算期間を決定する。一般的には，原価計算期間は1ヶ月とされている。

⑵ 原価計算の類型

原価計算は，製品別に集計される原価の範囲や内容などによって，以下のように分類することができる。なお，実際の原価計算は，これらの組み合わせとして理解することができる。

① 全部原価計算と直接原価計算

原価は，集計される原価の範囲によって全部原価と直接原価に区別される。全部原価とは給付獲得のために生じるすべての製造原価のことであり，これを製品原価とする原価計算を全部原価計算という。これに対して，変動製造原価を直接原価といい，これを製品原価とする原価計算を直接原価計算という。

② 実際原価計算と予定原価計算

原価発生額を実際消費量に基づいて把握した場合の原価を実際原価といい，実際原価を製品原価とする原価計算を実際原価計算という。実際原価は，実際価格と実際消費量から計算するが，計算の迅速化・簡略化のために予定価格を利用する場合もある。このように予定価格を利用した場合であっても，実際消費量を利用して計算した原価は実際原価である。これに対して，発生額を予定消費量に基づいて把握した場合の原価を予定原価といい，予定原価を製品原価とする原価計算を予定原価計算という。科学的，統計的調査によって標準原価をあらかじめ設定し，これを利用して原価計算を行う標準原価計算は予定原価計算の代表的な例である。

③ 個別原価計算と総合原価計算

受注生産において注文品ごとに原価を集計する原価計算を個別原価計算という。これに対して，市場の需要を見込んで継続的に大量生産をする場合に原価計算期間における生産量（期間生産量）について原価を集計する原価計算を総合原価計算という。

6 工業簿記と原価計算

工業簿記には，商的工業簿記と完全工業簿記の２種類がある。商的工業簿記は，原価計算を行うことなく，棚卸計算法（原材料，仕掛品，製品の期末有高を評価し，差額計算によって売上原価を算定する方法）を利用する工業簿記である。これは，商業簿記の方法を工業経営に適用するという意味で，商的工業簿記（あるいは不完全工業簿記）といわれる。原価計算を行わない簡便法であるため，経営管理上の有用性は限られており，適用している企業は一部の中小企業である。

これに対して，完全工業簿記においては，原材料，労働，その他の生産要素の価値が製造プロセスを通じて製品に移転する過程を原価計算によって捕捉し，その過程を帳簿に記録する。帳簿上の原価情報は商的工業簿記と比較して経営管理上より有用なものとなる。本テキストで工業簿記という場合には，完全工業簿記を意味するものとする。

7 工業簿記の勘定体系

工業簿記においては，製造プロセスに関連する勘定が設けられる。原材料を加工して製品にするプロセスは企業内の活動であり，工業簿記は企業内の活動における経済価値の消費や消費された価値の給付への転嫁を記録する。それゆえ，商業簿記と比較した場合，工業簿記は製造活動という企業内部の活動を詳細に記録するという点がその特徴であるといえる。図表1－3は，工業簿記における一般的な勘定体系を簡略化して示している。

図表1－3　勘定連絡図

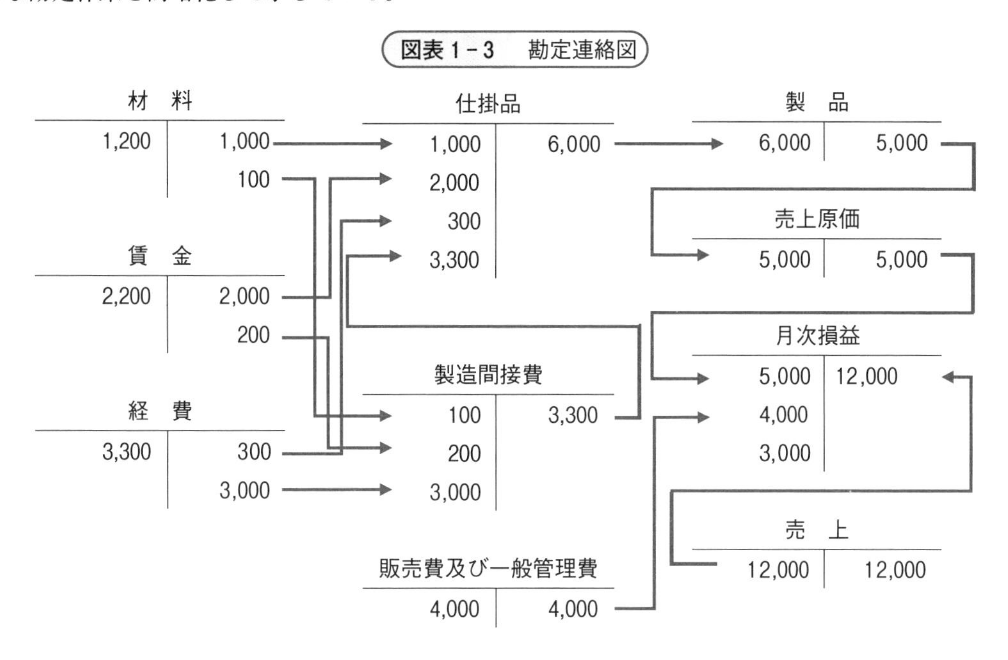

材料勘定の貸方の1,000円は製品種類別に直接的に消費を認識する材料の消費額であり，仕掛品勘定に振り替えられる。これに対して，間接的に消費される材料100円は製造間接費勘定に振り替えられる。同様に，賃金勘定および経費勘定からも仕掛品勘定および製造間接費勘定に振り替えられている。間接的に消費される経済価値は製造間接費勘定に集計され，製品に対して一定の基準で配賦される。この配賦に伴って製造間接費合計3,300円は仕掛品勘定に振り替えられる。

この段階で，仕掛品勘定の借方には，製造活動において消費された経済価値が集計されている。このうち，完成した分6,000円が仕掛品勘定から製品勘定に振り替えられる。ここまでが製品原価の計算プロセスである。

原価計算は，よりタイムリーな原価情報を得るために月次で計算される（すなわち，原価計算期間を１ヶ月としている）ため，同様に，損益についても月次レベルで把握するのが通常である。製品のうち販売された分の経済価値が売上原価勘定を経由して月次損益勘定の借方に振り替えられる。また，販売費及び一般管理費は発生額が月次損益勘定の借方に，実現した売上高が月次損益勘定の貸方に振り替えられ，貸借差額で月次損益が計算される。

8 管理会計情報の展開

(1) 組織と原価情報

企業は，経営管理上の必要性を踏まえてその組織形態を選択する。典型的な企業組織には，購買，製造，販売などの職能を組織の構成単位とする職能別組織と複数の事業を営む場合に各事業を組織の構成単位とする事業部制組織がある。事業部は，たとえば，家電事業部，PC事業部などの事業内容別に設定されるだけでなく，北米事業部，アジア事業部，国内事業部などのように地域別に事業部を設定する場合もある。

組織の各構成単位には管理者が存在し，管理者には権限が付与されると同時に，権限に応じて責任が割り当てられる。責任が割り当てられた構成単位を責任センターと呼び，管理会計は各責任センターの管理に有用な会計情報を提供する。

責任センターとしては，典型的には，以下の３つの種類がある。

①　原価センター

管理者が原価の発生状況についてのみ責任を有する構成単位であり，たとえば，製造活動を行う工場内の部門は通常，その活動において発生する原価について責任を有しており，その場合，当該構成単位は原価センターである。

②　利益センター

管理者が原価の発生状況のみならず，収益についても責任を有する構成単位である。言い換えると，管理者が管理対象である構成単位における利益について責任を有している場合に，当該構成単位を利益センターという。たとえば，事業内容別や地域別に設定される事業部やⅪ章において説明するミニ・プロフィットセンターは利益センターである。

③　投資センター

管理者が原価および収益に関する責任のみならず，投資に関する責任も有する構成単位である。グループ経営における子会社や事業部の管理者（事業部長）が投資決定の権限を有する場合などは，投資センターであるといえる。

⑵　原価計算の進展と管理会計情報の精緻化

すでに原価計算の目的のところで説明したように，原価計算は，マネジメントにおいて有用な情報の提供に大きな役割を有している。従来から原価計算は，原価管理，予算管理，その他の意思決定に対して，自社の事業内容や組織の状況を反映しながら，有用な原価情報を管理者に対して提供してきた。

FA（Factory Automation），CIM（Computer Integrated Manufacturing）などの生産技術の進展や企業が直面する競争の激化は，新しい原価計算技法の展開を促し，各種の管理会計ツールが生み出されてきた。たとえば，1980年代以降に顕著な影響を与えた原価計算技法に，ライフサイクル・コスティング，品質原価計算，原価企画，活動基準原価計算などがあり，さらに，マネジメントに広く影響する，EVA®やアメーバ経営に対応したミニ・プロフィットセンターによる管理会計なども提案されてきた。競争の激化，ビジネスモデルの変化などの企業環境の変化を受けて展開されてきた，これらの管理会計ツールについては，Ⅺ章において説明する。

II 費目別原価計算

原価の費目別計算は，原価を費目別に分類測定するものであり，原価計算における最初の一歩といえるものである。費目別計算における原価の分類は，まず形態別に，材料費・労務費・経費の3つに分けられる。さらにそれぞれ直接費と間接費に分けられることになるが，ここでは，材料費・労務費・経費の順に計算方法を解説する。

1 材料費計算

(1) 材料費の分類

材料費とは，材料などの物品の消費により発生する原価である。製品別の消費量を直接把握できるものは，直接材料費とされ，製品別の消費量が間接的にしかわからないものは，間接材料費とされる。

直接材料費には，加工され製品になる主要材料費（原料費）と製品に組み付けられる部品費がある。

間接材料費には，修繕などのために消費される補助材料費，油のように重要性の乏しい物品を消費した場合の工場消耗品費，耐用年数が短いか重要性の乏しい工具などを利用した場合の消耗工具器具備品費がある。

直接材料費のような直接費は，製品に賦課（直課）される。ここで，賦課とは給付に対する消費の事実に基づいて原価発生額を給付の価値とすることである。これに対して，間接材料費は他の間接費とまとめられて，一定の基準で製品に配賦される。なお，製造間接費の配賦についてはⅢ章で説明される。

(2) 帳簿と証ひょう

材料の購入と消費を記録する証ひょうとして，材料購入請求書，購入注文書，材料受入報告書，送り状，出庫表などが用いられる。また帳簿として，材料仕入帳，材料元帳，材料仕訳帳などが用いられる。

(3) 購入と消費

① 購　　入

材料を購入した場合，購入代価のほかに付随的な費用（材料副費という）も発生する。材料の取得原価は，購入代価に材料副費を足したものである。材料副費には，材料外部副費（引取費用）と材料内部副費（材料取扱費）に分けられる。

材料外部副費（引取費用）には，材料の購入手数料，引取運賃，荷役費，保険料，関税などがあり，材料内部副費（材料取扱費）には，材料の購入事務，検収，整理，選別，保管などに要する費用がある。

材料の取得原価は，購入代価に材料外部副費（引取費用）を加算したもの，あるいは，さらに材料内部副費（材料取扱費）を加算したものとされている。ただし，材料内部副費（材料取扱費）を加算する場合も，その一部だけを加算することも認められている。

材料の取得原価＝購入代価＋材料外部副費（引取費用）
材料の取得原価＝購入代価＋材料外部副費（引取費用）＋材料内部副費（材料取扱費）

取得原価に加算しなかった材料副費は，間接経費として処理される。また材料副費は，予定配賦率を使って計算することもできる。

問題２－１　以下の資料から，(1)材料外部副費（引取費用）だけを購入代価に加算する場合と，(2)材料内部副費（材料取扱費）も加算する場合について，各材料の単位当たりの取得原価を計算しなさい。

＜資料＞

(1)　当月の材料Aの購入数量は700個，購入代価は1,050,000円であり，材料Bの購入数量は300個，購入代価は600,000円である。

(2)　材料の買入手数料は，材料Aについて7,000円，材料Bについて3,000円発生した。それ以外の材料外部副費が20,000円あり，購入数量を基準にして各材料へ配賦する。

(3)　材料内部副費は購入代価を基準にして各材料へ予定配賦率を利用して配賦する。ただし，材料内部副費の年間予算額は600,000円であり，年間の予定材料購入代価総額は20,000,000円である。

解答・解説

(1)　その他の材料外部副費の配賦額の計算

材料A　$20{,}000円 \times \frac{700個}{700個 + 300個} = 14{,}000円$

材料B　$20{,}000円 \times \frac{300個}{700個 + 300個} = 6{,}000円$

単位当たりの取得原価

材料A　$\frac{1{,}050{,}000円 + 7{,}000円 + 14{,}000円}{700個} = 1{,}530円$

材料B　$\frac{600{,}000円 + 3{,}000円 + 6{,}000円}{300個} = 2{,}030円$

(2)　材料内部副費の配賦額の計算

材料内部副費の予定配賦率$= \frac{600{,}000円}{20{,}000{,}000円} = 0.03$

材料A　$1{,}050{,}000円 \times 0.03 = 31{,}500円$

材料B　$600{,}000円 \times 0.03 = 18{,}000円$

単位当たりの取得原価

$$\text{材料A}\quad \frac{1{,}050{,}000\text{円}+7{,}000\text{円}+14{,}000\text{円}+31{,}500\text{円}}{700\text{個}}=1{,}575\text{円}$$

$$\text{材料B}\quad \frac{600{,}000\text{円}+3{,}000\text{円}+6{,}000\text{円}+18{,}000\text{円}}{300\text{個}}=2{,}090\text{円}$$

② 消　費

材料費は，消費単価と消費数量をかけ合わせて計算するので，材料の消費単価と消費数量を求めなければならない。

(a) 消費単価

材料の消費単価は，その材料の単位当たり取得原価である。同じ材料を調達する際，つねに同じ単価で調達できるわけではないので，どの単価を消費単価にするかという問題が生じる。これについては，先入先出法や移動平均法などの方法によって消費単価を求めていくことになる。移動平均法を用いる場合，消費数量は継続記録法で求めている必要がある。

材料の消費単価は，実際の単価だけではなく予定価格を用いることもできる。予定価格を用いることにより，計算を迅速に行うことができたり材料価格の変動の影響を除いたりできる。

(b) 消費数量

材料の消費数量は，原則的に継続記録法で求める。継続記録法は，材料の受け払いをすべて記録し，つねに帳簿上の残高をわかるようにしておくものであり，払い出しの記録によって何のために材料が消費されたのかがわかる。この方法では，記録から材料の消費数量を直接的に求めることができるとともに，帳簿残高と実地棚卸による実際残高との差額の棚卸減耗を把握することができる。

重要性の乏しい材料などについては，棚卸計算法を用いることによって，記帳を簡略化することができる。棚卸計算法は，受入記録と実地棚卸によって，消費数量を間接的に求めることになる。この方法による消費数量の計算式は以下のとおりである。

当月の実際消費量＝月初在庫量＋当月仕入量－月末在庫量

棚卸計算法では，つねに帳簿上の残高がわかるわけではないので，棚卸減耗を把握することができない。

(4) 期末棚卸と棚卸減耗費

継続記録法で材料の消費数量を求めている場合には，期末に実地棚卸を行うことによって棚卸減耗を把握することができる。そして，その金額は棚卸減耗費として処理される。たとえば，棚卸減耗費が1,000円発生している場合には，次のような仕訳をする。

（借） 棚卸減耗費 1,000 （貸） 材　料 1,000

これが正常な棚卸減耗費であれば，通常，製造間接費として処理されるので，次のような仕訳によって製造間接費勘定に振り返られる。

（借） 製造間接費 1,000 （貸） 棚卸減耗費 1,000

2 労務費計算

(1) 労務費の分類

労務費とは，労働用役の消費によって発生する原価である。製品別の作業時間または作業量を直接把握できるものは直接労務費とされ，それ以外の労務費は，間接労務費とされる。

直接労務費には，直接工が製品の加工等の直接作業に従事した時間に対応する労務費である直接賃金がある。直接工に支払われる賃金でも，間接作業に従事した時間に対応するものなどは間接労務費とされる。

間接労務費には，間接作業賃金，間接工賃金，給料，従業員賞与手当，退職給付引当金繰入額，福利費などがある。

直接労務費のような直接費は，製品に賦課（直課）され，間接労務費は他の間接費とまとめられて，一定の基準で製品に配賦される。

(2) 帳簿と証ひょう

作業時間などを記録する証ひょうとして，出勤票，作業時間報告書，手待時間票，出来高報告書などが用いられる。また帳簿として，賃金支払帳，消費賃金仕訳帳などが用いられる。

(3) 支払と消費

① 支　払

賃金の支払方法には，時間給制の場合と出来高給制の場合がある。時間給制の場合，基本的には，支払賃率と実際就業時間をかけ合わせて基本賃金を求める。出来高給制の場合，支払賃率と実際出来高をかけ合わせて基本賃金を求める。ただし，支払賃金には，基本賃金のほかに残業手当などの割増賃金（これを加給金という）を含めることになっている。このため時間給制の場合の支払賃金は，以下の式で表される。

支払賃金＝支払賃率×実際就業時間＋加給金

② 消　費

直接工の場合と間接工の場合とで，消費賃金の計算方法が異なる。

(a) 直接工の場合

直接工の消費賃金は，消費賃率と作業時間をかけ合わせて計算する。消費賃率は実際消費賃金を実際就業時間で割って求めた実際賃率か，賃金の予定額を予定就業時間で割って求めた予定賃率のどちらかを用いる。いずれの賃率を求める場合にも，賃金には，加給金が含められている。

また賃率は，直接工一人一人について別々に計算する場合（個別賃率）と平均で計算する場合がある。平均で計算する場合には，さらに工場全体の平均で計算する場合（総平均賃率）と職種別の平均で計算する場合（職種別平均賃率）がある。個別賃率を用いる場合，誰が当該製品を製造したかによって原価が変わってくるという問題がある。また職種別に必要な技量が異なり，それが賃金に反映されている場合，総平均賃率を用いると，その差を反映できないという問題がある。

直接工の就業時間は，直接作業時間，間接作業時間，手待時間に分けられる。このうち手待時間は，工員の責任ではない事情で生じた遊休時間である。直接作業時間について計算された消費賃金が直接労務費となり，間接作業時間と手待時間について計算された消費賃金は間接労務費となる。

(b) 間接工の場合

直接製品の加工にかかわらず，修繕，清掃などを行う間接工の消費賃金は，原則として当該原価計算期間の負担に属する要支払額で計算して，これを間接労務費とする。要支払額とは，給与計算期間と原価計算期間が違う場合，そのずれを調整したものであり，原価計算期間に対応する要支払額は次式で計算される。

要支払額＝当月支払額＋当月未払額－先月未払額

帳簿上未払賃金を次月に繰り越す方法には，賃金勘定の貸方残高としてそのままにしておく場合と未払賃金勘定に振り替える場合がある。

(4) 賃金以外の労務費

賃金以外の給料（工員ではなく職員等に支払われるもの），賞与手当等は，間接工賃金と同様に要支給額で計算し，間接労務費とする。

問題 2－2

次の資料から，給与の支給についての仕訳を示しなさい。ただし，以下の勘定科目を用いること。

現金，社会保険料預り金，所得税等預り金，賃金，従業員諸手当

＜資料＞

給与支給帳

No.	氏名	基本賃金	加給金	支払賃金	諸手当	支払総額	社会保険料	所得税等	現金支給額
1	ア	220,000	5,000	225,000	13,000	238,000	23,800	23,800	190,400
2	イ	245,000	8,000	253,000	12,000	265,000	26,500	26,500	212,000
3	ウ	250,000	7,000	257,000	15,000	272,000	27,200	27,200	217,600
		715,000	20,000	735,000	40,000	775,000	77,500	77,500	620,000

解答・解説

従業員諸手当は，賃金以外の労務費扱いになることに注意する。

借　方	金　額	貸　方	金　額
賃　　　　　金	735,000	現　　　　　金	620,000
従業員諸手当	40,000	社会保険料預り金	77,500
		所得税等預り金	77,500

問題2－3　以下の資料に基づいて，5月分の賃率差異を求めなさい。

<資料>

1　直接工に対する5月分の支払賃金は，1,700,000円であった。給与計算期間は4月21日から5月20日である。
2　直接工に対する4月末の未払賃金は，450,000円であり，5月末の未払賃金は，600,000円である。
3　原価計算期間は5月1日から5月31日までである。
4　5月の直接工の作業時間は以下のとおりである。
　直接作業時間　1,200時間
　間接作業時間　250時間
　手待時間　50時間
5　直接工の予定消費賃率は，1,200円/時間である。

解答・解説

予定賃率を用いて計算した5月の直接工に関する労務費は以下のとおりである。

直接労務費　1,200円/時間×1,200時間＝1,440,000円

間接労務費　1,200円/時間×300時間＝360,000円

合計　1,440,000円＋360,000円＝1,800,000円

実際消費賃金は以下のとおりである。

1,700,000円＋600,000円－450,000円＝1,850,000円

したがって，賃率差異は以下のように計算される。

1,800,000円－1,850,000円＝－50,000円

5月の賃率差異	50,000円（不利差異）

3　経費計算

(1)　経費の分類

経費とは，材料費，労務費以外の原価要素のことをいう。つまり，物品や労働用役以外の資源を消費することにより発生するものである。製品別の消費額を直接把握できるものは，直接経費とされ，それ以外のものは，間接経費とされる。

直接経費には，下請け企業に外注加工を依頼した場合の外注加工賃がある。外注加工賃は，通常，製品別にどれだけかかったのか直接把握できる。このほかに直接経費とされるものとしては，特許権

使用料などがある。

間接経費には，減価償却費，保険料，棚卸減耗費，福利施設負担額，賃借料，修繕料，電力料，水道料，旅費交通費，通信費などがある。

経費にはさまざまなものがあるが，製品の製造にかかわるものが経費となる。たとえば，工場の建物や機械の減価償却費は経費となるが，本社や営業所の建物の減価償却費は販売費及び一般管理費となる。

直接経費のような直接費は，製品に賦課（直課）され，間接経費は他の間接費とまとめられて，一定の基準で製品に配賦される。

(2) 帳簿と証ひょう

経費にかかわる証ひょうとしては，支払伝票，月割計算票，測定票などが用いられる。また帳簿としては，経費仕訳帳などが用いられる。

(3) 支払と消費

経費には，旅費交通費のように実際に支払いが行われるものと，減価償却費のように原価計算期間には支払いが行われないものがある。経費は，原価計算期間の金額の計算方法によって，支払経費，月割経費，測定経費，発生経費の４つに分けられる。

① 支払経費

支払経費は，その支払額を経費の発生額とする経費であり，旅費交通費や通信費などがこれにあたる。

② 月割経費

月割経費は，年間あるいは数か月分の金額を月割して原価計算期間の発生額を把握する経費であり，減価償却費や保険料などがこれにあたる。

③ 測定経費

測定経費は，原価計算期間の消費額を測定して当該期間の発生額を把握する経費であり，電力料や水道料などがこれにあたる。

④ 発生経費

発生経費は，実際の発生額をその原価計算期間の発生額とする経費であり，棚卸減耗費などがこれにあたる。棚卸減耗費については，年間の発生額を見積もって，これを月割することで発生額を予定計算する場合もある。

問題２－４　　次の４月中の資料に基づいて，各問に答えなさい。

＜資料＞

(1) 外注加工賃の前月未払高は80,000円，当月支払高は140,000円，当月未払高は65,000円である。

(2) 年間の減価償却費は1,800,000円であり，このうち工場関係のものが912,000円でそれ以外は本社関係のものである。

(3) 年間の保険料は240,000円である。

(4) 電力料の当月中の支払高は110,000円，発生額は115,000円である。
(5) 水道料の当月中の支払高80,000円，発生額は88,000円である。
(6) 当月の福利施設負担額は90,000円である。

問1 経費仕訳帳のカッコ内に金額を記入しなさい。

日付	科目	総額	仕掛品	製造間接費	販売費及び一般管理費
4/30	外注加工賃	(　　)	(　　)		
〃	減価償却費	(　　)		(　　)	(　　)
〃	保険料	(　　)		(　　)	12,000
〃	電力料	(　　)		75,000	(　　)
〃	水道料	(　　)		(　　)	23,000
〃	福利施設負担額	(　　)		(　　)	42,000
		(　　)	(　　)	(　　)	(　　)

問2 総勘定元帳に記入するための合計仕訳を示しなさい。

解答・解説

問1

外注加工賃は直接経費であるので，仕掛品に振り替えられる。また，減価償却費と保険料については，月割計算をすることになる。

日付	科目	総額	仕掛品	製造間接費	販売費及び一般管理費
4/30	外注加工賃	(125,000)	(125,000)		
〃	減価償却費	(150,000)		(76,000)	(74,000)
〃	保険料	(20,000)		(8,000)	12,000
〃	電力料	(115,000)		75,000	(40,000)
〃	水道料	(88,000)		(65,000)	23,000
〃	福利施設負担額	(90,000)		(48,000)	42,000
		(588,000)	(125,000)	(272,000)	(191,000)

問2

借方	金額	貸方	金額
仕掛品	125,000	外注加工賃	125,000
製造間接費	272,000	減価償却費	150,000
販売費及び一般管理費	191,000	保険料	20,000
		電力料	115,000
		水道料	88,000
		福利施設負担額	90,000

問題２－５　次の取引の仕訳を示しなさい。ただし，以下の勘定科目を用いること。

材料，仕掛品，買掛金，外注加工賃

⑴　製造指図書No.101の製品を製造するため，材料50,000円を出庫して，外注先に加工を依頼した。
⑵　上記⑴の加工が済み，外注先より加工品を受け入れた。加工賃は15,000円で，翌月に支払う予定である。

解答・解説

	借　方	金　額	貸　方	金　額
⑴	仕　掛　品	50,000	材　料	50,000
⑵	外注加工賃	15,000	買　掛　金	15,000

⑵の取引については，経費勘定（この場合，外注加工賃）を設けない場合には，外注加工賃を，直接，仕掛品勘定に振り替えることになる。この場合には，⑵の仕訳は以下のようになる。

借　方	金　額	貸　方	金　額
仕　掛　品	15,000	買　掛　金	15,000

⑷　複合費

間接経費は，原則として形態別に分類するが，複合費を設定することもできる。複合費とは，形態別には異なった原価を，特定の目的あるいは機能のために消費されたということによって１つの費目にまとめたものである。なお，複合費は，複合経費とよばれることもある。

複合費の例としては，修繕費，動力費，運搬費などがあげられる。たとえば修繕費については，外部の業者に修繕を依頼して支払った場合は複合費とは言えないが，自社の材料や労働力を利用して修繕をした場合，修繕にかかった材料費や労務費を修繕費として集計したときには複合費となる。

複合費は，部門別計算の補助部門費の計算に似ているところがあるが，複合費は，特定の目的あるいは機能のために消費されたことが容易にわかるものだけを集計する。また，補助部門費は製造部門に配賦されることになるが，複合費は，間接経費として製造間接費に含められて製品に配賦される。なお，この点については，Ⅳ章における部門別計算を理解したうえで再度確認されたい。

問題２－６　次の資料に基づいて，各問に答えなさい。

＜資料＞
⑴　材料費（当月）
　修繕のため消費した材料15kg（単価：1,000円/kg）
　動力のため消費した燃料200ℓ（単価：150円/ℓ）
⑵　労務費（当月）
　修繕のための作業時間10時間（賃率：1,100円/時間）
　動力のための作業時間54時間（賃率：1,100円/時間）

(3) 修繕料

当月支払額58,000円，前月末未払高14,000円，当月末未払高16,000

(4) 減価償却費

動力設備の減価償却費（年額）480,000円

問1 複合費とした場合の当月の修繕費の金額を示せ。

問2 複合費とした場合の当月の動力費の金額を示せ。

解答・解説

問1

修繕費は，この場合，材料費，労務費，修繕料を合計したものになるので，以下のように計算される。

15kg×1,000円/kg＋10時間×1,100円/時間＋（58,000円＋16,000円－14,000円）＝86,000円

修繕費	86,000円

問2

動力費は，この場合，材料費，労務費，減価償却費を合計したものになるので，以下のように計算される。

200ℓ×150円/ℓ＋54時間×1,100円/時間＋480,000円/12＝129,400円

動力費	129,400円

製造間接費の計算と配賦

1　製造間接費の配賦

(1)　製造間接費配賦の意義

製造間接費については，一般に，①実際発生額の費目別の把握・集計，②部門別集計，③製品別配賦の3段階に分けて学習しなければならない。しかし，これらのほとんどは，すでに学習済みである。本章では，製造間接費の学習事項について再確認しつつ，製造間接費の配賦と差異分析等を中心に詳述する（なお，部門別集計については，次章で学ぶ）。

製造間接費とは，多数の製品の製造に共通的に発生し，各製品に直接的に把握できない原価要素であり，間接材料費，間接労務費，間接経費に分類される。一方，製品との関連において各製品に直接的に把握できる原価要素を製造直接費という。製造直接費は，直接材料費，直接労務費，直接経費に分類され，各製品に直接集計（直課あるいは賦課という）される。しかしながら，製造間接費は製造直接費とは異なり，各製品に直課することができないので，ある一定の人為的な配賦基準によって間接的に計算し各製品に負担させなければならない（これを配賦という）。適切な製造間接費の配賦なしには，正確な製品原価の算定はできないからである。そこで，配賦基準や配賦方法の選択，ならびに差異分析や配賦差異の処理等が重要になってくるのである。

(2)　製造間接費の配賦基準

製造間接費は，月末に費目ごとに発生額を製造間接費元帳において把握し，それらを製造間接費勘定に集計する。そして集計された製造間接費を適当な配賦基準に基づいて各製品（各製造指図書）に配賦し，製品原価に算入する。製造間接費を各製造指図書に配賦するための配賦基準には，次のものがある。

①　価額法（a 直接材料費法，b 直接労務費法，c 素価法）
②　時間法（a 直接作業時間法，b 機械時間法）
③　数量法

①　価　額　法

これは各製品が消費した製造直接費の割合を基準として製造間接費を配賦する方法であり，以下の方法がある。

(a)　直接材料費法

直接材料費額を基準にして配賦する方法であり，材料費が製造原価の大部分を占めている場合に適している。

配賦率＝製造間接費総額／直接材料費総額　(%)
配賦額＝各製造指図書の直接材料費×配賦率

(b)　直接労務費法

直接労務費を基準にして配賦する方法であり，労務費が製造原価の大部分を占めている場合に適している。

配賦率＝製造間接費総額／直接労務費総額　(%)
配賦額＝各製造指図書の直接労務費×配賦率

(c)　素価法（直接原価法ともいう）

素価（＝直接材料費+直接労務費）を基準として配賦する方法であり，直接材料費法と直接労務費法の中間的方法である。

配賦率＝製造間接費総額／（直接材料費総額＋直接労務費総額）(%)
配賦額＝（各製造指図書の直接材料費＋直接労務費）×配賦率

②　時　間　法

これは製品の製造に要した時間を基準として製造間接費を配賦する方法であり，以下の方法がある。

(a)　直接作業時間法

直接作業時間に基づいて配賦する方法であり，製造が主に手作業で行われている場合に適している。

配賦率＝製造間接費総額／直接作業時間総数　(円／時間)
配賦額＝各製造指図書の直接作業時間数×配賦率

(b)　機械時間法

機械の運転時間に基づいて配賦する方法であり，製造が大部分機械によって行われる場合に適している。

配賦率＝製造間接費総額／機械運転時間総数　(円／時間)
配賦額＝各製造指図書の機械運転時間数×配賦率

③　数　量　法

これは製品の個数，重量，面積，設備の利用回数などを基準として配賦する方法であるが，これらと製造間接費との間の比例関係は極めて少ないので，あまり合理的な方法ではない。

(3)　製造間接費の配賦方法

製造間接費の配賦方法には，実際配賦法と予定配賦法の２つがある。これらは，製造間接費の配賦率に実際配賦率を用いるか予定配賦率（正常配賦率）を用いるかの違いである。実際配賦法によれば，実際配賦は，次のように行われる。

実際配賦法：
　実際配賦率＝一定期間の実際製造間接費総額／同期間の実際配賦基準総数（実際操業度）
　実際配賦額＝各製造指図書の実際配賦基準数×実際配賦率

しかしながら，このように実際配賦率を用いる実際配賦には，次のような欠点がある。

① 実際配賦率は原価計算期末を過ぎないと算定されないので，期中に完成した製品の原価も月末を過ぎないと算出できない。

② 実際配賦率は毎月算出しなければならず，手数がかかる。

③ 製造間接費中の多くは固定費であるため，操業度の変動によって製品の単位原価が変化する。

実際配賦には以上のような欠点があるため，通常は予定配賦率による製造間接費の配賦が行われる。予定配賦法による予定配賦（正常配賦）は，次のように行われる。

予定配賦法：
　予定配賦率＝一定期間の予定製造間接費総額／同期間の予定配賦基準総数
　予定配賦額＝各製造指図書の実際配賦基準数×予定配賦率

予定配賦は実際配賦とは対照的であり，予定配賦の長所は実際配賦の欠点を補うものである。予定配賦の長所は，次のとおりである。

① 計算の迅速性

② 計算の簡便性

③ 季節変動や景気変動による影響を排除できること

④ 間接費の予定額に予算を用いることにより予算管理と結びつくこと

記帳に関しては，製造間接費勘定の借方には実際発生額，貸方には予定配賦額が記入され，貸借差額は製造間接費配賦差異勘定へと振り替えられる。また，予定配賦額を製造間接費配賦勘定を設定して，その貸方に記入する方法もある。

問題３－１

次の資料に基づいて，製造指図書No.1に配賦されるべき製造間接費配賦額を求めなさい。なお，配賦基準として，①直接材料費基準，②直接労務費基準，③素価基準，④直接作業時間基準，⑤機械運転時間基準を用いて計算しなさい。

＜資料＞

	指図書 No.1	工場全体
直接材料費	63,000円	150,000円
直接労務費	87,500円	250,000円
製造間接費	？円	60,000円
直接作業時間	400時間	1,000時間
機械運転時間	350時間	750時間

解答・解説

① 25,200円，② 21,000円，③ 22,575円，④ 24,000円，⑤ 28,000円

各配賦基準に基づいた指図書（製品）No.1への配賦額は，それぞれ次のように求められる。

① 直接材料費基準

配賦率＝60,000円／150,000円＝0.4円　　配賦額＝63,000円×0.4円＝25,200円

② 直接労務費基準

配賦率＝60,000円／250,000円＝0.24円　　配賦額＝87,500円×0.24円＝21,000円

③ 素価基準（素価＝直接材料費＋直接労務費）

配賦率＝60,000円／400,000円＝0.15円　　配賦額＝150,500円×0.15円＝22,575円

④ 直接作業時間基準

配賦率＝60,000円／1,000時間＝60円/時間　　配賦額＝400時間×60円/時間＝24,000円

⑤ 機械運転時間基準

配賦率＝60,000円／750時間＝80円/時間　　配賦額＝350時間×80円/時間＝28,000円

(4) 操　業　度

経営能力を一定として，その利用度を操業度という。その尺度として生産量，販売量，直接作業時間が用いられる。なお，上述した予定配賦率の算定式における分母の予定配賦基準総数は，予定操業度あるいは基準操業度といわれる。操業度としては，次のようなものがある。

① 理論的生産能力

理想的な状態でのみ達成しうる最大操業度であり，理論上計算できる年間の最大生産量によって測定される。現実に採用されることはほとんどない。

② 実際的生産能力

機械の故障，修繕，段取，不良材料，工員の欠勤，休暇等の不可避的な作業中止による生産量の減少分を理論的生産能力から差し引いて計算される生産能力で，実際的操業度ともいわれる。需要の制約を考えずに生産能力の観点から設定される。

③ 平均操業度

販売面も考慮した将来数年間（通常3年～5年）の予想生産量を平均した操業水準である。「原価計算基準」における正常操業度に相当する。

④ 期待実際操業度（予定操業度）

次年度に予想される操業水準である。総合予算算定の基礎となるため予算操業度ともいう。「原価計算基準」における予定操業度である。

(5) 製造間接費予算の設定

製造間接費の予定配賦率算定にあたって部門別に設定される予算には，固定予算と変動予算がある。通常，製造間接費は予算と実際発生額を比較することによって管理される。

① 固定予算

予算期間において予期される一定の操業度に基づいて設定される予算である。固定予算における予算額と実際額は操業度が異なるので，両者を比較して差異を算定しても原価管理にはそれほど有用ではない。しかしながら製品に対する標準間接費配賦率算定の基礎になる。

② 変動予算

予算期間において予期される範囲内の種々の操業度に対応して設定される予算である。予算額と実際額を同一の操業度で比較するので，原価管理に有用である。さらに変動予算は，実査法による変動予算と公式法による変動予算の2つに分類される。

a　実査法による変動予算

一定の基準となる操業度（基準操業度）を中心として，予期される範囲内で一定間隔の操業度ごとに，各操業度に対応する予算を費目別に実査して設定する。

b　公式法による変動予算

製造間接費要素を固定費と変動費に分解することによって，一定の固定費額と変動費率をあらかじめ算定しておき，これに実際の操業度を乗じて求められる。次の公式で示される。

予算額＝実際操業度×変動費率＋固定費

2　差異分析と配賦差異の処理

(1) 差異分析

製造間接費を予定配賦する場合には，しばしば製造間接費配賦差異が生じる。これは製造間接費の実際発生額と予定配賦額との差額である（これを総差異という）。さらに各月の製造間接費配賦差異は予算差異と操業度差異とに分析される。予算差異とは実際発生額と予算との差額であり，操業度差異とは予算と予定配賦額との差額である。また，許容予算額とは実際操業度で許容される予算額である。固定予算による差異分析と変動予算による差異分析は，それぞれ次のように行われる。

① 固定予算による差異分析

固定予算では，下図のように実際操業度での実際発生額と基準操業度での予算額とを比較することになり，原価管理には適当ではない。

総　差　異（AC）＝予定配賦額（CD）－実際発生額（AD）
予 算 差 異（AB）＝許容予算額（BD）－実際発生額（AD）
操業度差異（BC）＝予定配賦額（CD）－許容予算額（BD）

図表3－1　固定予算による差異分析

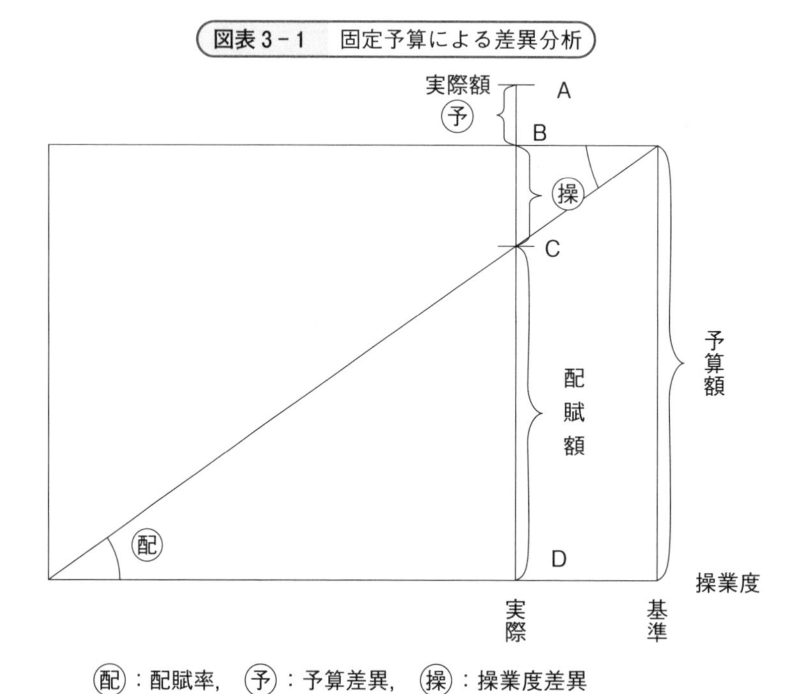

配：配賦率，　予：予算差異，　操：操業度差異

② 変動予算による差異分析

変動予算では，予算差異は予算設定が正しい限り管理能率を反映し，操業度差異は実際操業度が基準操業度に達せず，設備の遊休を生じたことによる配賦もれ（不働能力費）を表す。

図表3－2　変動予算による差異分析

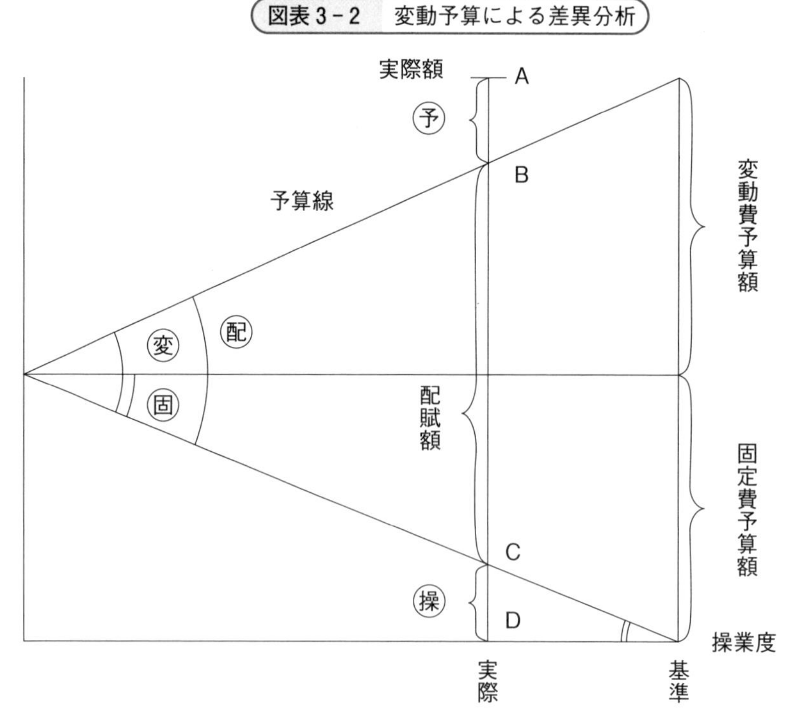

配：予定配賦率，　変：変動費率，　固：固定費率，　予：予算差異，　操：操業度差異

総差異（AB+CD）　＝予定配賦額（BC）－実際発生額（AD）
予 算 差 異（AB）　＝許容予算額（BD）－実際発生額（AD）
操業度差異（CD）　＝予定配賦額（BC）－許容予算額（BD）
　　　　　　　　　＝（実際操業度－基準操業度）×固定費率
※変 動 費 率＝変動費予算額／基準操業度
※固 定 費 率＝固定費予算額／基準操業度
※予定配賦率＝変動費予算額／基準操業度＋固定費予算額／基準操業度
　　　　　　＝変動費率＋固定費率

問題3－2　次の資料に基づいて，公式法変動予算を採用している場合の配賦差異分析を行いなさい。

<資料>

① 基準操業度（直接作業時間）･･･1,000時間（月間）
② 変動費率･･･60円
③ 固定費予算額（月額）･･･80,000円
④ 当月の実際作業時間･･･950時間
⑤ 当月の間接費実際発生額･･･150,000円

解答・解説

総差異＝－17,000円（不利），予算差異＝－13,000円（不利），操業度差異＝－4,000円（不利）

製造間接費の配賦差異分析に際しては，まず予定配賦率，予定配賦額を算定する。次に実際配賦額を求め，前述した公式に従って，総差異，予算差異，操業度差異を算定する。

予定配賦率＝60円＋80,000円／1,000時間＝140円

予定配賦額（公式法）＝実際操業度×予定配賦率＝950時間×140円＝133,000円

または，予定配賦率については，次のように基準操業度における固定費率を求め，これに変動費率を加えても算定できる。固定費率＝80,000円／1,000時間＝80円，予定配賦率＝80円＋60円＝140円

・総差異＝950時間×140円－150,000円＝－17,000円（不利）　これは配賦不足であり，不利な差異である。

・予算差異＝（950時間×60円＋80,000円）－150,000円＝－13,000円（不利）

・操業度差異＝950時間×140円－（950時間×60円＋80,000円）＝－4,000円（不利）

あるいは，操業度差異は固定費率を用いて，次によっても算定できる。

80円×（950時間－1,000時間）＝－4,000円（不利）

予定配賦率140円による予定配賦は固定費について，1時間当たり80円（80,000円／1,000時間＝80円）で配賦したが，実際の操業度は950時間で50時間（1,000時間－950時間＝50時間）不足していたため，4,000円（80円×50時間＝4,000円）の固定費の配賦もれが生じたのである。

図表 3－3　変動予算による差異分析の計算

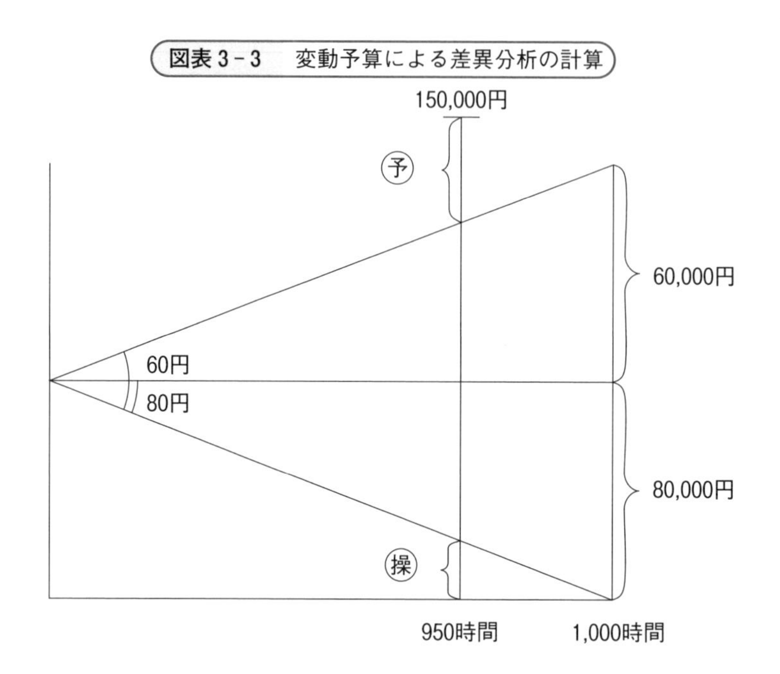

予：予算差異，操：操業度差異

(2) 配賦差異の処理

製造間接費配賦差異は，毎月，予算差異や操業度差異に分析されるが，さらに製造間接費配賦差異勘定で年度末まで繰り越される。「原価計算基準」によれば，年度末に同勘定の残高は，原則として当年度の売上原価に賦課し，また予定配賦率が不適当なために比較的多額の差異が生じた場合には，当年度の売上原価と期末棚卸資産（期末製品と期末仕掛品）とに配賦する。ただし，ストライキや天災等の異常な状態によって発生した差異（差額）は，期間外の特別損失として損益勘定に振り替えられなければならない。

部門別原価計算

1　部門別原価計算の意義

原価の部門別計算とは，費目別計算において把握された原価要素を，原価部門別に分類集計する手続きをいい，原価計算における第２次の計算段階である（「原価計算基準」15）。その主要な目的は，①正確な製品原価の計算，②適切な原価管理に役立つ原価情報の提供である。

また，原価の部門別計算では，製品原価の正確な計算と原価管理の必要性に応じて様々な原価が集計される。たとえば，個別原価計算を前提とする場合，部門別に集計される原価の範囲として，製造間接費，もしくは製造間接費に直接労務費を加えたものが考えられる。一方，総合原価計算を前提とする場合，部門別に集計される原価の範囲として，すべての製造原価要素，もしくは加工費が想定される（「原価計算基準」18)。ここでは，個別原価計算を前提とする場合を中心に解説を進める。

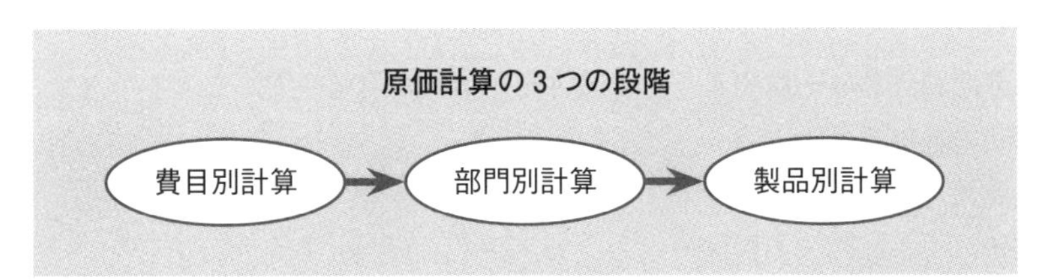

原価計算は通常，費目別計算・部門別計算・製品別計算という３つの段階を経て行われる。なお，部門別計算を行わなくても原価を計算することは可能である。しかし，工場の規模が大きくなり製造工程が複雑化すると，部門別計算を行わなければ正確な製品原価の計算を行うことが困難になるだけではなく，製造間接費の管理を適切に行うことも難しくなる。

製造直接費は，部門別に集計する手続きを行っても，部門を経由せずに直接的に各製品あるいは製品種類に賦課（直課）しても，製品原価の計算結果は等しくなる。一方，製造間接費については，工場全体で１つの配賦率を使用するよりも，原価の発生態様に応じてグループ別に製造間接費を集計し，それを適切な配賦基準を用いて配賦計算したほうが，より正確な製造間接費の配賦が可能となる。このように，合理的な製造間接費の配賦計算を行うための１つの仕組みが部門別原価計算である。しかしながら，近年は原価を発生させる「活動」とその「コスト・ドライバー」に注目し，部門別に集計するよりもさらに正確な製品原価計算ができるように製造間接費の配賦を行う「活動基準原価計算（ＡＢＣ)」も提唱されている（XI章参照)。

効果的な原価管理を行うためには，当該原価の発生に対して権限と責任を持つべき組織や人（管理者）に原価発生額を結びつける必要がある。しかし，たとえば製造間接費が予定より多く発生した場合，製造間接費をそのまま各製品に配賦してしまうと，その発生額がどこの，あるいは誰の責任であるのかを明確に把握することが困難になる。そこで部門別原価計算では，原価を製品に配賦する前に部門に集計し直すことで，管理者の責任区分別に原価が集計されることになり，原価管理に役に立つ原価情報を提供することも可能となる。

製造直接費も，原価管理のために部門別に集計することが可能かつ有効である。しかし，部門別原価計算の手続きの中心的な問題は，製造間接費を部門別に集計することにある。そのため，ここでは製造間接費に焦点を絞って部門別原価計算の手続きを説明する。

2 原価部門の設定と部門別原価計算の手続き

部門別原価計算を行うためには，はじめに原価部門を設定する必要がある。原価部門とは，原価の発生を機能別，責任区分別に管理するとともに，製品原価の計算を正確に行うために，原価要素を分類集計する計算上の区分である（「原価計算基準」18）。原価部門は，製造部門と補助部門に区分される。製造部門とは直接的に製造作業が行われる部門であり，鋳造部・鍛造部・機械加工部・組立部等がある。また，補助部門とは製造作業に対して補助的な関係にある部門であり，製造部門が円滑に操業できるようにサポートする部門である。補助部門はさらに自部門の用役を製造部門に提供する補助経営部門と，管理的機能を担う工場管理部門とに分類することができる。補助経営部門には動力部・修繕部・運搬部・工具製作部・検査部等がある。工場管理部門には工場事務部・労務部・企画部・試験研究部等がある。

製造間接費の部門別計算は，次のような手続きを経て行われる。

① 部門個別費の各部門への直課

② 部門共通費の各部門への配賦

③ 補助部門費の製造部門への配賦

④ 製造部門費の製品への配賦

部門個別費とは，個々の部門に跡付けることができる原価，つまり部門に直接的に集計できる製造間接費をいい，各部門に直課（集計）される（手続き①）。また部門共通費とは，工場長の給料や工場建物の減価償却費，火災保険料等，個々の部門に直接跡付けることが困難な製造間接費をいい，適切な配賦基準に基づいて各部門に配賦する（手続き②）。この①と②の手続きの結果，製造間接費はすべての原価部門に集計されることになる。これらの手続きを，部門費の第1次集計という。

部門別に集計された製造間接費は，最終的には製品に配賦され，製品原価の一部を構成することになる。しかし，補助部門に集計された製造間接費（補助部門費）は，そのまま製品に配賦することが困難である。なぜなら，修繕部門や工場事務部門などの補助部門では直接的に製造作業が行われないため，集計された補助部門費を製品に配賦するための適切な配賦基準が存在しないからである。ただし，補助部門は製造部門をサポートするための部門であることから，補助部門費を製造部門に配賦するための合理的な配賦基準は存在する。そこで，いったん補助部門費を製造部門に配賦し，補助部門からの配賦額も含めた製造部門費を各製品に配賦するという手続きをとる。

補助部門費を製造部門に配賦する手続き（手続き③）を，部門費の第2次集計という。この③の手続きの結果，すべての製造間接費が製造部門だけに集計されることになる。そして各製造部門に集計された製造間接費は，製造部門ごとに合理的な配賦基準を用いて各製品に配賦される（手続き④）。

図表 4－1 部門別原価計算の流れ

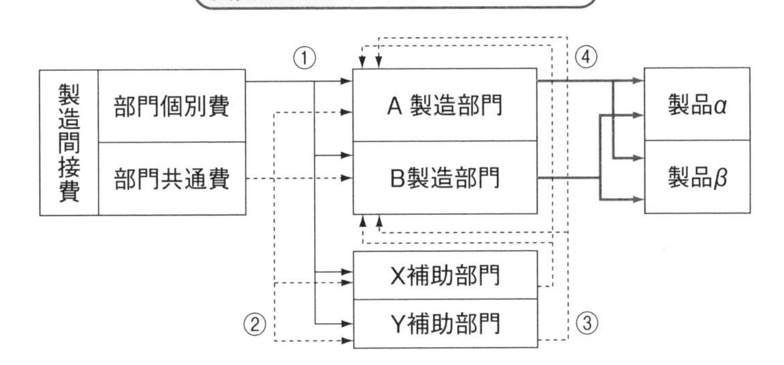

3 部門費の第１次集計

部門費の第１次集計とは，製造間接費を各原価部門に集計する手続きである。まず，特定の部門で発生したことが明らかであり，その金額を直接的に当該部門に跡付けることが可能な部門個別費は，各部門に直接的に集計する（部門個別費の直課）。また，特定の部門に直接的に金額を跡付けることができない部門共通費は，適切な配賦基準によって各部門に配賦される（部門共通費の配賦）。

図表 4－2 部門費集計表

（単位：円）

費　目	合　計	製　造　部　門		補　助　部　門		
		第1製造部門	第2製造部門	動力部	修繕部	工場事務部
部門個別費						
×××費	×××	×××	×××	×××	×××	×××
×××費	×××	×××	×××	×××	×××	×××
×××費	×××	×××	×××	×××	×××	×××
部門個別費計	327,000	119,000	82,000	23,500	35,500	67,000
部門共通費						
福利厚生費	60,000	25,000	15,000	5,000	5,000	10,000
減価償却費	105,000	45,000	42,000	7,500	7,500	3,000
部門共通費計	165,000	70,000	57,000	12,500	12,500	13,000
部門費合計	492,000	189,000	139,000	36,000	48,000	80,000

	第1製造部門	第2製造部門	動力部	修繕部	工場事務部
従業員数	25人	15人	5人	5人	10人
占有面積	300㎡	280㎡	50㎡	50㎡	20㎡

部門共通費の配賦基準は，１）部門共通費の発生額と配賦基準との間に相関関係があること，２）配賦される部門に共通の基準であること，３）配賦基準量の把握が経済的に可能であること，等をふまえて決定される。

図表４－２の部門費集計表では，福利厚生費は各部門の従業員数を配賦基準として，減価償却費は各部門の占有面積を配賦基準として，部門共通費をそれぞれの原価部門に配賦している。

4　部門費の第２次集計（補助部門費の配賦）

補助部門費の製造部門への配賦方法には，次のようなものがある。

(1)　直接配賦法
(2)　階梯式配賦法
(3)　相互配賦法 ─┬─ ①　簡便法
　　　　　　　　├─ ②　連続配賦法
　　　　　　　　└─ ③　連立方程式法

(1)　直接配賦法

直接配賦法とは，補助部門間の用役の授受関係を無視して，最初から補助部門費をすべて製造部門だけに配賦する方法である。

図表４－３　補助部門費の配賦基準

配賦基準＼原価部門	第1製造部門	第2製造部門	動力部	修繕部	工場事務部
動力部費：動力供給量	50,000kwh	30,000kwh	――	10,000kwh	10,000kwh
修繕部費：修繕回数	20回	20回	10回	――	10回
工場事務部費：従業員数	25人	15人	5人	5人	――

図表４－４　部門費振替表（直接配賦法）

（単位：円）

費　目	合　計	製　造　部　門		補　助　部　門		
		第1製造部門	第2製造部門	動力部	修繕部	工場事務部
部門費計	492,000	189,000	139,000	36,000	48,000	80,000
動力部費	36,000	22,500	13,500			
修繕部費	48,000	24,000	24,000			
工場事務部費	80,000	50,000	30,000			
配賦額計	164,000	96,500	67,500			
製造部門費合計	492,000	285,500	206,500			

図表４－４は，図表４－２の部門費集計表に集計された補助部門費を，図表４－３の配賦基準に基づいて，直接配賦法により製造部門に配賦した部門費振替表（部門費配賦表）である。直接配賦法では，補助部門間の配賦は行わずに補助部門費をすべて製造部門のみに配賦する。すなわち，動力部費の配賦率は36,000円÷（50,000kwh＋30,000kwh）＝0.45円/kwh，修繕部費の配賦率は48,000円÷（20回＋20回）＝1,200円／回，工場事務部費の配賦率は80,000円÷（25人＋15人）＝2,000円／人となる。そして，それぞれの配賦率に第１製造部門と第２製造部門の配賦基準量を乗じることで，補助部門費を第１製造部門と第２製造部門に配賦する。

(2) 階梯式配賦法

階梯式配賦法とは，補助部門を順位付けし，配賦順位の高い補助部門から順に製造部門と配賦順位の低い補助部門へと補助部門費を配賦する方法である。具体的には，部門費振替表の右側から順位の高い順に配置し，右側に位置する補助部門から自部門よりも左側に示された製造部門と補助部門にのみ配賦を行う。その結果，部門費振替表の右側部分が階梯（階段）のような形になることから，階梯式配賦法と名付けられている。

図表4－5 部門費振替表（階梯式配賦法）

（単位：円）

費目	合計	製造部門		補助部門		
		第1製造部門	第2製造部門	動力部	修繕部	工場事務部
部門費計	492,000	189,000	139,000	36,000	48,000	80,000
工場事務部費	80,000	40,000	24,000	8,000	8,000	80,000
修繕部費	56,000	22,400	22,400	11,200	56,000	
動力部費	55,200	34,500	20,700	55,200		
配賦額計	164,000	96,900	67,100			
製造部門費合計	492,000	285,900	206,100			

図表4－5は，図表4－2の部門費集計表に集計された補助部門費を，図表4－3の配賦基準に基づいて階梯式配賦法により配賦を行った部門費振替表である。階梯式配賦法では，補助部門を部門費振替表にどのような順序で配置するかによって，最終的に各製造部門に集計される金額が異なる。この配置の順番（順位）は，他の補助部門に対する用役の提供先が多い順，あるいは補助部門費の金額が多い順に，部門費集計表の右側から配置することが一般的である。図表4－5では，工場事務部，修繕部，動力部の順で右から配置されている。したがって，工場事務部費は製造部門以外に動力部と修繕部にも配賦されるが，修繕部費は製造部門以外には動力部にしか配賦されず，工場事務部には配賦されない。そして動力部費は，他の補助部門には配賦されず製造部門にのみ配賦される。

具体的に見ると，工場事務部費は80,000円÷（25人＋15人＋5人＋5人）＝1,600円／人の配賦率で各部門に配賦される。また修繕部費は，修繕部に集計された48,000円に工場事務部から配賦された8,000円を加えた56,000円を，工場事務部以外の原価部門に対する修繕回数（20回＋20回＋10回＝50回）で除して求めた配賦率1,120円／回に基づいて，修繕部より左側に位置する各部門に配賦される。同様に動力部費は，他の補助部門から配賦された金額を加えた55,200円を製造部門に対する動力供給量の合計80,000kwhで除して求めた配賦率0.69円／kwhを用いて，第1製造部門と第2製造部門に配賦される。

(3) 相互配賦法

相互配賦法とは，補助部門間の用役の授受を考慮し，補助部門間相互にも補助部門費の配賦を行う方法である。

① 簡便法

相互配賦法の簡便法とは，1回目の配賦は補助部門間も補助部門費の配賦を行うが，2回目の配賦は補助部門間の配賦を行わず，直接配賦法のように補助部門から製造部門への配賦のみを行うという簡便な方法である。これは「要綱による相互配賦法」と呼ばれる場合もある。

図表４－６　部門費振替表（相互配賦法の簡便法）

（単位：円）

費　目	合　計	製　造　部　門		補　助　部　門		
		第1製造部門	第2製造部門	動力部	修繕部	工場事務部
部門費計	492,000	189,000	139,000	36,000	48,000	80,000
動力部費	36,000	18,000	10,800	—	3,600	3,600
修繕部費	48,000	16,000	16,000	8,000	—	8,000
工場事務部費	80,000	40,000	24,000	8,000	8,000	—
第1次配賦額	164,000	74,000	50,800	16,000	11,600	11,600
動力部費	16,000	10,000	6,000			
修繕部費	11,600	5,800	5,800			
工場事務部費	11,600	7,250	4,350			
第2次配賦額	39,200	23,050	16,150			
製造部門費合計	492,000	286,050	205,950			

図表４－６は，図表４－２の部門費集計表に集計された補助部門費を，図表４－３の配賦基準に基づいて，相互配賦法の簡便法により配賦した結果である。動力部費は，36,000円÷（50,000kwh＋30,000kwh＋10,000kwh＋10,000kwh）＝0.36円／kwhの配賦率で他の部門に配賦される。同様に，修繕部費は48,000円÷（20回＋20回＋10回＋10回）＝800円／回の配賦率で，工場事務部費は80,000円÷（25人＋15人＋５人＋５人）＝1,600円／人の配賦率で他の原価部門に配賦される。

第１次配賦により，第１次集計で配賦された補助部門費は他の原価部門にすべて配賦されるが，他の補助部門から新たに原価が配賦されることになる。そこで，動力部と修繕部から工場事務部に配賦された原価11,600円は，第２次配賦として第１製造部門と第２製造部門のみに配賦される。修繕部に配賦された原価11,600円と動力部に配賦された原価16,000円も同様に，第１製造部門と第２製造部門に配賦される。このように，相互配賦法の簡便法では，第１次配賦において相互配賦法（補助部門間の相互配賦も行う方法）で配賦計算が行われるが，第２次配賦では直接配賦法のように製造部門のみに配賦計算が行われる。

②　連続配賦法

連続配賦法とは，補助部門に集計される原価がゼロに限りなく近づくまで何度でも相互配賦を行う方法である。まず，第１次配賦において補助部門間相互にも配賦計算を行う。その結果，補助部門に新たに集計された原価は第２次配賦として第１次配賦と同じように相互配賦を行う。補助部門に集計される金額が四捨五入してゼロになるまで，同様の相互配賦の手続きを第３次配賦，第４次配賦と繰り返していく。

図表４－７　部門費振替表（連続配賦法）

（単位：円）

費　目	合　計	製 造 部 門		補 助 部 門		
		第1製造部門	第2製造部門	動力部	修繕部	工場事務部
部門費計	492,000	189,000	139,000	36,000	48,000	80,000
第1次配賦						
動力部費		18,000	10,800	36,000	3,600	3,600
修繕部費		17,200	17,200	8,600	51,600	8,600
工場事務部費		46,100	27,660	9,220	9,220	92,200
第2次配賦						
動力部費		8,910	5,346	17,820	1,782	1,782
修繕部費		3,667	3,667	1,834	11,002	1,834
工場事務部費		1,808	1,085	361	362	3,616
第3次配賦						
動力部費		1,098	659	2,195	219	219
修繕部費		194	194	96	581	97
工場事務部費		158	95	31	32	316
第4次配賦						
動力部費		64	38	127	12	13
修繕部費		15	15	7	44	7
工場事務部費		10	6	2	2	20
第5次配賦						
動力部費		5	3	9	0	1
修繕部費		1	1	0	2	0
工場事務部費		1	0	0	0	1
配賦額計		97,231	66,769	0		
製造部門費合計	492,000	286,231	205,769			

図表４－７は，連続配賦法による部門費振替表である。まず第１次配賦において，動力部費は36,000円÷（50,000kwh＋30,000kwh＋10,000kwh＋10,000kwh）＝0.36円／kwhの配賦率で他の原価部門に配賦される。次に修繕部費は，第１次集計の48,000円に第１次配賦で動力部から配賦された3,600円を加えた51,600円について，51,600円÷（20回＋20回＋10回＋10回）＝860円／回の配賦率で他の原価部門に配賦される。そして工場事務部費は，第１次集計の80,000円に第１次配賦で動力部から配賦された3,600円と修繕部から配賦された8,600円を加えた92,200円について，92,200円÷（25人＋15人＋５人＋５人）＝1,844円／人の配賦率で他の原価部門に配賦される。第１次配賦によって補助部門に残ってしまった原価は，第２次配賦として第１次配賦と同様に他の原価部門に配賦される。この配賦手続きは，補助部門費がゼロになるまで繰り返し行われる。

③　連立方程式法

連立方程式法とは，相互配賦法の連続配賦法による最終結果を，連立方程式を立てることによって数学的に解く方法である。理論的には，連続配賦法と連立方程式法の配賦結果は等しくなるが，実際には四捨五入の関係で異なることもある。

相互配賦法では，補助部門間の用役の授受も考慮して補助部門費を他の原価部門にも配賦することから，自部門の原価を他の原価部門に配賦しても，同時に他の補助部門から配賦されてしまい，原価が残ってしまう。そこで，第１次集計の補助部門費に第２次集計で他の補助部門から配賦される金額を加えた最終的な各補助部門の配賦すべき金額を，連立方程式を立てることであらかじめ算定し，その結果に基づいて部門費振替表を作成する。

図表４－２の部門費集計表と図表４－３の配賦基準に基づいて連立方程式を立てると，次のようになる。

Ｘ：動力部が最終的に配賦すべき金額

Ｙ：修繕部が最終的に配賦すべき金額

Ｚ：工場事務部が最終的に配賦すべき金額

$$\begin{cases} X=36{,}000+\dfrac{10}{60}Y+\dfrac{5}{50}Z \\ Y=48{,}000+\dfrac{10{,}000}{100{,}000}X+\dfrac{5}{50}Z \\ Z=80{,}000+\dfrac{10{,}000}{100{,}000}X+\dfrac{10}{60}Y \end{cases}$$

動力部が最終的に配賦すべき金額Ｘは，第１次集計で集計された動力部費36,000円と第２次集計で修繕部から配賦される$\frac{10}{60}$Ｙ円と工場事務部から配賦される$\frac{5}{50}$Z円の合計である。同様に，修繕部が最終的に配賦すべき金額は，第１次集計で集計された修繕部費48,000円と第２次集計で動力部から配賦される$\frac{10{,}000}{100{,}000}$X円と工場事務部から配賦される$\frac{5}{50}$Z円の合計となる。そして工場事務部が最終的に配賦すべき金額は，第１次集計で集計された80,000円と第２次集計で動力部から配賦される$\frac{10{,}000}{100{,}000}$X円と修繕部から配賦される$\frac{10}{60}$Ｙ円の合計となる。この連立方程式を解くと，Ｘ＝56,154円，Ｙ＝63,231円，Ｚ＝96,154円となる。

この結果に基づいて配賦計算を行った部門費振替表が図表４－８である。動力部には第１次集計によって36,000円が集計されているが，第２次集計で修繕部から配賦される10,539円と工場事務部から配賦される9,615円も合わせて配賦しなければならないことから,これらを加えた56,154円を配賦することで，結果的に動力部には原価が残らずゼロになる。修繕部と工場事務部も同様に，第１次集計の金額に第２次集計で他の補助部門から配賦される金額も加えて配賦することで，各補助部門には原価が残らず，すべての補助部門費が製造部門だけに配賦されることになる。

このように，第１次集計の金額に第２次集計で他の補助部門から配賦される金額を加えた最終的に配賦すべき金額を，連立方程式を立てて求める方法が連立方程式法である。

図表 4－8 部門費振替表（連立方程式法）

（単位：円）

費目	合計	製造部門		補助部門		
		第1製造部門	第2製造部門	動力部	修繕部	工場事務部
部門費計	492,000	189,000	139,000	36,000	48,000	80,000
動力部費		28,077	16,846	△56,154	5,615	5,615
修繕部費		21,077	21,077	10,539	△63,231	10,538
工場事務部費		48,077	28,846	9,615	9,616	△96,154
配賦額計		97,231	66,769	0	0	0
製造部門費計	492,000	286,231	205,769			

5 複数基準配賦法

これまでに説明してきた補助部門費の配賦方法では，各補助部門の原価はそれぞれ単一の配賦基準に基づいて配賦されている。それに対し，複数基準配賦法とは，製造部門費を固定費と変動費に区分してそれぞれ異なる配賦基準に基づいて配賦計算を行う方法である。

固定費は，キャパシティ・コスト(Capacity Cost)としての性格を持っている。キャパシティ・コストとは，物的および人的な経営能力を維持するための原価をいう。たとえば動力部では，一定の動力供給能力を維持するために機械や設備を保有・維持し，人員も配置する必要がある。これらの能力を維持するために必要な原価は，実際にどれだけの動力を供給したかにかかわらず，毎期一定額発生する固定費である。

変動費は，アクティビティ・コスト(Activity Cost)としての性格を持っている。アクティビティ・コストとは，当該部門の活動にともなって発生する原価である。たとえば動力部では，他部門に動力を供給することによって発生する原価である。すなわち，部門の活動量（たとえば動力部では動力供給量）の増減にともなって比例的に発生する変動費である。

キャパシティ・コストとしての性格を持つ固定費の大きさは，保有する能力の規模によって決定され，その能力の規模は他の部門が当該部門の用役を最大でどれだけ必要とするかに基づいて規定される。したがって，固定費は用役を必要とする部門の用役需要能力（動力部の場合は他部門の動力消費能力）を基準として配賦するのが合理的である。一方，変動費は用役を必要とする部門が実際にどれだけの用役を消費したのか（動力部の場合は他部門の動力消費量）を基準として配賦するのが合理的である。このように，製造部門費を固定費と変動費に区分し，それぞれ適切な配賦基準を用いて配賦する方法が複数基準配賦法である。

補助部門費の製造部門への配賦方法である直接配賦法，階梯式配賦法，相互配賦法のうち,どの方法においても複数基準配賦法を採用することが可能である。

問題４－１　次の第１次集計の結果をもとに，複数基準配賦法による直接配賦法を用いて部門費振替表を完成させなさい。

部門費振替表（第1次集計）

（単位：円）

費目	合計	製 造 部 門						補 助 部 門			
		A製造部門			B製造部門			動力部			工場事務部
		固定費	変動費	合計	固定費	変動費	合計	固定費	変動費	合計	固定費
部門費計	243,500	56,000	48,000	104,000	39,000	51,000	90,000	24,000	18,000	42,000	7,500

補助部門費の配賦基準

配賦基準＼原価部門	A製造部門	B製造部門	動力部	工場事務部
動力部費（固定費）：動力消費能力	30,000kwh	10,000kwh	――	2,000kwh
動力部費（変動費）：動力消費量	16,000kwh	8,000kwh	――	1,800kwh
工場事務部費（固定費）：従業員数	30人	20人	10人	5人

解答・解説

部門費振替表（直接配賦法）

（単位：円）

費目	合計	製造部門						補助部門			
		A製造部門			B製造部門			動力部			工場事務部
		固定費	変動費	合計	固定費	変動費	合計	固定費	変動費	合計	固定費
部門費計	243,500	56,000	48,000	104,000	39,000	51,000	90,000	24,000	18,000	42,000	7,500
動力部	42,000	18,000	12,000	30,000	6,000	6,000	12,000				
工場事務部	7,500	4,500	—	4,500	3,000	—	3,000				
配賦額計		22,500	12,000	34,500	9,000	6,000	15,000				
製造部門費合計	243,500	78,500	60,000	138,500	48,000	57,000	105,000				

動力部の固定費24,000円は，動力消費能力に基づいて24,000円÷（30,000kwh＋10,000kwh）＝0.6円／kwhの配賦率でＡ製造部門とＢ製造部門に配賦される。また，動力部の変動費18,000円は動力消費量に基づいて，18,000円÷（16,000kwh＋8,000kwh）＝0.75円／kwhの配賦率でＡ製造部門とＢ製造部門に配賦される。工場事務部の補助部門費7,500円はすべて固定費であることから，従業員数に基づいて7,500円÷（30人＋20人）＝150円／人の配賦率でＡ製造部門とＢ製造部門に配賦される。

6　製造部門費の配賦

補助部門費の製造部門への配賦（第２次集計）が行われた結果，すべての製造間接費は製造部門にのみ集計されたことになる。これらの製造部門に集計された製造間接費は，製造部門ごとに配賦率を設定して各製品（個別原価計算の場合は各製造指図書，組別総合原価計算の場合は各組）に配賦される。この手続きは部門別計算の最終ステップであるが，同時に製品別計算の最初のステップでもある。

問題４－１で，Ａ製造部門費の配賦基準が実際直接作業時間2,500時間，Ｂ製造部門費の配賦基準が実際機械運転時間1,500時間だとすると，Ａ製造部門費の配賦率は138,500円÷2,500時間＝55.4円／時間（うち固定費の配賦率は78,500円÷2,500時間＝31.4円／時間，変動費の配賦率は60,000円÷2,500時間＝24円／時間），Ｂ製造部門費の配賦率は105,000円÷1,500時間＝70円／時間（うち固定費の配賦率は48,000円÷1,500時間＝32円／時間，変動費の配賦率は57,000円÷1,500時間＝38円／時間）となる。

各製造部門費の配賦率に各製造指図書や各組の実際の配賦基準量を乗じることによって，製造部門費の製品への配賦が行われる。たとえば製造指図書＃１の製品に対する実際直接作業時間が250時間であったとすると，Ａ製造部門費の製造指図書＃１への配賦額は55.4円／時間×250時間＝13,850円となる。同様に製造指図書＃１の実際機械運転時間が180時間であったとすると，Ｂ製造部門費の製造指図書＃１への配賦額は70円／時間×180時間＝12,600円となる。

7　製造間接費の予定配賦

製造部門費の配賦には，実際発生額に基づいて配賦率を算定する実際配賦の他に，製造部門費の予算額に基づいて配賦率を算定する予定配賦がある。予定配賦の場合には，１年間（会計期間）の製造部門費予算と年間の予定配賦基準量に基づいて算定された年間の予定配賦率を用いることが一般的である。

予定配賦率を算定するためには，各製造部門の予算額を算定する必要がある。しかし，製造部門の予算額はまず部門個別費あるいは部門共通費として費目ごとに編成されることから，最終的に製造部門に集計される予算額を，いきなり算定することはできない。そこで，はじめに部門個別費あるいは部門共通費の予算額を第１次集計および第２次集計を経て最終的に各製造部門に集計することで，各製造部門の予算額を算定する。したがって，部門別計算において各製造部門の予定配賦を行うためには，１）部門個別費予算の編成，２）部門共通費予算の編成と部門共通費予算の各原価部門への配賦，３）補助部門に集計された予算額の製造部門への配賦，４）製造部門における予定配賦率の算定，５）予定配賦率に基づいて各製品または各組の配賦額を算定，という一連の手順を経る必要がある。

そして，製造間接費の当月実際発生額が把握された後に，１）各原価部門の部門個別費実際発生額の集計，２）部門共通費実際発生額の集計と各部門への配賦，３）補助部門費の製造部門への配賦，という手順を経た上で，４）原価差異の計算と分析が行われる。なお，３）の補助部門費の製造部門への配賦を行うとき，実際配賦を行う方法と予定配賦を行う方法とがあるが，実際配賦を行うと原価差異は製造部門でのみ算出されることとなり，予定配賦を行うと原価差異は補助部門と製造部門の両方で算出されることになる。

問題４－２　次の資料に基づいて，①当月の予定配賦額および②配賦差異を求めなさい。

a）製造間接費予定配賦率　　Ａ製造部門費…35円／時間（配賦基準は直接作業時間）
　　　　　　　　　　　　　Ｂ製造部門費…50円／時間（配賦基準は機械運転時間）

＊製造間接費予定配賦率には，補助部門費の配賦額も含まれている。

b）補助部門費予定配賦率　　動力部費（固定費）…0.15円／kwh
　　　　　　　　　　　　　動力部費（変動費）…0.25円／kwh
　　　　　　　　　　　　　工場事務部費…200円／人

＊補助部門費の製造部門への配賦は階梯式配賦法による。そのとき，部門費振替表の補助部門の配置はｄ）の当月の実際原価発生額における表と同じである。

＊補助部門費の製造部門への配賦には，予定配賦を用いる。なお補助部門費の予定配賦率とは，補助部門の予算額を製造部門に配賦するときに用いられる配賦基準単位当たりの予定配賦額である。

c）当月の各部門の実際配賦基準量

配賦基準＼原価部門	A製造部門	B製造部門	動力部	工場事務部
動力部費（固定費）：動力消費能力	50,000kwh	30,000kwh	——	3,500kwh
動力部費（変動費）：動力消費量	35,000kwh	15,000kwh	——	2,000kwh
工場事務部費（固定費）：従業員数	30人	20人	10人	——

d）当月の実際原価発生額

（単位：円）

費目	合計	製造部門						補助部門			
		A製造部門			B製造部門			動力部			工場事務部
		固定費	変動費	合計	固定費	変動費	合計	固定費	変動費	合計	固定費
部門費計	111,500	9,000	23,250	32,250	12,500	31,250	43,750	10,000	13,000	23,000	12,500

e）当月の実際操業度

Ａ製造部門（直接作業時間）：1,400時間

Ｂ製造部門（機械運転時間）：1,000時間

解答・解説

①　当月の予定配賦額

Ａ製造部門とＢ製造部門の予定配賦率が与えられていることから，すでに各部門個別費および部門共通費の予算編成が行われ，予算額に基づいた部門費の第１次集計と第２次集計が行われており，その結果，Ａ製造部門およびＢ製造部門の予定配賦率が計算されていると考えることができる。

次に，当月の予定配賦額は予定配賦率に実際配賦基準量（実際操業度）を乗じることによって算定することができる。

Ａ製造部門費の予定配賦額：35円／時間×1,400時間＝49,000円

Ｂ製造部門費の予定配賦額：50円／時間×1,000時間＝50,000円

② 配賦差異

製造部門費の実際発生額を集計するとき，補助部門費を実際配賦する方法と予定配賦する方法があるが，本問は予定配賦する方法である。この場合，配賦差異は補助部門と製造部門の両方から算出される。なお補助部門費の予定配賦率とは，製造部門費の予定配賦率を求めるプロセスにおいて，補助部門費の予算額を製造部門に配賦するときに用いられた配賦率である。

工場事務部費の実際発生額は12,500円であるが，予定配賦率200円／人を用いて予定配賦した結果，他部門には12,000円が配賦されている。同様に，動力部の固定費および変動費もそれぞれの予定配賦率を用いて予定配賦されている。

工場事務部費配賦額：200円／人×（30人＋20人＋10人）＝12,000円

動力部費配賦額（固定費）：0.15円／kwh×（50,000kwh＋30,000kwh）＝12,000円

動力部費配賦額（変動費）：0.25円／kwh×（35,000kwh＋15,000kwh）＝12,500円

動力部費配賦額合計：12,000円＋12,500円＝24,500円

配賦差異＝予定配賦額－実際発生額

工場事務部費配賦差異：12,000円－12,500円＝△500円（不利差異）

動力部費固定費配賦差異：（7,500円＋4,500円）－12,000円＝ 0 円

動力部費変動費配賦差異：（8,750円＋3,750円）－13,000円＝△500円（不利差異）

A製造部門費配賦差異：49,000円－54,500円＝△5,500円（不利差異）

B製造部門費配賦差異：50,000円－56,000円＝△6,000円（不利差異）

製造間接費配賦差異合計：（49,000円＋50,000円）－111,500円＝△12,500円（不利差異）

または△500円＋△500円＋△5,500円＋△6,000円＝△12,500円（不利差異）

費目	合計	製造部門						補助部門			
		A製造部門			B製造部門			動力部			工場事務部
		固定費	変動費	合計	固定費	変動費	合計	固定費	変動費	合計	固定費
部門費計	111,500	9,000	23,250	32,250	12,500	31,250	43,750	10,000	13,000	23,000	12,500
工場事務部	12,000	6,000	—	6,000	4,000	—	4,000	2,000	—	2,000	12,500
動力部	24,500	7,500	8,750	16,250	4,500	3,750	8,250	12,000	13,000	25,000	
配賦額計	36,500	13,500	8,750	22,250	8,500	3,750	12,250				
部門費計	110,500	22,500	32,000	54,500	21,000	35,000	56,000				

個別原価計算

1　個別原価計算とは何か？

製品原価計算は大別すると，個別原価計算と総合原価計算とに分類される。総合原価計算が規格品・標準品を連続して生産する場合の製品原価計算の手続きであるのに対して，個別原価計算は受注生産の場合に用いられる製品原価計算の手続きである。

個別原価計算では，製品の注文が入ると，製造指図書を発行する。この製造指図書別に原価を集計し，製品の原価を計算する。個別原価計算には，部門別計算を経ない単純個別原価計算と，部門別計算を経て製造間接費を指図書別に配賦する部門別個別原価計算とがある。

図表5－1　個別原価計算のイメージ

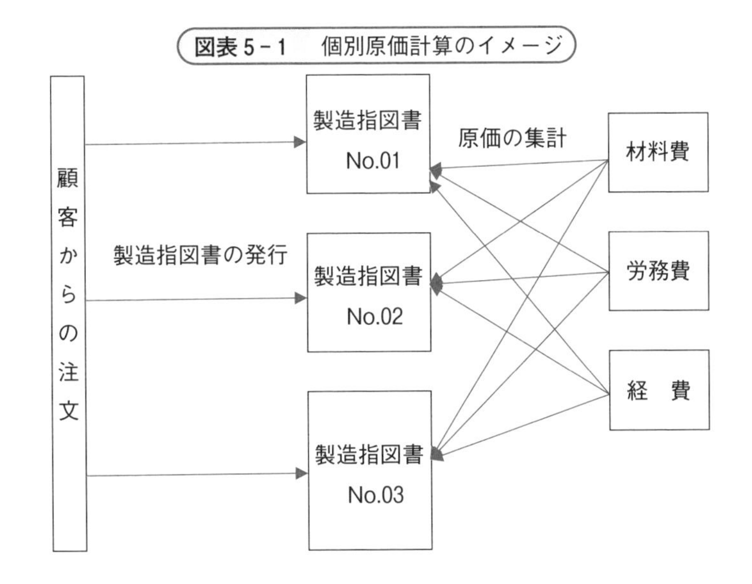

2　個別原価計算の原理

(1)　単純個別原価計算とは何か？

単純個別原価計算とは，部門別原価計算を経ずに，費目ごとに集計された原価を製品別に割り当てて製品原価計算を行う方法である。部門の設定を行わなくてもよい中小規模の工場で用いられる。

(2)　製造直接費の直課と製造間接費の予定配賦

原価を直接的に原価計算対象に割り当てることを直課という。直接材料費，直接労務費，直接経費は，出庫票，作業時間報告書，経費支払票，各種の測定票などによって，その消費量を製造指図書別に把握することができるので，指図書別に直課する。

製造間接費は，製造間接費予算から予定（正常）配賦率を定めて，指図書別に予定（正常）配賦する。

図表５－２　材料記録と指図書の関係

材料記録	製造指図書No.1
どの指図書にどの材料がどれだけ消費されたのか？ その消費単価はいくらか？	どの材料をどれだけ消費したか？
材料A　消費単価××円/kg 製造指図書No.1　××kg No.2　××kg 材料B　消費単価××円/kg 製造指図書No.1　××kg No.2　××kg	消費単価　消費量　消費額 材料A　××円/kg　××kg　××円 材料B　××円/kg　××kg　××円

問題５－１　単純個別原価計算を採用しているこの企業では，この５月に，４月から継続中の製品（製造指図書No.1），今月着手した製品（製造指図書No.2とNo.3）を製造した。

製造指図書No. 1	No. 2	No. 3
着手　4月20日	着手　5月2日	着手　5月21日
完成　5月15日	完成　5月20日	完成　－
月初仕掛品原価　60,000円		
当月直接材料消費量 500kg	当月直接材料消費量 2,000kg	当月直接材料消費量 400kg
直接作業時間 80時間	直接作業時間 200時間	直接作業時間 70時間

直接材料の消費単価は100円/kg，直接労務費の消費賃率は600円/時間，製造間接費の予定配賦率は50円/時間であり，直接作業時間を基準に配賦する。

このデータをもとに，原価計算表を完成させなさい。

解答・解説

それぞれの指図書に記録されている原価要素の消費量（材料消費量や直接作業時間）に対して与えられた消費単価，消費賃率，予定配賦率を掛け合わせて原価計算表の該当箇所に記入する。また，指図書No.1には月初仕掛品原価60,000円が記録されているが，これはこの指図書の製品が先月完成せず仕掛品となったこと，そして先月までに60,000円の原価がすでに集計されていることを表している。これは原価計算表の月初仕掛品の欄に記入すればよい。

直接材料費

指図書No.1　100円/kg×500kg＝50,000円

指図書No.2　100円/kg×2,000kg＝200,000円

指図書No.3　100円/kg×400kg＝40,000円

直接労務費

指図書No.1　600円/時間×80時間＝48,000円

指図書No.2　600円/時間×200時間＝120,000円

指図書No.3　600円/時間×70時間＝42,000円

製造間接費

指図書No.1　50円/時間×80時間＝4,000円

指図書No.2　50円/時間×200時間＝10,000円

指図書No.3　50円/時間×70時間＝3,500円

図表5－3　原価計算表

（単位：円）

製造指図書	No.1	No.2	No.3
月初仕掛品原価	60,000	－	－
直接材料費	50,000	200,000	40,000
直接労務費	48,000	120,000	42,000
製造間接費	4,000	10,000	3,500
計	162,000	330,000	85,500
備考	5月15日完成	5月20日完成	仕掛中

3　仕損と作業屑

(1)　仕損品と仕損費

仕損品とは，加工に失敗するなどして規格や品質標準に達しない製品をいう。補修をすれば良品となるものと，代品を製造し直さなければならないものとがある。補修をする場合でも，新たに指図書を発行する場合とそうでない場合とがある。

仕損費は，次のように計算される。

仕損費＝仕損品に集計された原価－仕損品の処分価値

仕損品に集計された原価とは，その製品が加工に失敗して仕損品となるまでにかかった原価のことである。ここから，もし仕損品自体あるいは材料や部品の一部が外部に売却処分できる場合には，その処分価値を差し引いて仕損費を計算する。

(2) 仕損費の処理

仕損費は，それが通常の生産で発生する正常なものであれば生産上不可避な価値犠牲であり，製品原価性が認められると考えて，良品の製品原価に負担させる。仕損が多く発生すると，それだけ良品の原価はそれを負担しなければならないため高くなってしまう。

仕損費が天災などの異常な状態で発生したものであれば，原価外とし，損益計算書上で営業外費用か特別損失として処理する。

(3) 個別原価計算での仕損費の計算

① 代品を製造する場合（仕損が激しい場合）

仕損となった製品を製造するのにかかった原価を仕損費とし，それが正常なものなら良品の製造原価に負担させる。代品指図書を発行し，元の指図書に集計された原価を，代品指図書に仕損費として振り替える。

図表5－4　代品指図書と仕損費

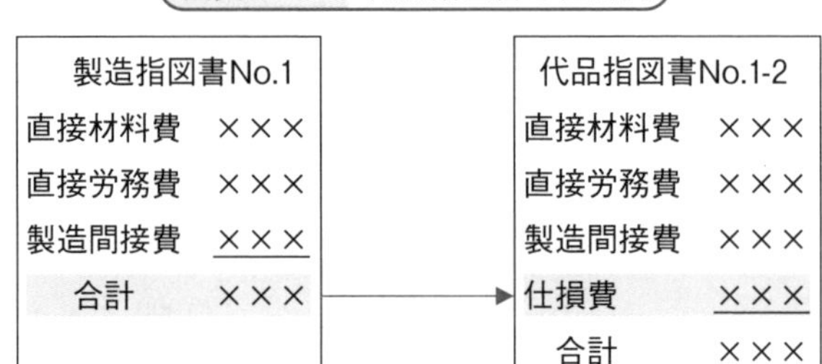

② 補修をする場合

補修にかかった費用を仕損費とし，それが正常なものなら良品の製造原価に負担させる。この場合，補修指図書を発行し，補修指図書に集計された原価を仕損費として元の指図書に振り替える。

図表5－5　補修指図書と仕損費

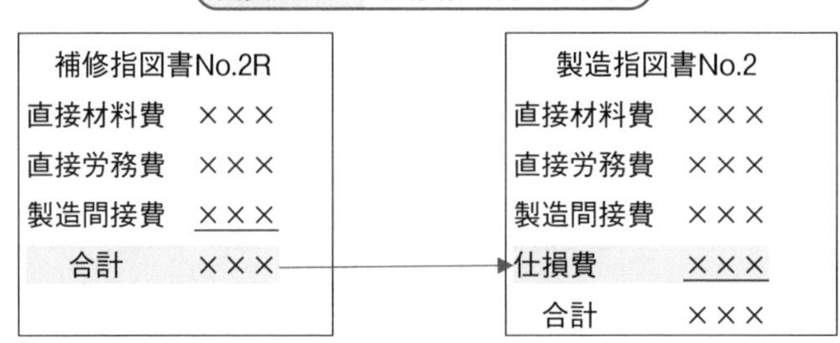

(4) 作業屑の処理

加工中生じる半端な切り残しや削り屑のことを作業屑という。作業屑は価値を有するが，その評価は，重要度によって異なる。

作業屑に非常に価値が高い場合，次のような評価を行う。

① そのまま外部に売却可能な場合

見積売却価額から販売費及び一般管理費（及び通常の利益の見積額）を控除した金額を作業屑の評価額とする。

② **加工した上で販売できる場合**

見積販売価額から加工費，販売費及び一般管理費（及び通常の利益の見積額）を控除した金額を作業屑の評価額とする。

③ **そのまま自家消費される場合**

自家消費によって節約される物品の見積購入価額を作業屑の評価額とする。

④ **加工の上で自家消費する場合**

自家消費によって節約される物品の見積購入価額から見積加工費を控除した金額を作業屑の評価額とする。

作業屑が軽微で重要性が乏しい場合は，その作業屑を評価しないで，その売却時にその売却額を営業外の収益（雑収入）とすることができる。

問題5－2

当社では，受注生産形式で製品を製造している。製造直接費は指図書ごとに実際発生額を直課し，製造間接費は機械作業時間で各製造指図書に予定配賦する。現在，直接材料費と直接労務費の指図書別の計算は完了している。

5月は，3つの注文があり，製造指図書を3枚発行した。そのうち，No.1には補修によって修復可能な仕損が発見されたためそれを補修することにし，補修指図書No.1-Rを発行した。No.3は，仕損が激しく，代品を生産することになったので，代品指図書No.3-2を発行した。No.3の仕損品は30,000円という処分価格で売却することができた。No.2には，工程で加工中に作業屑が発生したが，1,000円の処分価格で売却することができた。すべての注文は，5月中に完成した。

問1　以下の＜資料＞をもとに，原価計算表を完成させなさい。

問2　当月の製造間接費の実際発生額は1,250,000円であった。製造間接費の差異を予算差異と操業度差異とに分解しなさい。

＜資料＞

1．月次製造間接費予算（公式法変動予算）

	固定費	変動費率
間接材料費	50,000円	20円/時間
間接労務費	100,000円	－
動力費	300,000円	50円/時間
減価償却費	350,000円	－
合計	800,000円	70円/時間

基準操業度は機械作業時間（月次　10,000時間）

2．直接費の実際消費額

直接材料費

製造指図書	No. 1	500,000円
	No. 2	400,000円
	No. 3	20,000円
	No. 1-R	8,000円
	No.3-2	80,000円

直接労務費

製造指図書	No. 1	100,000円
	No. 2	80,000円
	No. 3	20,000円
	No. 1-R	5,000円
	No.3-2	60,000円

直接経費

製造指図書	No. 1	50,000円
	No. 2	20,000円
	No. 3	5,000円
	No. 1-R	2,000円
	No.3-2	8,000円

3．機械作業時間

製造指図書	No.1	3,450時間
	No.2	2,450時間
	No.3	400時間
	No.1-R	100時間
	No.3-2	1,600時間
	計	8,000時間

解答・解説

問1　製造指図書No.1は，補修指図書No.1-Rを発行している。補修指図書に集計された原価を指図書No.1の仕損費として振り替える。振り替えた場合，補修指図書の「仕損費振替額」の欄は，振り替えが終わったことを示すために，振り替えた金額をマイナスにして記入し，補修指図書の合計欄をゼロにする。解答の原価計算表では，マイナスは△で表している。

製造指図書No.3は，代品指図書No.3-2を発行している。この場合は，元の指図書No.3に集計された原価を，代品指図書の仕損費として振り替える。振り替えた場合，元の指図書No.3の「仕損費振替額」の欄は，振り替えが終わったことを示すために，振り替えた金額をマイナスで記入し，指図書No.3の合計欄をゼロにする。

また，作業屑が指図書No.2に発生しているが，処分価格を原価の節約と考えて，原価から差し引く。

＜資料＞1から予定配賦率を設定すると次のようになる。

予定配賦率		
変動費率		70円/時間
固定費率	800,000円÷10,000時間＝	80円/時間
計		150円/時間

製造直接費を原価計算表に記入し，予定配賦率に機械作業時間を乗じて，製造間接費を各指図書に予定配賦すると，原価計算表は図表5－6のようになる。

図表5－6　原価計算表

（単位：円）

費目＼指図書番号	No.1	No.2	No.3	No.1-R（補修指図書）	No.3-2（代品指図書）
直接材料費	500,000	400,000	20,000	8,000	80,000
直接労務費	100,000	80,000	20,000	5,000	60,000
直接経費	50,000	20,000	5,000	2,000	8,000
製造間接費	517,500	367,500	60,000	15,000	240,000
作業屑売却額	−	△1,000	−	−	−
仕損品売却額	−	−	△30,000	−	−
仕損費振替額	30,000	−	△75,000	△30,000	75,000
計	1,197,500	866,500	0	0	463,000
備考	完成	完成	No.3-2へ振替	No.1へ振替	完成

No.3では仕損になるまでに105,000円の原価が発生しているが，これは30,000円で処分できたので，これを控除した金額75,000円がNo.3-2に振り替える仕損費ということになる。

問2　製造間接費総差異＝1,200,000円－1,250,000円＝－50,000円（不利差異）

予算差異＝（70円/時間×8,000時間＋800,000円）－1,250,000円＝110,000円（有利差異）

操業度差異＝（8,000時間－10,000時間）×80円/時間＝－160,000円（不利差異）

検証　110,000円＋（－160,000円）＝－50,000円（総差異）

勘定連絡図は，次のとおりである。

製造間接費

諸　　口	1,250,000	予定配賦額	1,200,000
予算差異	110,000	操業度差異	160,000

予算差異

		製造間接費	110,000

操業度差異

製造間接費	160,000		

4　部門別個別原価計算

通常，部門別個別原価計算では，計算の迅速化の点から，部門費を実際配賦せず，部門別の製造間接費予算を設定して予定配賦を行う。その場合，次のような手続きを踏む。

① 製造間接費の部門別計算を行い，部門別の製造間接費予算を作成し，製造部門費の予定配賦率を設定する。

② 指図書別に製造直接費（直接材料費，直接労務費，直接経費）を集計する。製造間接費につい

ては，部門別の予定配賦率を使って指図書別に配賦する。

問題５－３　全経工業は受注生産型の企業である。製品原価計算は部門別個別原価計算を行っている。製造部門として切削部門と組立部門，補助部門として動力部門と水道部門を擁する。製造部門費の製品別［指図書別］配賦は，製造間接費予算による予定配賦を行っている。補助部門費は，製造部門へ複数基準配賦法によって配賦している。なお，資料のデータはすべて月次である。

次の資料に基づき，下記の問に答えなさい。（第179回上級工業簿記より）

＜資料＞

1．部門費予算の第１次集計はすでに終了しており，次の表のとおりである。

部門費予算第１次集計額　　［単位：円］

	切削部門	組立部門	動力部門	水道部門
変動費	762,200	285,000	492,800	1,710,000
固定費	1,612,875	429,625	3,520,000	3,937,500
計	2,375,075	714,625	4,012,800	5,647,500

2．各部門の配賦基準は以下のとおりである。

配賦基準量

動力部門［kwh］	切削部門	組立部門	動力部門	水道部門	計
消費予定量	1,800	1,200	0	300	3,300
消費能力	1,925	1,225	0	350	3,500
水道部門［ℓ］	切削部門	組立部門	動力部門	水道部門	計
消費予定量	600	520	400	0	1,520
消費能力	990	770	440	0	2,200

3．各製造部門の配賦基準および基準操業度は，切削部門が機械作業時間10,000時間，組立部門が直接作業時間5,000時間である。

4．生産等の実績は以下のとおりである。

製造指図書番号	No.1	No.2	No.3	No.1-R	No.2-２
直接材料消費量［kg］	1,250	280	1,210	1,100	1,350
直接作業時間［時間］	1,400	300	1,050	650	800
機械作業時間［時間］	2,650	480	2,180	1,680	2,450
仕損品売却額［円］	－	192,000	－	－	－
作業屑売却額［円］	－	－	16,800	－	－

なお，直接材料費の消費単価は1,200円/kg，直接労務費の消費賃率は850円/時間である。

問１　〈資料〉の１と２に基づき，簡便法の相互配賦法によって補助部門費の製造部門への配賦を行い，製造間接費予算部門別配賦表を完成させなさい。

問2　問1の結果と，〈資料〉の3に基づき，切削部門と組立部門の予定配賦率を計算しなさい。

問3　当月は3つの製品の製造に着手し，製造指図書No.1，No.2，No.3を発行した。No.1に仕損が生じたため，補修指図書No.1-Rを発行した。No.2は仕損の状態が著しく，代品指図書No.2-2を発行した。いずれの仕損も正常なものである。すべての製品は当期中に完成している。また，仕損となったNo.2は，スクラップとして外部に販売することができた。No.3で発生した作業屑は外部に販売することができた。〈資料〉の4に基づき，製造指図書別の原価を計算し，解答用紙の原価計算表を完成させなさい。

問4　当月の製造間接費の実際発生額を集計し，簡便法の相互配賦法によって部門別計算を行った結果，切削部門費は7,985,200円，組立部門費は4,528,000円であった。それぞれ実際発生額と予定配賦額の差異を分析しなさい。

解答・解説

① 本問題は，まず簡便法の相互配賦法で補助部門費を製造部門に配賦する。簡便法の相互配賦法では，第1次配賦では他の補助部門へも用役の提供に応じて部門費を配賦し，第2次配賦では，直接配賦法と同じく，補助部門間の用役の授受は無視して製造部門にのみ，第1次配賦で集計された補助部門費を配賦する。複数基準配賦法なので，変動費と固定費は別々の基準で配賦する。

② 製造部門に配賦された部門費と第1次集計額の合計を基準操業度で除すことで，予定配賦率が計算される。

③ 直接材料費，直接労務費，製造間接費を，指図書別に集計する。No.2に集計された原価はNo.2-2の仕損費として振り替え，No.1-Rに集計された原価は，No.1の仕損費として振り替える。

問1

予算部門費配賦表　（単位：円）

	切削部門			組立部門			動力部門			水道部門		
	変動費	固定費	計	変動費	固定費	計	変動費	固定費	計	変動費	固定費	計
第1次集計額	762,200	1,612,875	2,375,075	285,000	429,625	714,625	492,800	3,520,000	4,012,800	1,710,000	3,937,500	5,647,500
第2次集計												
第1次配賦												
動力部門費	268,800	1,936,000	2,204,800	179,200	1,232,000	1,411,200	-	-	-	44,800	352,000	396,800
水道部門費	675,000	1,771,875	2,446,875	585,000	1,378,125	1,963,125	450,000	787,500	1,237,500	-	-	-
第2次配賦												
動力部門費	270,000	481,250	751,250	180,000	306,250	486,250						
水道部門費	24,000	198,000	222,000	20,800	154,000	174,800						
第2次集計額	1,237,800	4,387,125	5,624,925	965,000	3,070,375	4,035,375						
部門費合計	2,000,000	6,000,000	8,000,000	1,250,000	3,500,000	4,750,000						

問2　切削部門の予定配賦率

変動費率＝2,000,000円÷10,000時間＝200円/時間

固定費率＝6,000,000円÷10,000時間＝<u>600円/時間</u>

予定配賦率　800円/時間

組立部門の予定配賦率

変動費率＝1,250,000円÷5,000時間＝250円/時間

固定費率＝3,500,000円÷5,000時間＝<u>700円/時間</u>

予定配賦率　950円/時間

問 3

原価計算表　　　　（単位：円）

指図書番号	No.1	No.2	No.3	No.1-R	No.2- 2
直接材料費	1,500,000	336,000	1,452,000	1,320,000	1,620,000
直接労務費	1,190,000	255,000	892,500	552,500	680,000
製造間接費					
切削部門	2,120,000	384,000	1,744,000	1,344,000	1,960,000
組立部門	1,330,000	285,000	997,500	617,500	760,000
仕損売却収入	–	△192,000	–	–	–
作業屑売却収入	–	–	△16,800	–	–
仕損費振替	3,834,000	△1,068,000	–	△3,834,000	1,068,000
合計	9,974,000	0	5,069,200	0	6,088,000
備考	完成	No.2- 2へ振替	完成	No.1へ振替	完成

問 4

切削部門

総差異　800円/時間×（2,650時間＋480時間＋2,180時間＋1,680時間＋2,450時間）－7,985,200円＝－433,200円（借方差異）

予算差異　（200円/時間×9,440時間＋6,000,000円）－7,985,200円＝－97,200円（借方差異）

操業度差異　（9,440時間－10,000時間）×600円/時間＝－336,000円（借方差異）

組立部門

総差異　950円/時間×（1,400時間＋300時間＋1,050時間＋650時間＋800時間）－4,528,000円＝－538,000円（借方差異）

予算差異　（250円/時間×4,200時間＋3,500,000円）－4,528,000円＝22,000円（貸方差異）

操業度差異　（4,200時間－5,000時間）×700円/時間＝－560,000円（借方差異）

切削部門　製造間接費

諸　口	7,985,200	予定配賦額	7,552,000
		予算差異	97,200
		操業度差異	336,000

切削部門 予算差異

製造間接費	97,200		

切削部門　操業度差異

製造間接費	336,000		

組立部門 製造間接費

諸口	4,528,000	予定配賦額	3,990,000
予算差異	22,000	操業度差異	560,000

組立部門 予算差異

	製造間接費 22,000

組立部門 操業度差異

製造間接費 560,000	

Ⅵ 総合原価計算

1 総合原価計算の位置づけ，タイプ，論点

(1) 総合原価計算の位置づけ

毎期継続的に実施される制度としての原価計算は，一般的に，次の３つの段階を経て実施される。第１は，材料費，労務費，経費といった費目に原価を集計する段階である費目別計算である。第２は，費目別計算の結果を受けて，製造部門ごとに原価を集計する段階である部門別計算である。最後は，費目別や部門別計算の結果を受けて，製品ごとに原価を集計する段階である製品別計算である。本章で取り上げる総合原価計算は，この最後の段階に位置づけられる。

製品別計算は，次の２つに大別することができる。１つは，特定の製品（あるいは特定の製品グループ）ごとに製品原価を集計する原価計算であり，これを個別原価計算（job-order costingもしくはjob-order cost accounting）という。個別原価計算では，特定の顧客のオーダーに沿って製造指図書（特定製造指図書）が発行され，この特定製造指図書ごとに原価が集計されるといった特徴を持つ。そのため個別原価計算は，建物，船舶，特殊機械などの個別受注生産形態に適しているといわれている。

もう１つは，一定期間（１ヶ月など）における製品の原価を集計し，これを期間生産量で除して製品の単位当たりの原価を求める原価計算であり，これを総合原価計算（process costing）という。総合原価計算では，特定の顧客のオーダーではなく，市場の動向に合わせた計画通りの生産を実施するために製造指図書（継続製造指図書）が発行される。この継続製造指図書に沿って集計された一定期間の完成品原価の合計（完成品総合原価）を一定期間の生産数量で除して，完成品の単位当たりの原価（完成品単位原価）を平均的に求めるところに，この計算方法の特徴がある。そのため総合原価計算は，石油化学，鉄鋼，繊維などの大量見込生産形態に適しているといわれている。これら製品別計算の内容を要約したものが図表６－１である。

図表６－１　総合原価計算の位置づけ

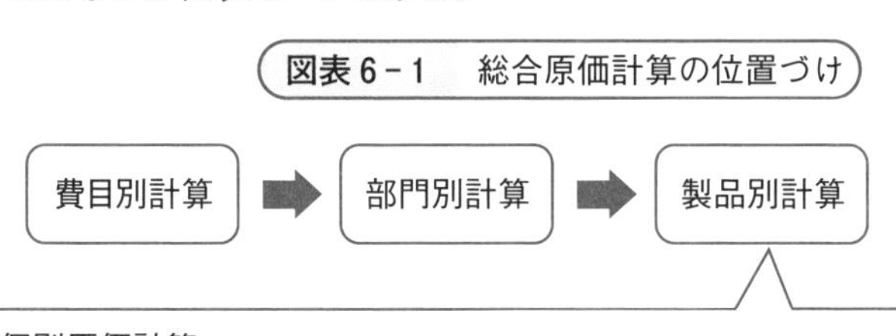

(2) 総合原価計算のタイプ

総合原価計算は，次の２つの基準に応じて複数のタイプに分類することができる。１つは，(A) 製品の品種数による分類である。ここでは，(A-１) 単一品種を前提とする単純総合原価計算，(A-２) 複数品種を前提とする組別総合原価計算，(A-３) 単一品種であるが大きさや品位などによって等級別に区分することができる等級製品を前提とする等級別総合原価計算に区分することができる。

もう１つは，製品の工程数による分類である。ここでは，(B-１) 単一工程を前提とする単一工程総合原価計算と，(B-２) 複数工程を前提とする工程別総合原価計算に区分することができる。さらに，(B-２) 工程別総合原価計算は，集計される原価の範囲に応じて，(B-２-１) すべての原価要素を工程別に集計する全原価要素工程別総合原価計算と，(B-２-２) 加工費のみを工程別に集計する加工費工程別総合原価計算に区分することができる。

これらに加えて，総合原価計算には，連産品の原価計算が含められることが多い。連産品とは，石油化学におけるナフサ，ガソリン，重油，軽油などのように，同一の工程で同一の原料から生産される異種の製品であり，相互に主副の区別がつかないものをいう。連産品の原価計算では，モノの流れに沿って原価を計算するという一般的な原価計算とは異なり，それぞれの連産品がどの程度の原価を負担できる能力があるかに応じた原価計算が実施される。図表６-２は，これら総合原価計算のタイプについて整理したものである。

図表６-２　総合原価計算のタイプ

(A) 製品の品種による分類	(A-1) 単純総合原価計算 (A-2) 組別総合原価計算 (A-3) 等級別総合原価計算
(B) 製品の工程数による分類	(B-1) 単一工程総合原価計算 (B-2) 工程別総合原価計算 (B-2-1) 全原価要素工程別総合原価計算 (B-2-2) 加工費工程別総合原価計算
その他	連産品の原価計算

(3) 総合原価計算の基本論点

一定期間（１ヶ月など）における製品の原価を集計する総合原価計算の基本的な論点としては次の２つがあげられる。１つは，月初仕掛品原価と当月製造費用の合計である当月の総製造費用を，完成品と月末仕掛品にどのように配分するかという点である。これは，棚卸資産価額の決定にかかわる問題といえる。もう１つは，仕損や減損に関連する原価をどのように計算し，完成品と月末仕掛品にどのように配分するかという問題である。これは，棚卸資産価額の決定とともに，原価の正常性（正常な状態を前提とするのかどうかという考え方）にかかわる問題であるといえる。

そこで次の２と３では，品種数が１つで工程数が１つである単一工程単純原価計算を前提として，総合原価計算の２つの基本論点について説明する。

2　単一工程単純総合原価計算（月末仕掛品原価の算定）

単一工程単純総合原価計算とは，単一工程で単一品種の製品を反復的に生産していると想定して，一定期間での原価を集計するために適用される原価計算をいう。2と3では，この原価計算，すなわち，総合原価計算の中で最も単純な単一工程単純総合原価計算を前提として，基本論点である月末仕掛品原価の算定と仕損と減損の処理について説明する。

総合原価計算では，一定の期間における月初仕掛品原価と当月製造費用の合計である当月の総製造費用を完成品と月末仕掛品に配分する。この場合，原価を配分するための基準として，直接材料や仕掛品の数量と，これらの数量に加工の進捗具合を表す係数（これを加工進捗度という）を乗じて求められる完成品換算量がある。前者の数量は，工程の始点で生産に必要なすべての材料を投入する直接材料費の配分基準として用いられる。これに対して，後者の完成品換算量は，数量だけでなく加工の進捗具合を反映していることから，加工費（直接材料費以外の原価要素）の配分基準として用いられる。

直接材料費（始点投入）　➡　数量　➡　完成品と月末仕掛品に配分
加工費　➡　完成品換算量　➡　完成品と月末仕掛品に配分

また，当月の総製造費用を完成品と月末仕掛品に配分する場合，月初仕掛品の単価と当月製造費用の単価が同じである場合は問題ないが，異なる場合は消費単価の決定方法を選択する必要がある。この場合，代表的な消費単価の決定方法として，平均法と先入先出法（修正先入先出法）がある。

①　平均法

仕掛品－直接材料費

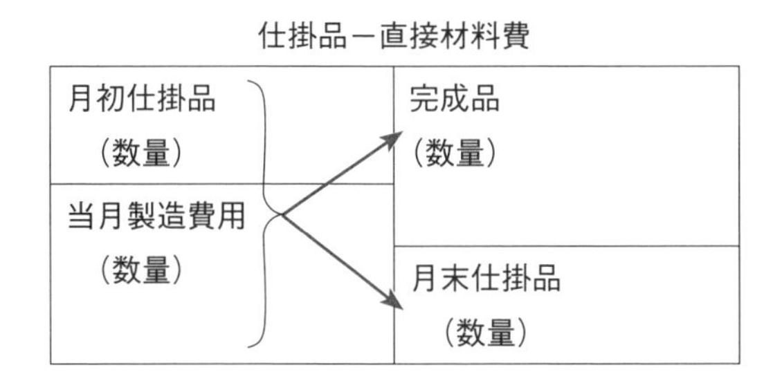

仕掛品－加工費

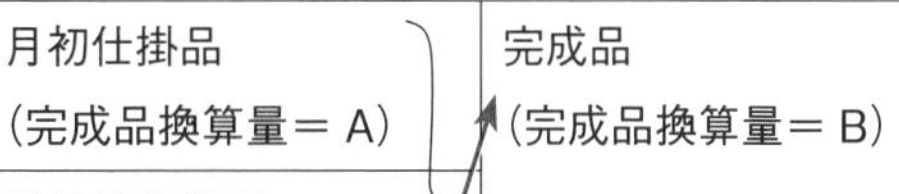

＊差額の計算に注意。

平均法とは，投入から産出までのモノの流れを考慮せず，完成品と月末仕掛品が月初仕掛品原価と当月製造費用から平均的に構成されるとみなして，直接材料費や加工費の消費単価を決定する方法である。上のボックス図は，この方法による当月の総製造費用の完成品と月末仕掛品への配分を表現したものである。

②　先入先出法（修正先入先出法）

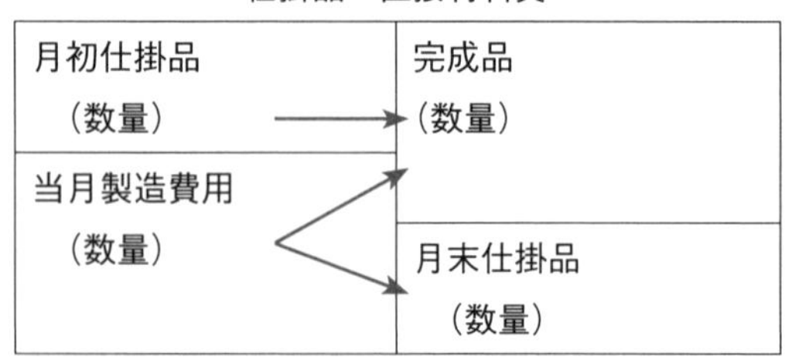

仕掛品－加工費

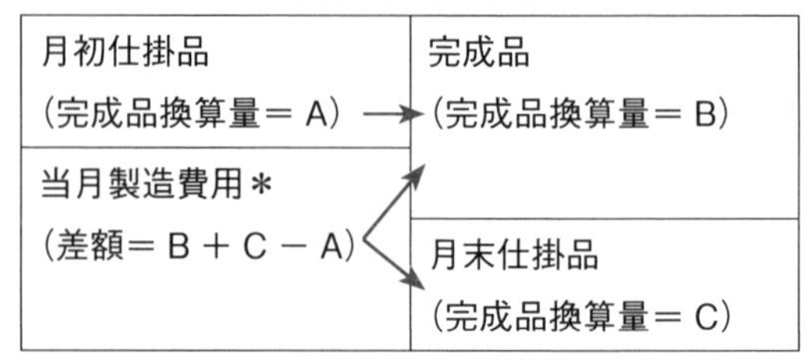

＊差額の計算に注意。

先入先出法とは，先に投入したものから先に産出されるといったモノの流れを前提に，月初仕掛品を先に完成させてから当月着手分を後で完成させていると仮定して，直接材料費や加工費の消費単価を決定する方法である。上のボックス図は，この方法による当月の総製造費用の完成品と月末仕掛品への配分を表現したものである。

問題６－１　以下のデータに基づいて月末仕掛品原価，完成品総合原価および完成品単位原価を平均法による場合と修正先入先出法による場合について，それぞれ算定せよ。

（イ）生産データ

月初仕掛品	200個	(1/2)
当月投入量	1,200個	
計	1,400個	
月末仕掛品	300個	(1/2)
当月完成	1,100個	

（　）内の数値は進捗度を表している。

（ロ）原価データ

	直接材料費	加工費
月初仕掛品原価	106,000円	101,700円
当月投入原価	720,000円	1,198,300円
合　計	826,000円	1,300,000円

材料はすべて工程の始点で投入している。

解答・解説

材料は工程の始点ですべて投入されているので，直接材料費は数量に基づいて完成品と月末仕掛品に配分する。加工費は完成品換算量に基づいて完成品と月末仕掛品に配分する。ここにおいて，加工費の当月投入分における完成品換算量は差額（すなわち，1,100個＋150個－100個＝1,150個）で計算する。

（平均法による場合）

平均単価をもとに月末仕掛品原価と完成品総合原価を求める。

直接材料費の平均単価＝（106,000円＋720,000円）÷（1,100個＋300個）＝590円／個

加工費の平均単価＝（101,700円＋1,198,300円）÷（1,100個＋300個×１／２）＝1,040円／個

仕掛品－直接材料費

200個
106,000円
1,200個
720,000円
1,100個
649,000円
300個
177,000円

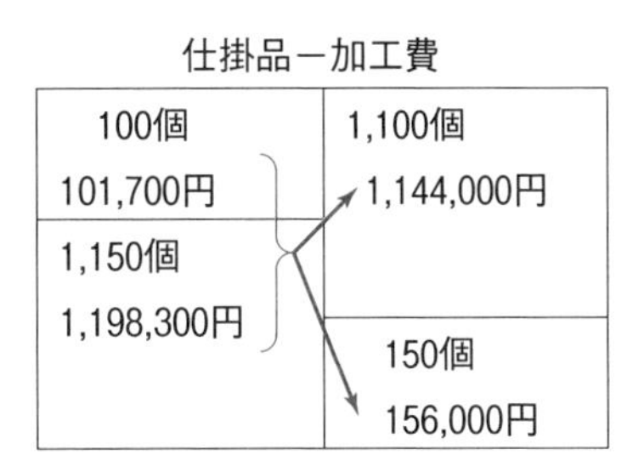

月末仕掛品原価＝590円／個×300個（直接材料費）＋1,040円／個×150個（加工費）

＝333,000円

完成品総合原価＝590円／個×1,100個（直接材料費）＋1,040円／個×1,100個（加工費）＝1,793,000円

完成品単位原価＝1,793,000円÷1,100個＝1,630円

（修正先入先出法による場合）

加工費の当月投入分の完成品換算量＝（加工・完成1,100個）＋（加工・月末300個×１／２）

－（加工・月初200個×１／２）＝1,150個

当月投入量の直接材料費と加工費を月末仕掛品原価と完成品総合原価に按分する。

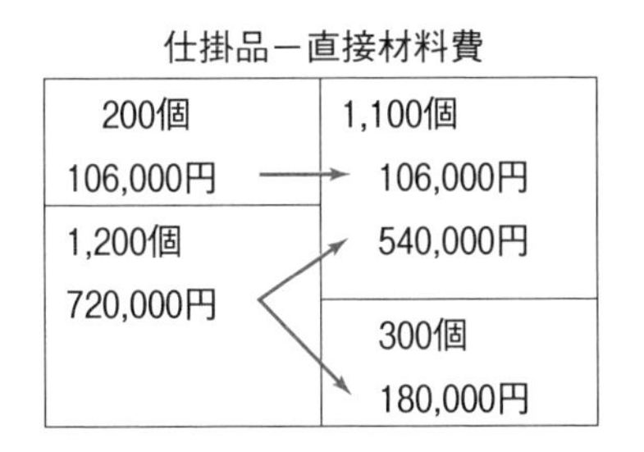

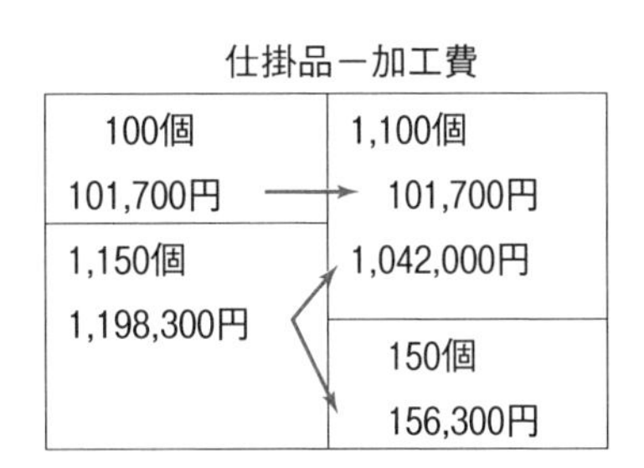

月末仕掛品原価＝720,000円÷1,200個×300個（直接材料費）＋1,198,300円÷1,150個×

150個（加工費）＝336,300円

完成品総合原価＝（106,000円＋720,000円－180,000円）（直接材料費）＋（101,700円

＋1,198,300円－156,300円）（加工費）＝1,789,700円

完成品単位原価＝1,789,700円÷1,100個＝1,627円

③ 純粋先入先出法

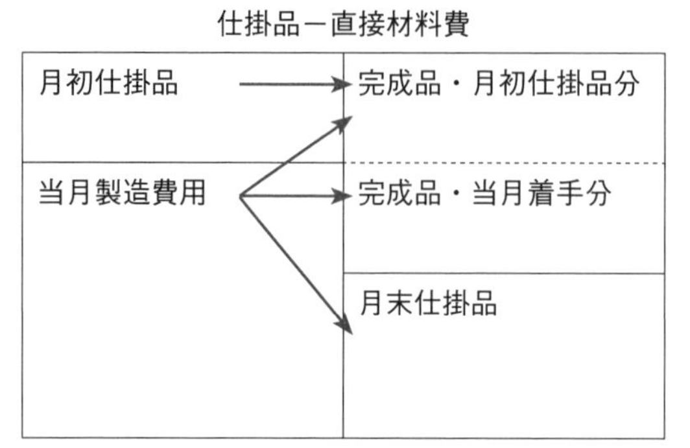

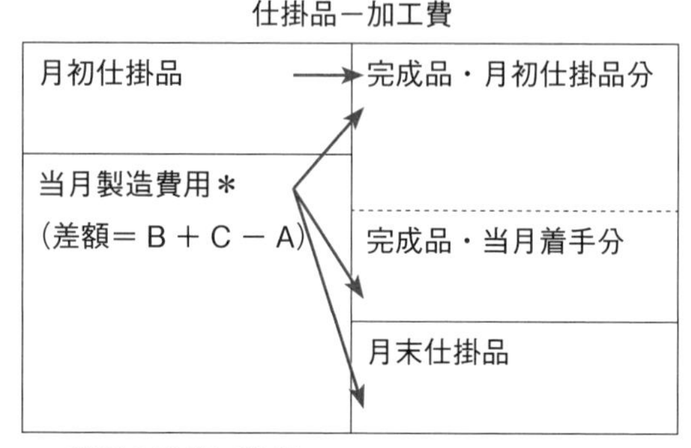

＊差額の計算に注意。

先入先出法では，月初仕掛品を先に完成させてから当月着手分を後で完成させるといったモノの流れを前提に，直接材料費や加工費の消費単価を決定し，当月の総製造費用を完成品と月末仕掛品に配分する。しかし，上の②の方法では，完成品総合原価が総額で計算されるため，月初仕掛品から加工して完成させた金額と，当月に着手して完成させた金額が区分できず，それぞれの単位あたりの完成品原価を計算することができない。この問題を解決する方法が純粋先入先出法である。

すなわち，純粋先入先出法とは，月初仕掛品から加工して完成させた金額と，当月着手して完成させた金額に完成品総合原価を区分して，それぞれの完成品単位原価の計算を可能にした方法をいう。この方法は，月初仕掛品から加工して完成させた分の単位原価と，当月着手して完成させた分の単位原価を区分して計算できる点で，原価管理に有益であるといわれている。これに対して，②のように全体の単位原価のみが計算できる方法を，純粋先入先出法と対比して修正先入先出法という。なお，ここで注意すべきは，純粋先入先出法と修正先入先出法は，単位原価を区分して計算できる点で異なっているが，完成品総合原価の合計金額はともに同じであるという点である。

問題６－２　先に説明した修正先入先出法における問題６－１と同じデータに基づいて，純粋先入先出法を用いて月初仕掛品完成分の原価，月初仕掛品完成分の単位原価および当月着手完成品の単位原価を算定せよ。

解答・解説

完成品単位原価を分けるために，完成品総合原価を月初仕掛品完成分と当月着手完成品分に区分する。

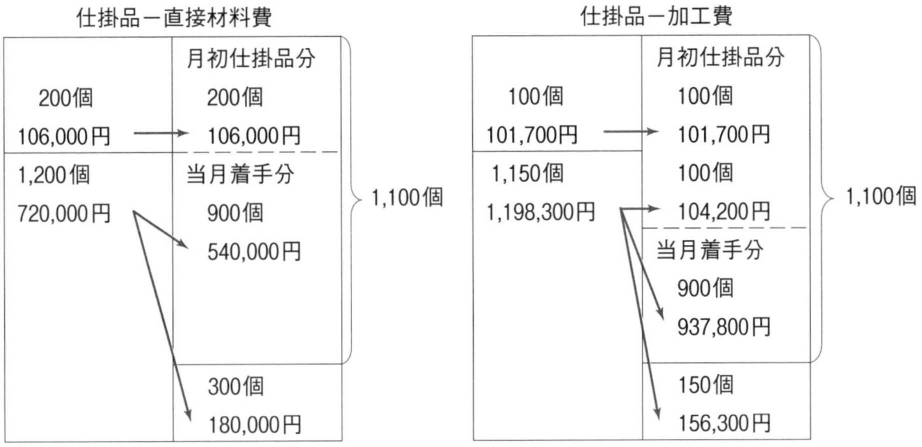

仕掛品－直接材料費

借方	貸方	
200個 106,000円	月初仕掛品分 200個 106,000円	1,100個
1,200個 720,000円	当月着手分 900個 540,000円	
	300個 180,000円	

仕掛品－加工費

借方	貸方	
100個 101,700円	月初仕掛品分 100個 101,700円	1,100個
1,150個 1,198,300円	100個 104,200円	
	当月着手分 900個 937,800円	
	150個 156,300円	

完成品単位原価：月初仕掛品完成分

＝{106,000円（直接材料費）＋（101,700円＋1,198,300円÷1,150個×100個）（加工費）}÷200個＝1,559.5円

完成品単位原価：当月着手完成分

＝{720,000円÷1,200個×900個（直接材料費）＋1,198,300円÷1,150個×900個（加工費）}÷900個＝1,642円

完成品総合原価の金額は同じである。完成品単位原価については，純粋先入先出法が月初仕掛品分と当月着手分に区分できるのに対して，修正先入先出法が区分できない点で異なる。

3 単一工程単純総合原価計算（仕損と減損）

(1) 仕損と減損

仕損とは，何らかの原因により製品の加工を失敗し，品質などの規格に適合しない不合格品（仕損品）が生じることをいう。これに関連して生じる原価を仕損費という。通常，仕損品は，外部への販売などを通じてその一部を回収することが可能であるため，仕損費は，仕損にかかわって集計した原価から仕損品評価額を控除して求められる。また，減損とは，製品の加工中に蒸発，粉散，ガス化，煙化などによって製品にならない部分が生じることをいう。これに関連して生じる原価を減損費という。

仕損費・減損費は，通常の加工が行われていても発生するかどうかによって，正常仕損費・正常減損費と異常仕損費・異常減損費に区分することができる。正常仕損費・正常減損費については，製品を生産する上で不可避の原価であることから，品質などの規格に適合した良品にその金額を負担させる。しかし，異常仕損費・異常減損費については，火災や風水害などの予測困難な事故を原因としたものや，当初予測していたよりも多額に及ぶものであるため，良品にその金額を負担させるのではなく，原価計算制度上の原価に含めない項目（非原価項目）として区別する。

⑵ 正常仕損費・正常減損費の処理方法

正常仕損費・正常減損費の処理方法には次の2つがある。1つは，正常仕損費・正常減損費を分離せずに計算上無視する方法であり，これを度外視法という。この方法は，「原則として，特別に仕損費の費目を設けることをしないで，これをその期の完成品と期末仕掛品とに負担させる」（原価計算基準27）とあるように，『原価計算基準』で指示された処理方法であり，計算の簡便さを意図した方法であるといわれている。

もう1つは，正常仕損費・正常減損費を計算上分離して把握する方法であり，これを非度外視法という。この方法は，正常仕損費・正常減損費の発生パターンを完成品総合原価と月末仕掛品原価の計算に反映させることができるため，計算の正確さを意図した方法であるといわれている。

⑶ 正常仕損費・正常減損費の負担の考え方

正常仕損費・正常減損費については，製品を生産する上で不可避の原価であるため，良品である完成品と月末仕掛品にその金額を負担させる。この場合の基本的な判断基準は，正常仕損・正常減損の発生ポイントを月末仕掛品が通過しているかどうかという点に求められる。これについて，具体的なケースを用いて説明すると次のようになる。

① 工程の始点で正常仕損・正常減損が発生する場合

月末仕掛品は発生ポイントを通過しているため，正常仕損費・正常減損費は完成品と月末仕掛品が負担する（両者負担）。

② 工程の終点で正常仕損・正常減損が発生する場合

月末仕掛品は発生ポイントを通過していないため，正常仕損費・正常減損費は完成品のみが負担する（完成品負担）。

③ 工程の途中で正常仕損・正常減損が発生し，月末仕掛品がその発生ポイントを通過している場合

正常仕損費・正常減損費は完成品と月末仕掛品が負担する（両者負担）。

④ 工程の始点から終点までの間で平均的に正常仕損・正常減損が発生している場合

正常仕損費・正常減損費は完成品と月末仕掛品が負担する（両者負担）。

ここでは，正常減損費の処理方法（度外視法と非度外視法）を取り上げ，計算例を用いてこれら4つのケースについて詳しく説明する。

［生産データ］

月初仕掛品	なし
当月投入量	520t
正常減損	20t
差　　引	500t
月末仕掛品	100t（1/2）
当月完成	400t

（　）内の数値は進捗度を表している。

［原価データ］

当月製造費用

原　料　費	11,700,000円
加　工　費	44,558,820円
合　　　計	56,258,820円

材料はすべて工程の始点で投入している。

［正常減損費の負担方法］

正常減損費の負担方法は，月末仕掛品の加工進捗度をもとに決定する。

①　工程の始点で正常減損が発生する場合

この場合，正常減損費は月末仕掛品と完成品の両者が負担する。

(正常減損度外視法)

正常減損分（20t）を無視して計算する。

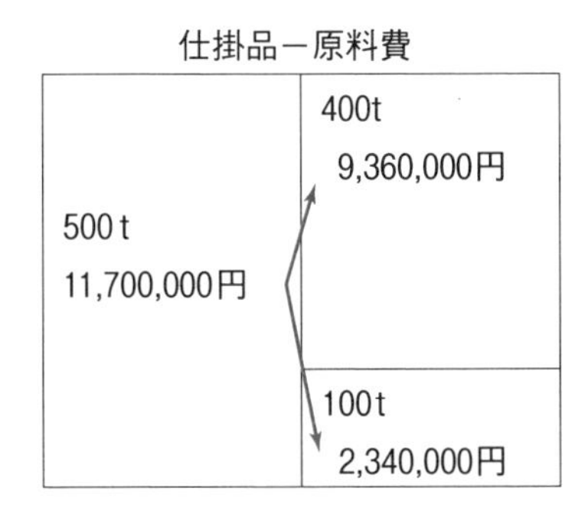

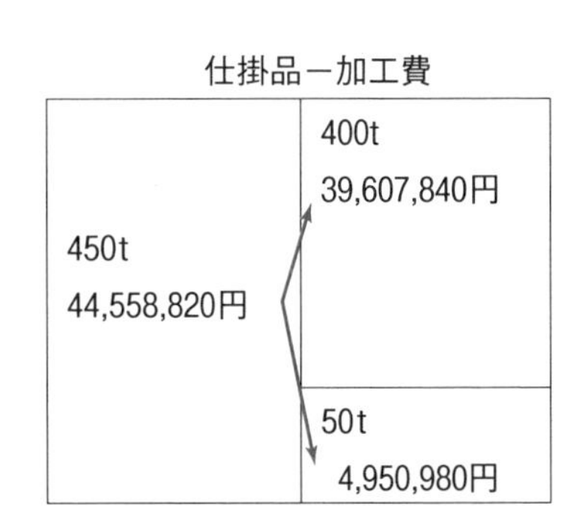

月末仕掛品原価＝11,700,000円÷500t×100t（原料費）＋44,558,820円÷450t×50t（加工費）＝7,290,980円

完成品総合原価＝11,700,000円÷500t×400t（原料費）＋44,558,820円÷450t×400t（加工費）＝48,967,840円

(正常減損非度外視法)

減損発生点が工程の始点なので加工費に関わる正常減損費は発生しない。そのため，原料費に関わる正常減損費のみを個別に把握し，数量に基づいて完成品と月末仕掛品に按分する。

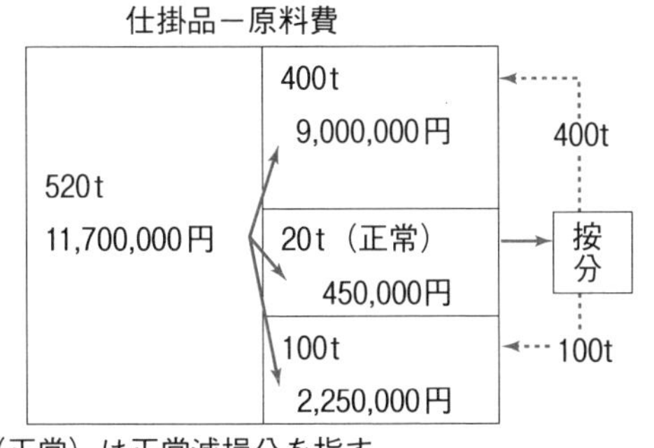

（正常）は正常減損分を指す。

正常減損費＝11,700,000円÷520t×20t＝450,000円

月末仕掛品に加算する正常減損費＝450,000円÷（400t＋100t）×100t＝90,000円

完成品に加算する正常減損費＝450,000円÷（400t＋100t）×400t＝360,000円

月末仕掛品原価＝11,700,000円÷520t×100t（原料費）＋44,558,820円÷450t×50t（加工費）＋90,000円（正常減損費）＝7,290,980円

完成品総合原価＝11,700,000円÷520t×400t（原料費）＋44,558,820円÷450t×400t（加工費）＋360,000円（正常減損費）＝48,967,840円

度外視法においても，非度外視法においても，完成品総合原価は48,967,840円，月末仕掛品原価は7,290,980円となり，両者は一致する。

	直接材料費	加工費
度外視法	両者負担（数量で配分）	なし
非度外視法	両者負担（数量で配分）	なし

②　工程の終点で正常減損が発生する場合

この場合，正常減損費は完成品のみが負担する。

（正常減損度外視法）

月末仕掛品原価を求め，総製造費用（この計算例では月初仕掛品原価がないので当月製造費用）から月末仕掛品原価を控除して求める。

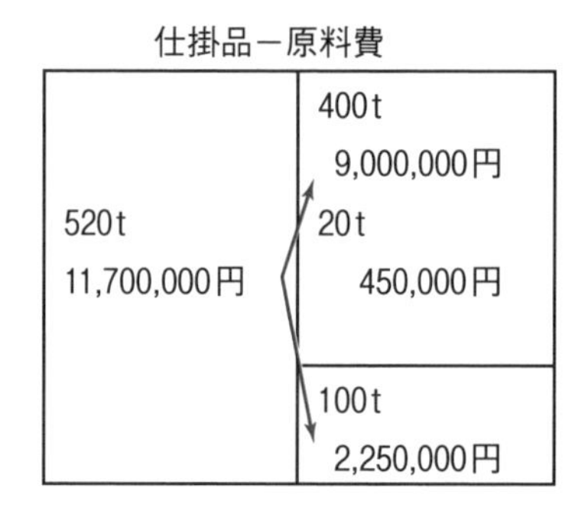

仕掛品－加工費
470t
44,558,820円
400t
37,922,400円
20t
1,896,120円
50t
4,740,300円

月末仕掛品原価＝11,700,000円÷520t×100t（原料費）＋44,558,820円÷470t×50t（加工費）＝6,990,300円

完成品総合原価＝（原料費11,700,000円＋加工費44,558,820円）－6,990,300円＝49,268,520円

なお，上記の図表では，理解を深めるために正常減損費を示している。

（正常減損非度外視法）

正常減損費（原料費と加工費）を個別に把握し，完成品に加算する。

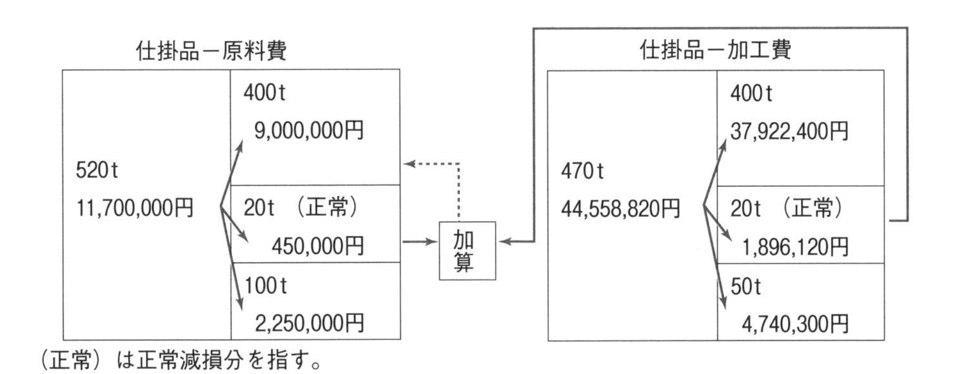

（正常）は正常減損分を指す。

正常減損費＝11,700,000円÷520t×20t（原料費）＋44,558,820円÷470t×20t（加工費）
＝2,346,120円

月末仕掛品原価＝11,700,000円÷520t×100t（原料費）＋44,558,820円÷470t×50t
（加工費）＝6,990,300円

完成品総合原価＝11,700,000円÷520t×400t（原料費）＋44,558,820円÷470t×400t
（加工費）＋（正常減損費2,346,120円）＝49,268,520円

度外視法においても，非度外視法においても，完成品総合原価は49,268,520円，月末仕掛品原価は6,990,300円となり，両者は一致する。

	直接材料費	加工費
度外視法	完成品負担	完成品負担
非度外視法	完成品負担	完成品負担

③ **工程途中の一定点（進捗度40%）で正常減損が発生する場合**

この場合，正常減損費は月末仕掛品と完成品の両者が負担する。

（正常減損度外視法）

正常減損分（20t）を無視して計算する。

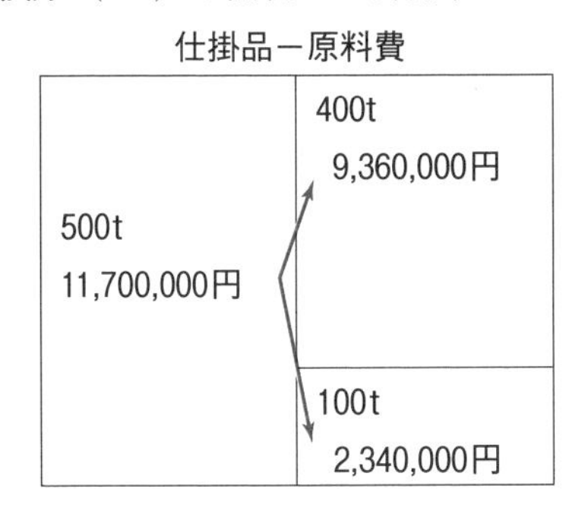

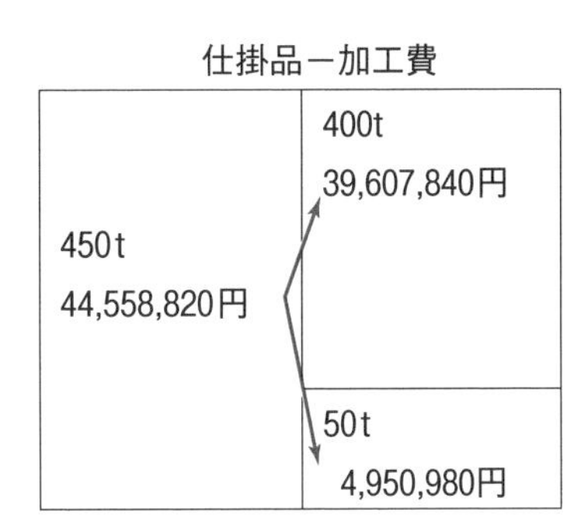

月末仕掛品原価＝11,700,000円÷500t×100t（原料費）＋44,558,820円÷450t×50t
（加工費）＝7,290,980円

完成品総合原価＝11,700,000円÷500t×400t（原料費）＋44,558,820円÷450t×400t
（加工費）＝48,967,840円

なお，計算結果は，前述の①工程の始点で正常減損が発生する場合での正常減損度外視法と同じに

なる。

(正常減損非度外視法)

正常減損費（原料費と加工費）を個別に把握し，数量に基づいて完成品と月末仕掛品に按分する。

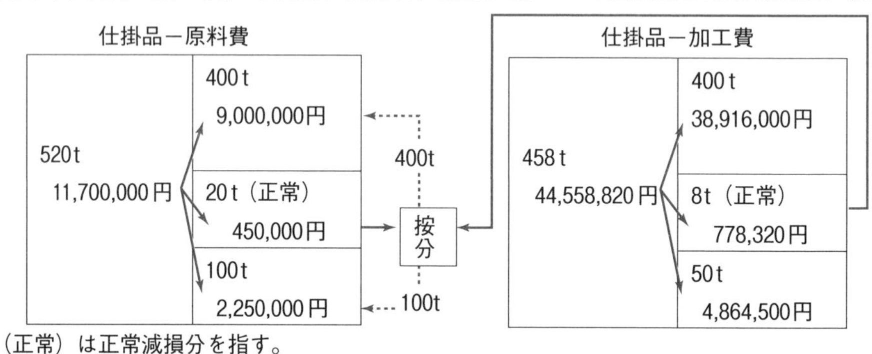

（正常）は正常減損分を指す。

正常減損費＝（原料費450,000円）＋（加工費778,320円）＝1,228,320円

月末仕掛品に加算する正常減損費＝1,228,320円÷（400t＋100t）×100t

＝245,664円

完成品に加算する正常減損費＝1,228,320円÷（400t＋100t）×400t

＝982,656円

月末仕掛品原価＝（原料費2,250,000円）＋（加工費4,864,500円）

＋（正常減損費245,664円）＝7,360,164円

完成品総合原価＝（原料費9,000,000円）＋（加工費38,916,000円）

＋（正常減損費982,656円）＝48,898,656円

度外視法において，完成品総合原価は48,967,840円，月末仕掛品原価は7,290,980円となるのに対して，非度外視法において，完成品総合原価は48,898,656円，月末仕掛品原価は7,360,164円となり，両者は一致しない。

	直接材料費	加工費
度外視法	両者負担（数量で配分）	両者負担(換算量で配分)
非度外視法	両者負担（数量で配分）	両者負担（数量で配分）

④　工程の始点から終点まですべての間で平均的に正常減損が発生する場合

この場合，正常減損費は月末仕掛品と完成品の両者が負担する。

(正常減損度外視法)

正常減損分（20t）を無視して計算する。

仕掛品－原料費

500t
11,700,000円

400t
9,360,000円

100t
2,340,000円

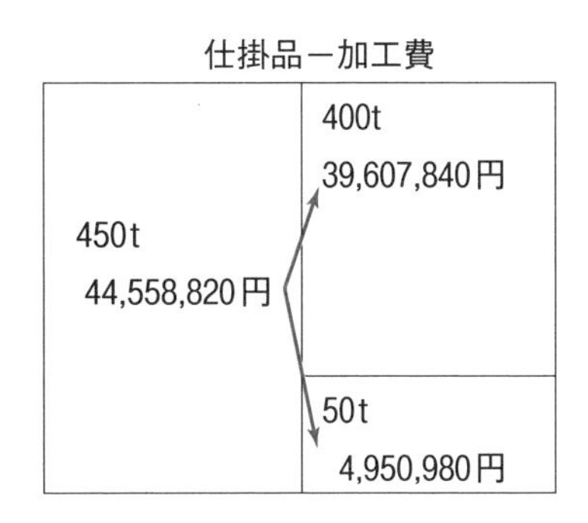

月末仕掛品原価＝11,700,000円÷500 t ×100 t （原材料）＋44,558,820円÷450 t ×50 t
（加工費）＝7,290,980円

完成品総合原価＝11,700,000円÷500 t ×400 t （原材料）＋44,558,820円÷450 t ×400 t
（加工費）＝48,967,840円

なお，計算結果は，前述の①工程の始点で正常減損が発生する場合，および③工程途中の一定点（進捗度40％）で正常減損が発生する場合での正常減損度外視法と同じになる。

（正常減損非度外視法）

正常減損が工程を通じて平均的に発生するので，正常減損費（原料費と加工費）を個別に把握し，数量ではなく加工の進捗度を反映させた完成品換算量に基づいて完成品と月末仕掛品に按分する。また，正常減損費に含まれる加工費の計算において，正常減損の加工進捗度は，工程を通じて平均的に発生するので1／2（50％）とみなす。

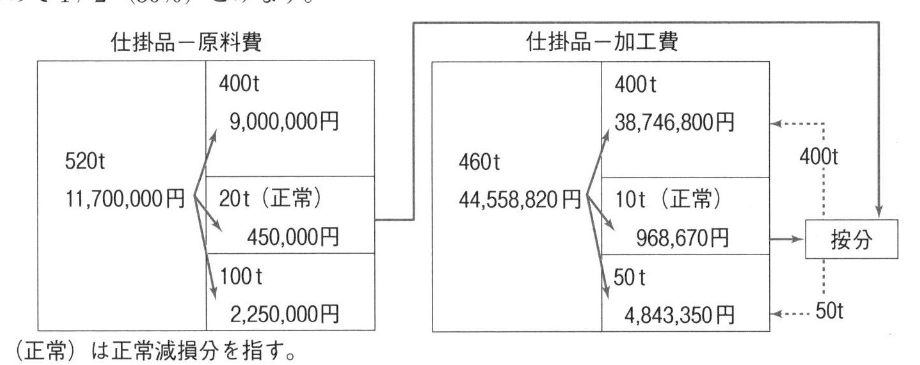

（正常）は正常減損分を指す。

正常減損費＝11,700,000円÷520t×20t（原料費）＋44,558,820円÷460t×10t（加工費）
＝1,418,670円

月末仕掛品に加算する正常減損費＝1,418,670円÷（400t＋50t）×50t＝157,630円

完成品に加算する正常減損費＝1,418,670円÷（400t＋50t）×400t＝1,261,040円

月末仕掛品原価＝11,700,000円÷520t×100t（原料費）＋44,558,820円÷460t×50t
（加工費）＋157,630円（正常減損費）＝7,250,980円

完成品総合原価＝11,700,000円÷520t×400t（原料費）＋44,558,820円÷460t×400t
（加工費）＋1,261,040円（正常減損費）＝49,007,840円

度外視法において，完成品総合原価は48,967,840円，月末仕掛品原価は7,290,980円となるのに対して，非度外視法において，完成品総合原価は49,007,840円，月末仕掛品原価は7,250,980円となり，両

者は一致しない。

	直接材料費	加工費
度外視法	両者負担（数量）	両者負担（換算量）
非度外視法	両者負担（換算量）	両者負担（換算量）

なお，①から④の計算結果をまとめると次のようになる。ここから，非度外視法では，正常減損の発生パターンを月末仕掛品原価，完成品総合原価の計算に反映できることがわかるだろう。

発生パターン	負担方法	度外視法		非度外視法	
		月末仕掛品原価	完成品総合原価	月末仕掛品原価	完成品総合原価
A．始点	両者	7,290,980円	48,967,840円	7,290,980円	48,967,840円
B．終点	完成	6,990,300円	49,268,520円	6,990,300円	49,268,520円
C．一定点	両者	7,290,980円	48,967,840円	7,360,164円	48,898,656円
D．平均	両者	7,290,980円	48,967,840円	7,250,980円	49,007,840円

以上の計算例は月初仕掛品原価を含まないものであった。そこで，月初仕掛品を含む場合にどのようになるのかについて説明を続ける。なお，消費単価の決定方法（月末仕掛品原価の評価方法）は先入先出法を採用する。また，正常減損はすべて当月着手分から生じたものとする。

［生産データ］

月初仕掛品	500kg（1/2）
当月投入量	2,000kg
正常減損	100kg（1/4）
差引	2,400kg
月末仕掛品	600kg（1/2）
当月完成	1,800kg

（　）内の数値は進捗度を表している。

正常減損は全て当月着手分から生じたものとする。

［原価データ］

	原料費	加工費
月初仕掛品原価	760,000円	775,000円
当月投入原価	3,078,000円	6,590,625円
合計	3,838,000円	7,365,625円

材料はすべて工程の始点で投入している。

［正常減損費の負担方法］

正常減損費の負担方法は，月末仕掛品の加工進捗度をもとに決定する。

［月末仕掛品原価の評価方法］

先入先出法を採用する。

(正常減損度外視法)

正常減損分（100kg）を無視して計算する。

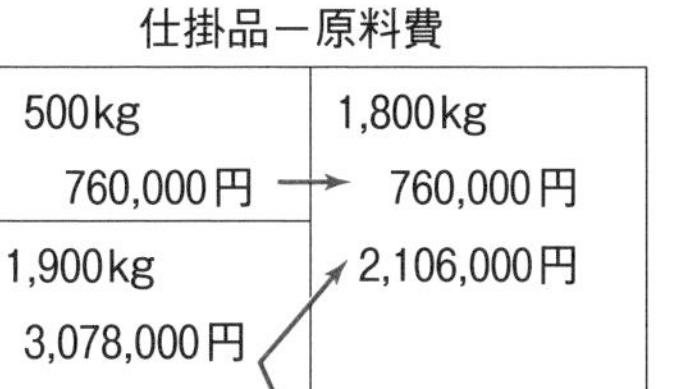

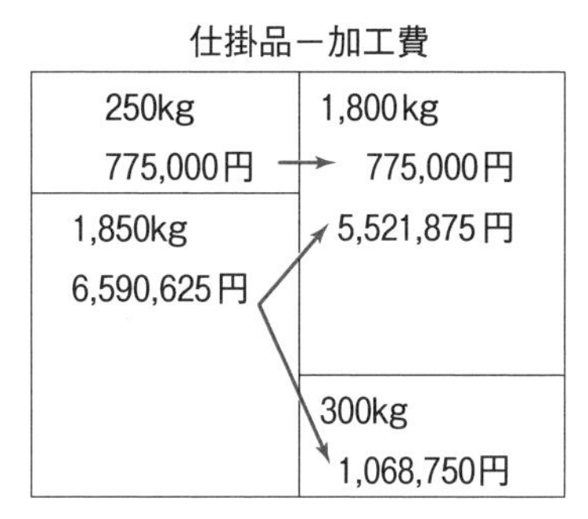

月末仕掛品原価＝3,078,000円÷1,900kg×600kg（原料費）＋6,590,625円÷1,850kg
×300kg（加工費）＝2,040,750円

完成品総合原価＝（760,000円＋3,078,000円÷1,900kg×1,300kg）（原料費）＋（775,000円
＋6,590,625円÷1,850kg×1,550kg）（加工費）＝9,162,875円

(正常減損非度外視法)

正常減損がすべて当月着手分から生じているので，正常減損の発生点を通過した当月着手分の完成品数量（1,300kg＝1,800kg－500kg）と月末仕掛品数量（600kg）に基づいて正常減損費を按分する。

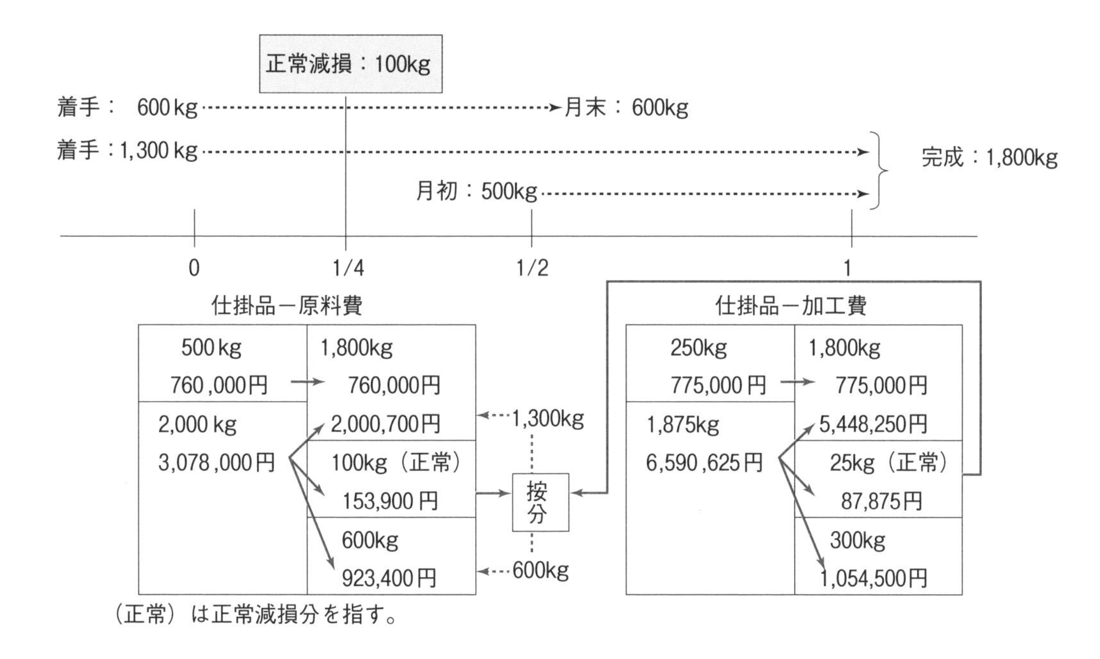

（正常）は正常減損分を指す。

正常減損費＝3,078,000円÷2,000kg×100kg（原料費）＋6,590,625円÷1,875kg×25kg
（加工費）＝241,775円

月末仕掛品に加算する正常減損費＝241,775円÷（1,300kg＋600kg）×600kg＝76,350円

完成品に加算する正常減損費＝241,775円÷（1,300kg＋600kg）×1,300kg＝165,425円

月末仕掛品原価＝3,078,000円÷2,000kg×600kg（原料費）＋6,590,625円÷1,875kg

×300kg（加工費）＋76,350円（正常減損費）＝2,054,250円

完成品総合原価＝（760,000円＋3,078,000円÷2,000kg×1,300kg）（原料費）＋（775,000円

＋6,590,625円÷1,875kg×1,550kg）（加工費）＋165,425円

（正常減損費）＝9,149,375円

問題6－3　以下のデータに基づいて異常仕損品原価，月末仕掛品原価，および完成品総合原価を平均法を採用して正常仕損度外視法による場合と正常仕損非度外視法による場合について，それぞれ算定せよ。

［生産データ］

月初仕掛品			40個（1/2）
当月投入量			400個
合　計			440個
差引：正常仕損	40個	（1/4）	
異常仕損	20個	（3/4）	
月末仕掛品	80個	（1/2）	140個
当月完成			300個

（　）内の数値は進捗度を表している。

正常仕損品にも異常仕損品にも処分価値はない。

［原価データ］

	直接材料費	加工費
月初仕掛品原価	25,200円	27,710円
当月投入原価	256,400円	490,590円
合　計	281,600円	518,300円

材料はすべて工程の始点で投入している。

［正常仕損費の負担方法］

正常仕損費の負担方法は，月末仕掛品の加工進捗度をもとに決定する。

正常仕損費は異常仕損品にも負担させる。

解答・解説

（正常仕損度外視法）

正常仕損分（40個）を無視して計算する。

直接材料費の平均単価＝（25,200円＋256,400円）÷（300個＋20個＋80個）

＝704円／個

加工費の平均単価＝（27,710円＋490,590円）÷（300個＋20個×3/4＋80個×1/2）

＝1,460円／個

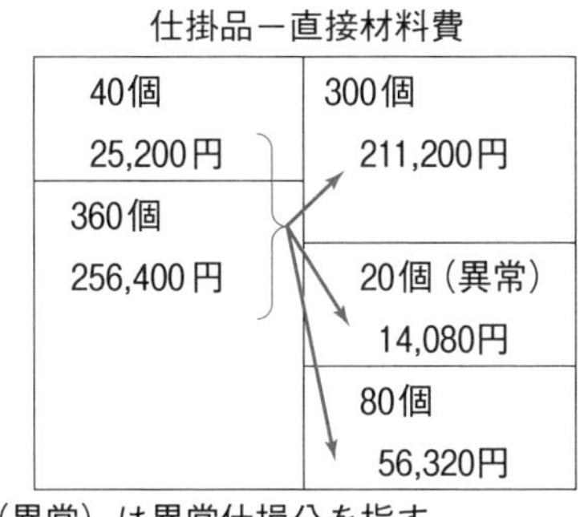

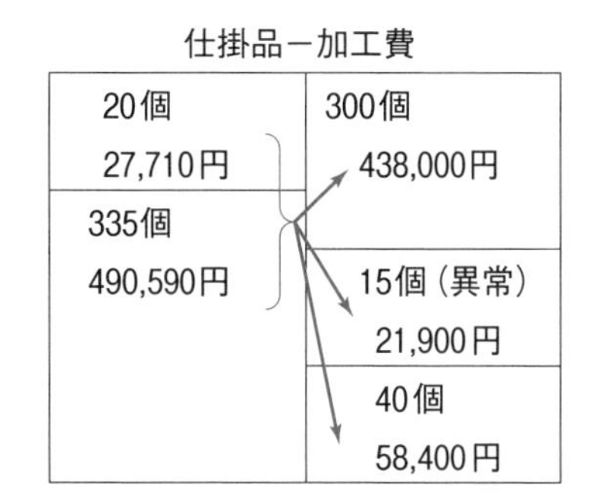

（異常）は異常仕損分を指す。

月末仕掛品原価＝704円／個×80個（直接材料費）＋1,460円／個×40個（加工費）＝114,720円

異常仕損品原価＝704円／個×20個（直接材料費）＋1,460円／個×15個（加工費）＝35,980円

完成品総合原価＝704円／個×300個（直接材料費）＋1,460円／個×300個（加工費）＝649,200円

（正常仕損非度外視法）

正常仕損費（直接材料費と加工費）を個別に把握し，数量に基づいて完成品，異常仕損品，月末仕掛品に按分する。

直接材料費の平均単価＝（25,200円＋256,400円）÷（300個＋40個＋20個＋80個）

＝640円／個

加工費の平均単価

＝（27,710円＋490,590円）÷（300個＋40個×1/4＋20個×3/4＋80個×1/2）

＝1,420円／個

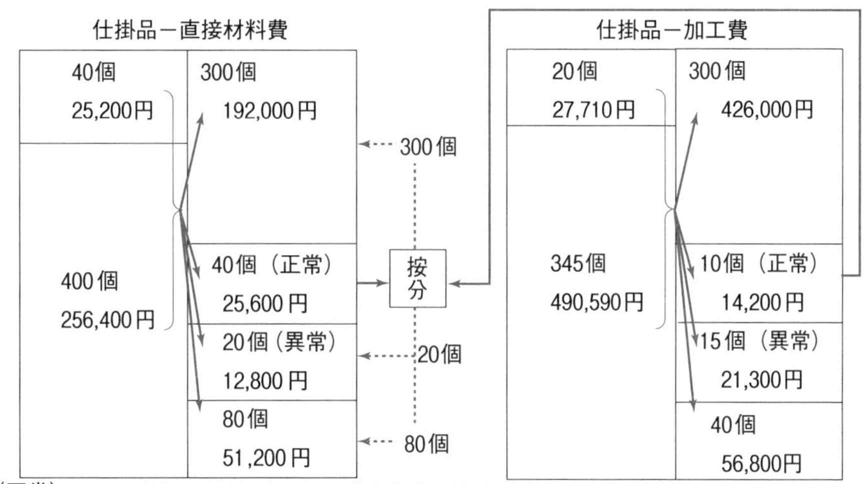

（正常）は正常仕損分，（異常）は異常仕損分を指す。

正常仕損費＝640円／個×40個（直接材料費）＋1,420円／個×10個（加工費）＝39,800円

月末仕掛品に加算する正常仕損費＝39,800円÷（300個＋20個＋80個）×80個＝7,960円

異常仕損品に加算する正常仕損費＝39,800円÷（300個＋20個＋80個）×20個＝1,990円

完成品に加算する正常仕損費＝39,800円÷（300個＋20個＋80個）×300個＝29,850円

月末仕掛品原価＝640円／個×80個（直接材料費）＋1,420円／個×40個（加工費）＋7,960円（正常仕損費）

=115,960円

異常仕損品原価=640円／個×20個（直接材料費）+1,420円／個×15個（加工費）+1,990円（正常仕損費）

=36,090円

完成品総合原価=640円／個×300個（直接材料費）+1,420円／個×300個（加工費）+29,850円（正常仕損費）

=647,850円

4 工程別総合原価計算

(1) 工程別総合原価計算のタイプ

工程別総合原価計算とは，連続した複数の工程を経て製品を反復的に生産している場合における総合原価計算をいう。工程別総合原価計算は，製品の品種数に応じて，単一品種を前提とする工程別単純総合原価計算，複数品種を前提とする工程別組別総合原価計算，等級製品を前提とする工程別等級別総合原価計算に区分することができる。ここでは，もっとも単純なタイプである工程別単純総合原価計算について説明する。

工程別総合原価計算は，集計される原価の範囲に応じて，全原価要素工程別総合原価計算と加工費のみを集計する加工費工程別総合原価計算（加工費法）に区分することができる。ここでは，まず全原価要素工程別総合原価計算に焦点を当て，工程別総合原価計算の基本的な内容について説明する。次に，加工費工程別総合原価計算に焦点を当て，その特徴を説明する。

(2) 累加法による全原価要素工程別総合原価計算

累加法とは，前工程の工程完了品原価を次工程に振り替えるという手順を繰り返すことにより，完成品総合原価を計算する方法をいう。ここにおいて，前工程から振り替えられてきた工程完了品原価を「前工程費」という。

たとえば，第1工程の始点で材料を投入し，その後，3つの工程で連続的に加工して完成する場合を考えてみよう。累加法では，まず，①第1工程の直接材料費と加工費を対象に，第1工程の工程完了品原価を計算する。次に，②第1工程の工程完了品原価を，第2工程に前工程費として振り替える。そして，③第2工程の前工程費と加工費を対象として，第2工程の工程完了品原価を計算する。この場合，第2工程の前工程費は，第2工程の始点ですべて投入するため，数量を基準として工程完了品原価と月末仕掛品原価に配分する。こうした手順を第3工程でも同様に繰り返すことで，完成品総合原価が最終的に計算されることになる。

累加法は，前工程における工程完了品原価を次工程に振り替えるという手順を繰り返すため，モノの流れに沿った合理的な計算が可能であるといわれている。図表6-3は，上記の想定（すなわち，第1工程の始点で材料を投入し，その後，3つの連続する工程で加工して完成するという想定）で，先入先出法を採用した累加法をボックス図で示したものである。

図表6－3 累加法・全原価要素工程別総合原価計算

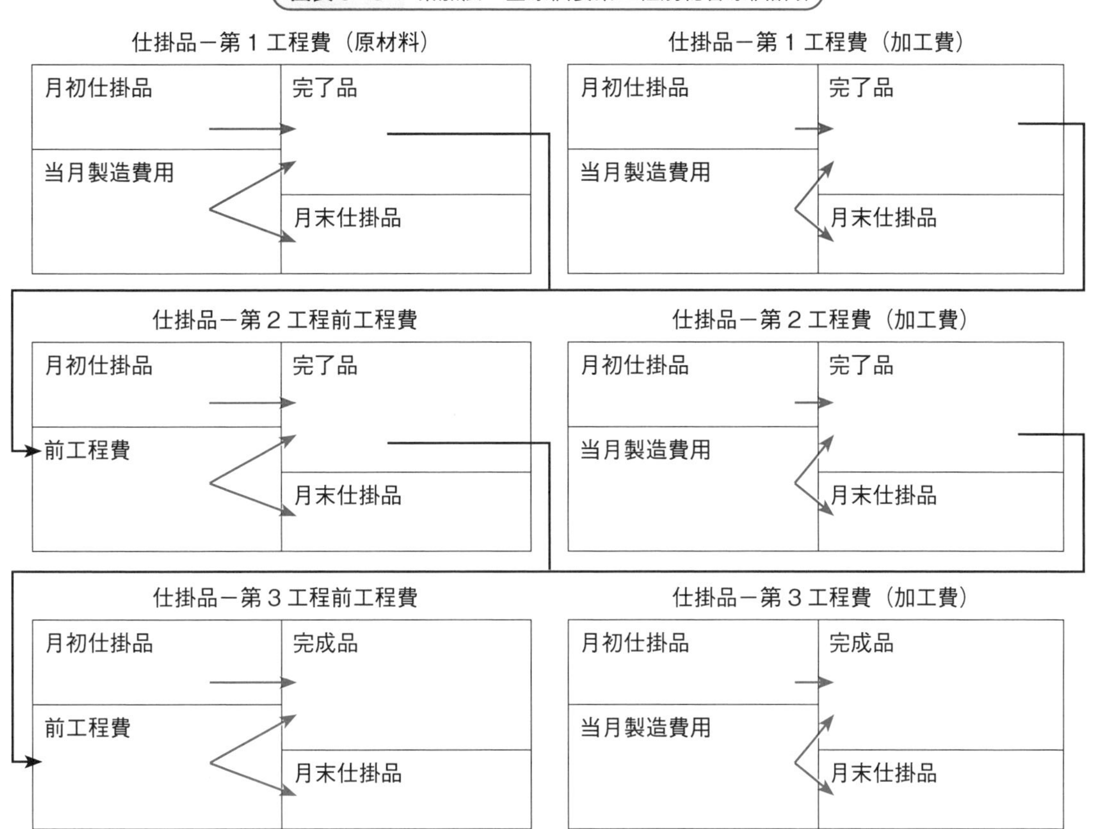

問題6－4 当工場は，2つの工程からなる累加法による工程別総合原価計算で製品原価を計算している。次のデータに基づいて，先入先出法を採用して，第1工程月末仕掛品原価，第1工程完了品原価，第2工程月末仕掛品原価，第2工程完了品原価（完成品総合原価）を，それぞれ算定せよ。

［生産データ］

	第1工程	第2工程
月初仕掛品	800個（1/2）	400個（1/2）
当月投入量	3,200個	3,400個
計	4,000個	3,800個
月末仕掛品	600個（1/2）	800個（1/2）
当月完了	3,400個	3,000個

（　）内の数値は進捗度を表している。

［原価データ］

	第1工程		第2工程	
	直接材料費	加工費	前工程費	加工費
月初仕掛品原価	178,800円	111,000円	200,800円	36,720円
当月投入原価	742,400円	943,800円	？ 円	592,320円
合　計	921,200円	1,054,800円	？ 円	629,040円

材料はすべて工程の始点で投入している。

解答・解説

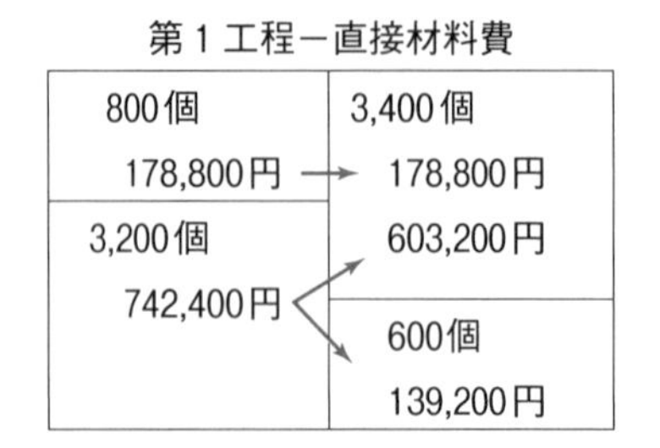

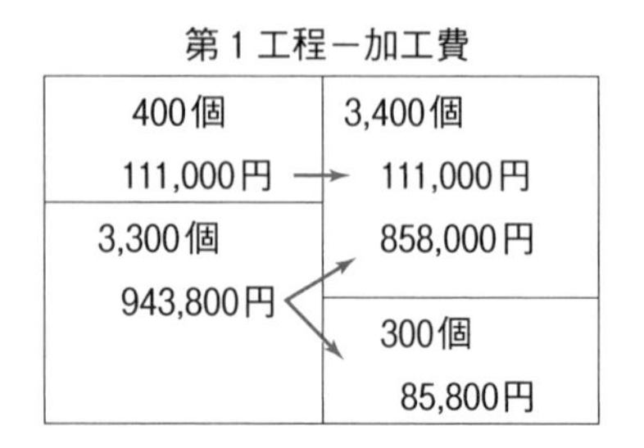

第１工程月末仕掛品原価＝742,400円÷3,200個×600個（直接材料費）＋943,800円÷3,300個×300個（加工費）

＝225,000円

第１工程完了品原価＝（178,800円＋742,400円÷3,200個×2,600個）（直接材料費）

＋（111,000円＋943,800円÷3,300個×3,000個）（加工費）

＝1,751,000円

第１工程完了品原価（1,751,000円）を第２工程の当月投入分の前工程費とする。

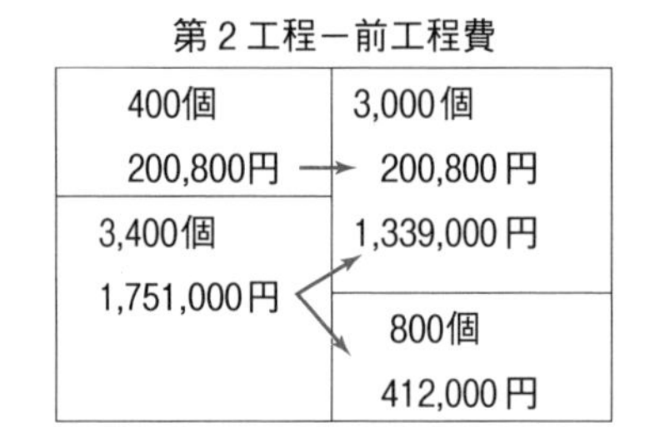

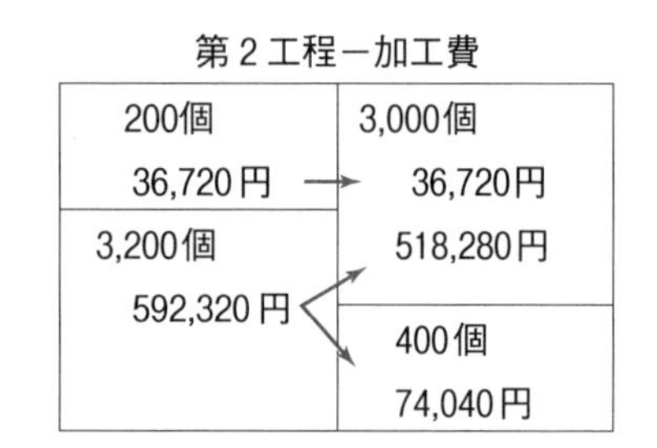

第２工程月末仕掛品原価＝（1,751,000円÷3,400個×800個）（前工程費）＋（592,320円

÷3,200個×400個）（加工費）＝486,040円

第２工程完了品原価＝（200,800円＋1,751,000円÷3,400個×2,600個）（前工程費）

＋（36,720円＋592,320円÷3,200個×2,800個）（加工費）

＝2,094,800円

(3) 非累加法による全原価要素工程別総合原価計算

非累加法とは，前工程費としてまとめるということをせずに各工程費に分けて計算し，月末仕掛品原価と完成品総合原価に含まれる各工程費を区別して計算する方法をいう。

たとえば，第１工程の始点で材料を投入し，その後，２つの工程で加工して完成する場合を考えてみよう。累加法では，第１工程の工程完了品原価を前工程費としてまとめ，第２工程に振り替えるという手順をとる。これに対して，非累加法では，各工程費（第１工程費と第２工程費）に区分し，月末仕掛品原価や完成品総合原価をそれぞれ計算するという手順をとる。このように，非累加法は，工程費ごとに分けた計算結果が得られるため，原価管理にとって有用な計算方法であるといわれている。

なお，非累加法には，①全体を単一の工程とみなして計算する方法と，②工程ごとに計算する方法とがある。①を通常の計算方式（本来の非累加法），②を累加法と計算結果が一致する非累加法という。第１工程の始点で材料を投入し，その後，２つの工程で加工して完成する想定を利用した場合，先入先出法を採用した①通常の計算方式（本来の非累加法）を示すと図表６－４のようになる。

図表６－４　非累加法（本来の非累加法）・全原価要素工程別総合原価計算

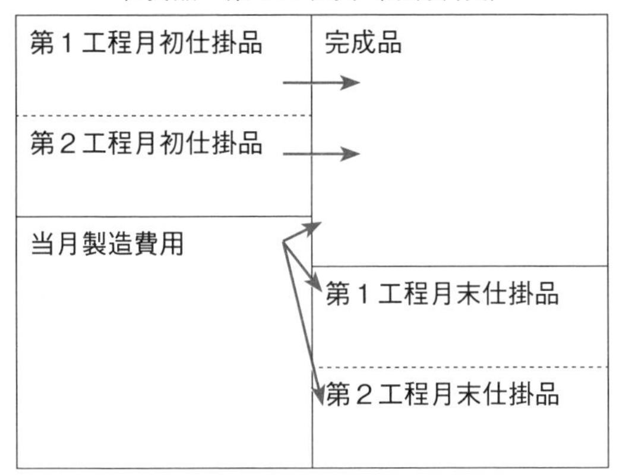

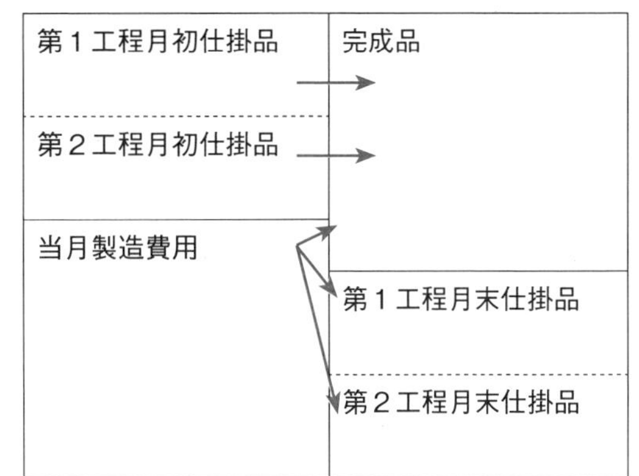

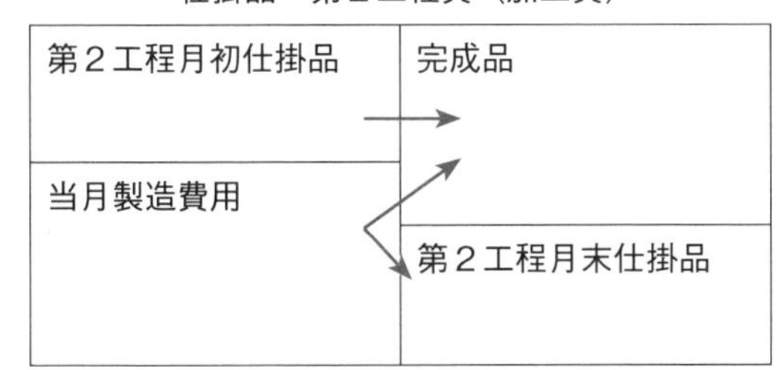

問題６－５　当工場は，２つの工程からなる非累加法（通常の計算方式）による工程別総合原価計算で製品原価を計算している。次のデータに基づいて，先入先出法を採用して，完成品総合原価とその内訳をそれぞれ算定せよ。

［生産データ］

	第１工程	第２工程
月初仕掛品	800個（1/2）	400個（1/2）
当月投入量	3,200個	3,400個
計	4,000個	3,800個
月末仕掛品	600個（1/2）	800個（1/2）
当月完了	3,400個	3,000個

（　）内の数値は進捗度を表している。

［原価データ］

	第１工程		第２工程	
	直接材料費	加工費	前工程費	加工費
月初仕掛品原価	178,800円	111,000円	200,800円	36,720円
当月投入原価	742,400円	943,800円	？　円	592,320円
合　計	921,200円	1,054,800円	？　円	629,040円

材料はすべて工程の始点で投入している。
第２工程の月初仕掛品分の前工程費は，第１工程の直接材料費89,600円と加工費111,200円からなる。

解答・解説

非累加計算の趣旨を貫く通常の計算方式の場合，全体を１つの工程とみなして計算する。
なお,「第１工程－加工費」の計算において，第１工程の月初仕掛品や月末仕掛品は加工進捗度を考慮する（月初は800個×1/2＝400個，月末は600個×1/2＝300個）が，第２工程の月初仕掛品や月末仕掛品は数量のまま（月初は400個，月末は800個）で処理する。

第１工程－直接材料費

800個（1） 178,800円 →	3,000個 178,800円
400個（2） 89,600円 →	89,600円
3,200個 742,400円 →	417,600円
	600個（1） 139,200円 800個（2） 185,600円

第１工程－加工費

400個（1） 111,000円 →	3,000個 111,000円
400個（2） 111,200円 →	111,200円
3,300個 943,800円 →	629,200円
	300個（1） 85,800円 800個（2） 228,800円

（1）は第１工程の月初・月末仕掛品，（2）は第２工程の月初・月末仕掛品を指す。

第２工程－加工費

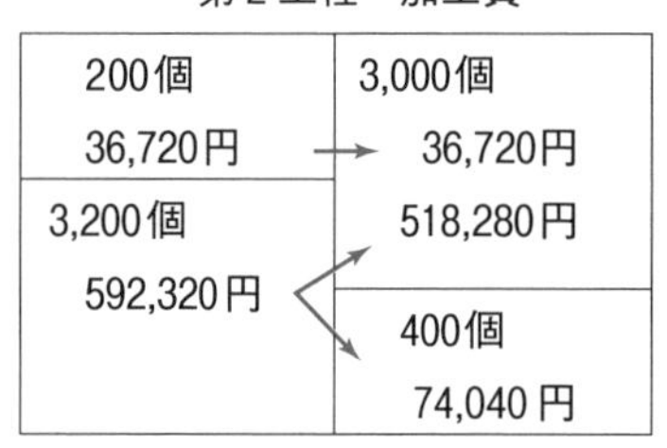

完成品総合原価に含まれる第１工程直接材料費

＝178,800円＋89,600円＋742,400円÷3,200個×1,800個＝686,000円

完成品総合原価に含まれる第１工程加工費

＝111,000円＋111,200円＋943,800円÷3,300個×2,200個＝851,400円

完成品総合原価に含まれる第２工程加工費

＝36,720円＋592,320円÷3,200個×2,800個＝555,000円

完成品総合原価＝686,000円＋851,400円＋555,000円＝2,092,400円

問題6－6 次の文章の括弧（ア）～（カ）に入れるべき適切な語句を解答群から選び，そのアルファベットを答えなさい。ただし，同じものを何度利用してもかまわない。

「工程別原価計算には累加法と非累加法という2つの計算方法がある。累加法は正確な原価の計算に適し，非累加法は原価管理に有用な資料を得るのに適しているといわれている。この理由をT工場を例にして考えてみよう。（ア）法の場合，自工程の期末仕掛品原価の他に，（イ）以後に残っている期末仕掛品中の当該工程費を計算する。したがって，第1工程費の計算において平均法を採用している場合，第2工程にある期末仕掛品原価に第3工程における（ウ）が含まれる。これは原価計算の正確性から考えて（エ）。しかし，各工程で自工程分のみを計算することは原価管理において（オ）ことなのである。それは，（カ）の能率の影響を受けないからである。」

a．累加　b．非累加　c．期首仕掛品原価　d．当期完成品原価　e．期末仕掛品原価
f．前工程　g．次工程　h．望ましい　i．望ましくない　j．どちらでもない

（全経上級第138回，工業簿記）

解答・解説

ア＝b. 非累加　イ＝g. 次工程　ウ＝c. 期首仕掛品原価
エ＝i. 望ましくない　オ＝h. 望ましい　カ＝f. 前工程

問題6－7 全経工業株式会社のT工場では，工程別実際原価計算を採用している。T工場の製造部門は第1工程から第3工程まであり，また補助部門は修繕部門と動力部門である。

当期の下記のデータに基づき，問1と問2に答えなさい。なお，解答で端数が生じる場合は円位未満を四捨五入すること。

1．生産データ（単位：個）

	第1工程	第2工程	第3工程
期首仕掛品	150（40%）	450（10%）	360（75%）
当期投入	2,200	2,150	2,200
計	2,350	2,600	2,560
期末仕掛品	200（25%）	400（50%）	300（20%）
完成品	2,150	2,200	2,260

（　）内は加工進捗度である。原材料はすべて第1工程の始点で投入される。

2．原価に関するデータ（当期製造間接費を除く）（単位：円）

	第1工程	第2工程		第3工程		
	自工程費	第1工程費	自工程費	第1工程費	第2工程費	自工程費
期首仕掛品						
原材料費	323,500	1,148,000	—	801,500	—	—
加工費	136,500	1,190,000	95,000	831,000	828,000	667,600
当期製造費用						
原材料費	4,950,000	—	—	—	—	—
製造間接費以外の加工費	2,517,000	—	2,364,400	—	—	2,231,000

3．製造間接費に関するデータ（製造間接費は実際配賦している）

① 部門個別費（単位：円）

第1工程	第2工程	第3工程	動力部門	修繕部門
957,000	1,110,000	1,426,000	910,000	395,000

② 部門共通費

建物減価償却費　2,400,000円　　福利厚生費　1,500,000円

③ 配賦基準に関する資料

	第1工程	第2工程	第3工程	動力部門	修繕部門	計
供給動力量（単位：kwh）	3,750	6,250	2,500	—	2,500	15,000
従業員数（単位：人）	15	18	12	6	9	60
部門占有面積（単位：）	160	120	160	80	80	600
修繕時間（単位：時間）	75	150	225	30	—	480

問1　部門別配賦表を完成させなさい。ただし，配賦基準は適切なものを選んで使用し，補助部門費の配賦は階梯式配賦法によること。また，自部門への用役提供は配賦において無視する。

問2　最終完成品総合原価の原材料費分，第1工程加工費分，第2工程加工費分，第3工程加工費分を求めなさい。ただし，当社では通常の計算方式による非累加法（計算結果が累加法とは異なる方法）を採用しており，完成品原価と期末仕掛品原価の配分計算は先入先出法によること。

（全経上級第138回，工業簿記，問題の一部を省略・修正している）

解答・解説

問1

部　門　費　配　賦　表　　　　（単位：円）

費　　目	合　計	第1工程	第2工程	第3工程	（修繕部門）	（動力部門）
部門個別費	4,798,000	957,000	1,110,000	1,426,000	395,000	910,000
部門共通費						
建物減価償却費	2,400,000	640,000	480,000	640,000	320,000	320,000
福利厚生費	1,500,000	375,000	450,000	300,000	225,000	150,000
部門費計	8,698,000	1,972,000	2,040,000	2,366,000	940,000	1,380,000
（動力部門）	1,380,000	345,000	575,000	230,000	230,000	
（修繕部門）	1,170,000	195,000	390,000	585,000	1,170,000	
	8,698,000	2,512,000	3,005,000	3,181,000		

問2

原材料費分　　　＝5,198,000円　　第1工程加工費分＝5,424,000円

第2工程加工費分＝5,152,400円　　第3工程加工費分＝5,921,200円

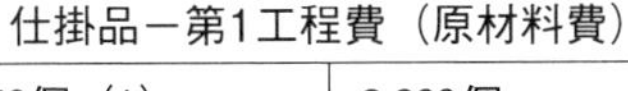

仕掛品－第1工程費（加工費）

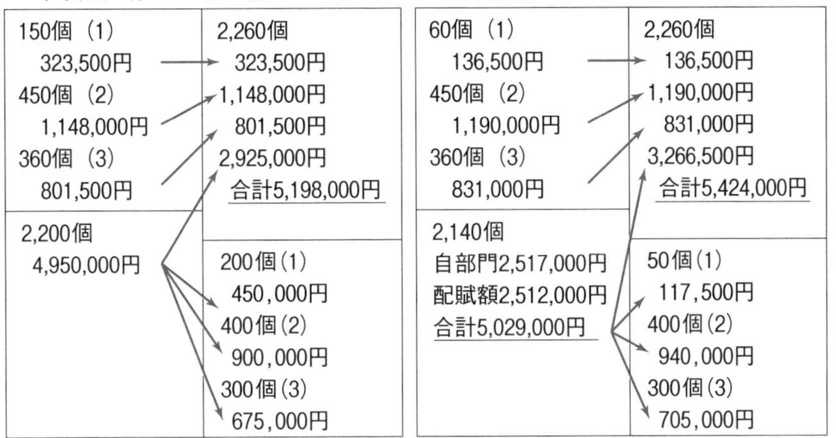

（1）は第1工程の月初・月末仕掛品，（2）は第2工程の月初・月末仕掛品，
（3）は第3工程の月初・月末仕掛品を指す。

仕掛品－第2工程費（加工費）　　　仕掛品－第3工程費（加工費）

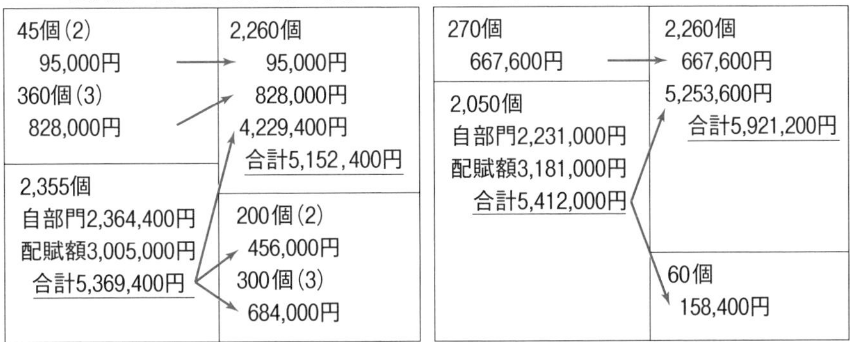

（2）は第2工程の月初・月末仕掛品，（3）は第3工程の月初・月末仕掛品を指す。

完成品総合原価に含まれる第1工程原材料費

＝323,500円＋1,148,000円＋801,500円＋2,925,000円＝5,198,000円

完成品総合原価に含まれる第1工程加工費

＝136,500円＋1,190,000円＋831,000円＋3,266,500円＝5,424,000円

完成品総合原価に含まれる第2工程加工費

＝95,000円＋828,000円＋4,229,400円＝5,152,400円

完成品総合原価に含まれる第3工程加工費

＝667,600円＋5,253,600円＝5,921,200円

(4)　材料の追加投入

これまで，材料については工程の始点においてすべて投入することを前提としてきた。しかし，複数の工程を経て加工する場合，途中の工程で材料を追加的に投入することが考えられる。同様のことは，単一工程の場合でも，工程の途中から材料を追加的に投入することが考えられる。

こうした追加投入により生じた直接材料費は，通常，始点投入で生じた直接材料費と区別して計算

する。また，その計算は，材料の投入ポイント（工程の始点での投入か，それとも工程の途中での投入か）や，材料の投入方法（定点投入か，それとも平均的投入か）を考慮して，その金額を完成品と月末仕掛品に配分するという方法をとる。

問題6－8　当工場は，２つの工程からなる累加法による工程別総合原価計算で製品原価を計算している。次のデータに基づいて，修正先入先出法を採用して，完成品総合原価と完成品単位原価を算定せよ。

［生産データ（第２工程）］

月初仕掛品	25kg	（60%）
前工程振替	400kg	
当月投入量	100kg	
合　計	525kg	
正常仕損	5kg	（60%）
月末仕掛品	20kg	（40%）
当月完成	500kg	

（　）内の数値は進捗度を表している。

正常仕損はすべて当月着手分から生じたものとする。

正常仕損品の処分価格はない。

［原価データ］

	月初仕掛品原価	当月製造費用
前工程費	71,600円	1,440,000円
直接材料費	11,000円	225,000円
加工費	49,350円	1,661,600円

第１工程完了品と追加材料は第２工程の始点で投入する。

第１工程完了品と追加材料の投入割合は４対１である。

第１工程完了品と追加材料の加工は同等の労力を必要とする。

［正常仕損費の計算・負担方法］

正常仕損非度外視法により計算する。

正常仕損費の負担方法は，月末仕掛品の加工進捗度をもとに決定する。

解答・解説

理解を深めるために，前工程費と直接材料費に区分して計算する。

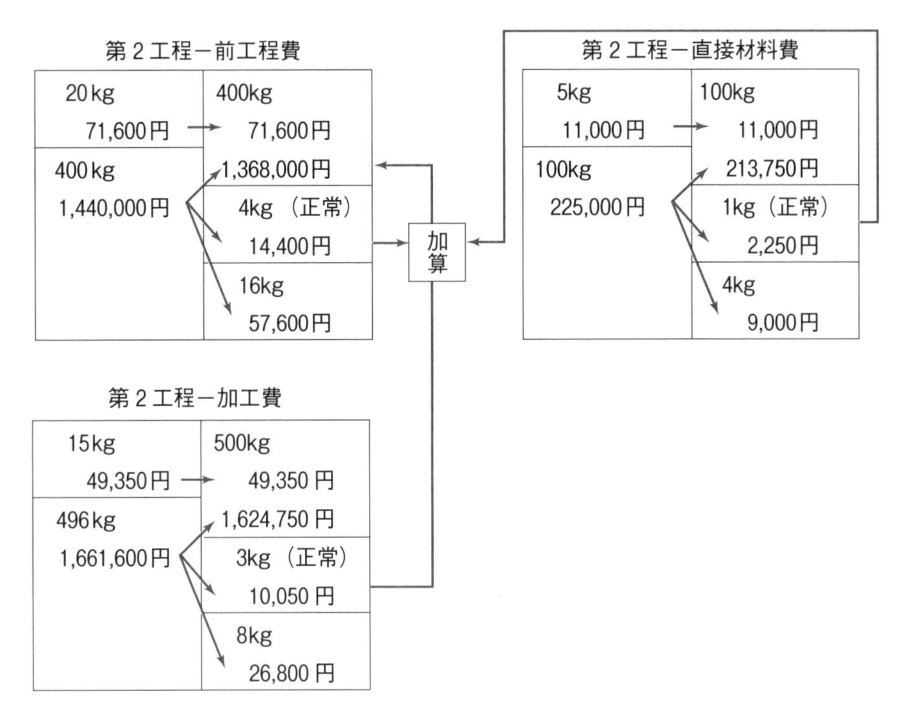

正常仕損費

＝1,440,000円÷400kg×４kg（前工程費）＋225,000円÷100kg×１kg（直接材料費）

　＋1,661,600円÷496kg×３kg（加工費）＝26,700円

完成品総合原価

＝（71,600円＋1,440,000円÷400kg×380kg）（前工程費）

　＋（11,000円＋225,000円÷100kg×95kg）（直接材料費）

　＋（49,350円＋1,661,600円÷496kg×485kg）（加工費）＋26,700円（正常仕損費）

＝3,365,150円

完成品単位原価＝3,365,150円÷500kg＝6,730.3円

(5) 加工費工程別総合原価計算

加工費工程別総合原価計算（加工費法）とは，加工費のみを工程別に計算し，直接材料費は工程別に計算せずに単一工程とみなして計算する方法である。この計算方法は，直接材料費を工程別に計算することを省略した方法である。そのため，加工費工程別総合原価計算は，第１工程の始点で材料をすべて投入し，後は単に加工するのみの場合に適した計算方法であるといわれている。なお，第１工程の始点で材料を投入し，その後，２つの工程で加工して完成する場合，先入先出法を採用した累加法の加工費工程別総合原価計算をボックス図で示すと図表６－５のようになる。

図表6－5　加工費工程別総合原価計算

仕掛品－直接材料費

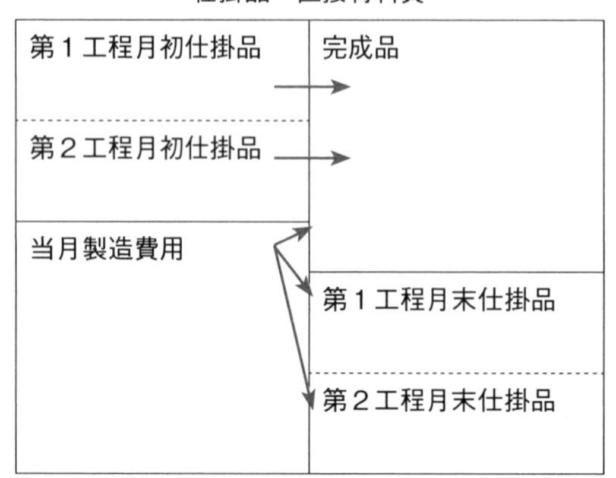

第1工程仕掛品（加工費）

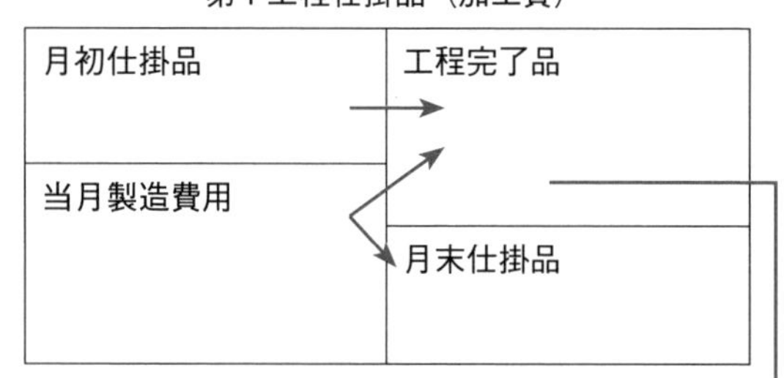

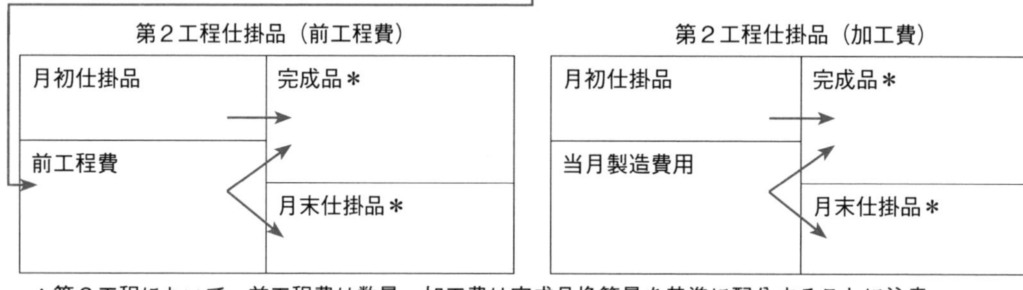

＊第2工程において，前工程費は数量，加工費は完成品換算量を基準に配分することに注意。

問題6－9　当工場は，2つの工程からなる累加法による加工費工程別総合原価計算で製品原価を計算している。次のデータに基づいて，先入先出法を採用して，第2工程完了品原価（完成品総合原価）を算定せよ。

［生産データ］

	第1工程		第2工程	
月初仕掛品	800個	(1/2)	400個	(1/2)
当月投入量	3,200個		3,400個	
計	4,000個		3,800個	
月末仕掛品	600個	(1/2)	800個	(1/2)
当月完了	3,400個		3,000個	

(　) 内の数値は進捗度を表している。

［原価データ］

	第1工程		第2工程	
	直接材料費	加工費	前工程費	加工費
月初仕掛品原価	178,800円	111,000円	200,800円	36,720円
当月投入原価	742,400円	943,800円	？　円	592,320円
合　計	921,200円	1,054,800円	？　円	629,040円

材料はすべて工程の始点で投入している。

第2工程の月初仕掛品分の前工程費は，第1工程の直接材料費89,600円と加工費111,200円からなる。

解答・解説

加工費工程別総合原価計算なので，「第1工程－直接材料費」は全体を1つの工程とみなして計算する。(1)は第1工程仕掛品，(2)は第2工程仕掛品を示す。

第1工程－直接材料費

800個（1） 178,800円 400個（2） 89,600円	3,000個 → 178,800円 → 89,600円 → 417,600円
3,200個 742,400円	600個（1） 139,200円 800個（2） 185,600円

加工費については，工程別に計算する。この場合，「第2工程－前工程費」は「第1工程－加工費」のみからなる。

第1工程－加工費

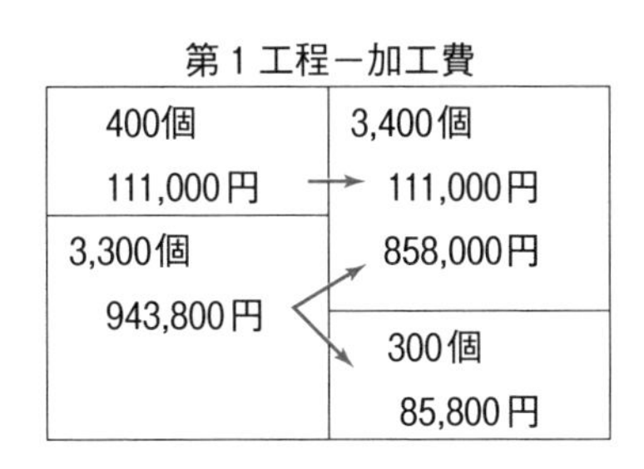

第2工程への振替額（第1工程－加工費）

＝111,000円＋943,800円÷3,300個×3,000個＝969,000円

第2工程−前工程費

400個 111,200円	3,000個 111,200円 741,000円
3,400個 969,000円	800個 228,000円

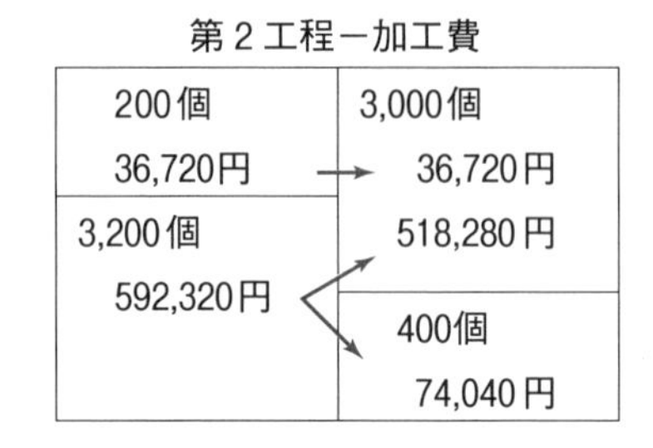

第2工程完了品原価＝（178,800円＋89,600円＋742,400円÷3,200個×1,800個）（直接材料費）

＋（111,200円＋969,000円÷3,400個×2,600個）（前工程費）

＋（36,720円＋592,320円÷3,200個×2,800個）（加工費）

＝2,093,200円

5　組別総合原価計算

(1)　組別総合原価計算の意義

組別総合原価計算の組とは製品の種類のことである。そして，組別総合原価計算は，同一の生産工程において，同種の原材料を用いて，同種の加工作業によって，異種製品を連続生産する生産形態に適用される原価計算の方法である。

(2)　組別総合原価計算の計算手続き

組別総合原価計算の手続きは2段階に分かれ，まずは，一期間の製造費用を組直接費と組間接費に分け，個別原価計算に準じて，組直接費を各組に賦課し，組間接費を適当な配賦基準によって各組に配賦する。その後，一期間における組別の製造費用と期首仕掛品原価を組別の完成品と期末仕掛品原価とに分割し，当期における組別の完成品総合原価を計算し，これを製品単位に均分して単位原価を計算する。

一般に，製造直接費が組直接費となり，製造間接費が組間接費となるが，直接材料費（原料費）のみを組直接費とし，加工費を組間接費とすることもある（「原価計算基準」23）。なお，理論上，組間接費は正常配賦（予定配賦）が望ましい。

問題 6 -10　当工場は製品AとBを連続的に生産している。次の（資料）に基づき，各組製品の月末仕掛品原価と完成品総合原価および完成品単位原価を答えなさい。

<資料>

1．生産データ

	製品A		製品B	
月初仕掛品	100個	(0.8)	200個	(0.2)
当月投入	1,000個		1,000個	
合計	1,100個		1,200個	
月末仕掛品	200個	(0.3)	100個	(0.7)
完成品	900個		1,100個	

〔注〕（　）内の数値は加工進捗度を示している。

2．原価データ

	製品A	製品B
月初仕掛品原価		
直接材料費	37,600円	84,700円
加工費	196,325円	90,580円
当月製造費用		
直接材料費	385,000円	418,000円
直接労務費	994,400円	1,209,260円

3．その他計算条件

(1) 直接材料はすべて工程の始点で投入されている。

(2) 製造間接費を組間接費とし，直接作業時間を基準に各製品に正常配賦している。なお，年間製造間接費予算は33,540,000円，年間正常直接作業時間は15,600時間であり，当月の直接作業時間は，製品Aが550時間であり，製品Bが700時間であった。

(3) 原価配分は先入先出法による。

解答・解説

	製品A	製品B
月末仕掛品原価	225,425円	209,940円
完成品総合原価	2,570,400円	3,097,600円
完成品単位原価	2,856円	2,816円

直接材料費は次のように配分される。

仕掛品A－直接材料費

月初	37,600	完成品	345,600
当月	385,000	月末	77,000
	422,600		422,600

仕掛品B－直接材料費

月初	84,700	完成品	460,900
当月	418,000	月末	41,800
	502,700		502,700

製造間接費の配賦額は，製品Aが1,182,500円，製品Bが1,505,000円となるため，当月の加工費は，製品Aが2,176,900円，製品Bが2,714,260円となる。その結果，加工費は次のように配分される。

仕掛品A－加工費			
月初	196,325	完成品	2,224,800
当月	2,176,900	月末	148,425
	2,373,225		2,373,225

仕掛品B－加工費			
月初	90,580	完成品	2,636,700
当月	2,714,260	月末	168,140
	2,804,840		2,804,840

6 等級別総合原価計算

(1) 等級別総合原価計算の意義

等級別総合原価計算は，同一の生産工程において，同種製品を連続生産するが，その製品を形状，大きさ，品位等によって区別する場合に適用される原価計算の方法である。

(2) 等級別総合原価計算の計算手続き

等級別総合原価計算の計算手続きは次に示す2とおりの計算方法に大別される。

・完成品総合原価を等級製品別に按分する方法（「原価計算基準」22（1））

・当月製造費用を等級製品別に按分する方法（「原価計算基準」22（2））

① 完成品総合原価を等級製品別に按分する方法

この方法では，完成品の重量などアウトプットに関する指標を等価係数とし，それに生産量をかけた積数の比（等価比率）に基づいて，完成品総合原価を等級製品別に按分する。なお，この方法は一括按分法や単純総合原価計算に近い方法といわれることもある。

問題6－11 当工場は製品Aを連続的に生産している。次の（資料）に基づき，完成品総合原価を等価比率に基づいて各等級製品に按分する方法によって，各等級製品の完成品総合原価と完成品単位原価を答えなさい。

＜資料＞

1．生産データ

月初仕掛品	120kg	(0.4)
当月投入	1,000kg	
合計	1,120kg	
月末仕掛品	90kg	(0.7)
完成品	1,030kg	

2．原価データ

	原料費	加工費
月初仕掛品	58,180円	119,018円
当月製造費用	502,000円	2,613,545円
合計	560,180円	2,732,563円

〔注〕（　）内の数値は加工進捗度を示している。

3．等価係数ならびに等級製品別生産量

当工場では，工程の終点で製品Aを500gと1kgと2kgの容器に封入するため，重量を等価係数としている。なお，500gの製品を製品AS，1kgの製品を製品AM，2kgの製品を製品ALとする。そして，当月の生産量は，製品ASが260個，製品AMが500個，製品ALが200個であった。

4．その他計算条件

(1) 原料はすべて工程の始点で投入されている。

(2) 原価配分は先入先出法による。

解答・解説

	製品 AS	製品 AM	製品 AL
完成品総合原価	390,000 円	1,500,000 円	1,200,000 円
完成品単位原価	1,500 円	3,000 円	6,000 円

原料費と加工費は次のように配分される。

仕掛品 A －原料費

月初	58,180	完成品	515,000
当月	502,000	月末	45,180
	560,180		560,180

仕掛品 A －加工費

月初	119,018	完成品	2,575,000
当月	2,613,545	月末	157,563
	2,732,563		2,732,563

よって，完成品総合原価は3,090,000円となり，これを各等級製品に按分する。

各製品の等価係数と生産量，ならびに，積数は次のとおりである。

製品	等価係数	生産量	積数
AS	0.5	260	130
AM	1	500	500
AL	2	200	400

完成品総合原価を積数の総数で割れば，積数 1 単位当たり3,000円となり，それに各製品の積数を掛ければ，各製品の完成品総合原価となる。そして，各製品の完成品総合原価を各製品の生産量で割れば，各製品の完成品単位原価となる。

② 当月製造費用を等級製品別に按分する法

この方法では，直接材料消費量や直接作業時間などインプットに関する指標を等価係数とする等価比率に基づいて，当月製造費用を等級製品別に按分する。この方法によれば，①の方法とは異なり，完成品のみならず月末仕掛品も等級製品別に原価を計算することが可能となる。なお，この方法は，各等級製品を異種製品のように扱うことから，組別総合原価計算に近い方法といわれることもある。

上記の方法に加え，月初仕掛品原価と当月製造費用の合計額を，インプットに関する指標を等価係数とする等価比率に基づいて，等級製品別の完成品と月末仕掛品に按分する方法もある。なお，この方法も，①の方法のように，完成品総合原価を計算した後に，それを等級製品別に按分することから，単純総合原価計算に近い方法といわれることもある。

問題 6-12

当工場は等級製品AとBを連続的に生産している。次の（資料）に基づき，問1～問3に答えなさい。なお，計算過程で端数が生じる場合，計算途中では四捨五入せず，最終数値の円未満を四捨五入すること。

＜資料＞

1．生産データ

	等級製品A		等級製品B	
月初仕掛品	500個	(0.4)	50個	(0.5)
当月投入	1,500個		300個	
合　計	2,000個		350個	
月末仕掛品	400個	(0.8)	70個	(0.4)
完成品	1,600個		280個	

〔注〕（　）内の数値は加工進捗度を示している。

2．原価データ

	等級製品A	等級製品B
月初仕掛品原価		
直接材料費	254,000円	30,480円
加工費	602,400円	188,250円
当月製造費用		
直接材料費	952,320円	
加工費	7,301,920円	

3．等価係数

	等級製品 A	等級製品 B
直接材料費	1	1.2
加工費	1	2.5

4．その他計算条件

(1)　直接材料はすべて工程の始点で投入されている。

(2)　原価配分は平均法による。

問1　原価要素別の当月製造費用を等級製品別に按分する方法による場合の各等級製品の月末仕掛品原価と完成品総合原価および完成品単位原価を答えなさい。

問2　原価要素別の月初仕掛品原価と当月製造費用の合計額を等級製品別に按分する方法による場合の各等級製品の月末仕掛品原価と完成品総合原価および完成品単位原価を答えなさい。

問3　問2と同じ等級別計算により，原価配分を先入先出法にて行った場合の各等級製品の月末仕掛品原価と完成品総合原価および完成品単位原価を答えなさい。

解答・解説

問1

	等級製品A	等級製品B
月末仕掛品原価	1,167,093円	253,543円
完成品総合原価	5,631,067円	2,277,667円
完成品単位原価	3,519円	8,135円

まず，当月の直接材料投入量と等価係数および積数は次のとおりである。

製品	投入量	等価係数	積数
A	1,500	1	1,500
B	300	1.2	360

この積数の比に基づいて当月の直接材料費952,320円を按分すると，直接材料費は等級製品Aが768,000円，等級製品Bは184,320円となり，次のように配分される。

仕掛品A－直接材料費

月初	254,000	完成品	817,600
当月	768,000	月末	204,400
	1,022,000		1,022,000

仕掛品B－直接材料費

月初	30,480	完成品	171,840
当月	184,320	月末	42,960
	214,800		214,800

次に，当月の加工作業投入量と等価係数および積数は次のとおりである。

製品	投入量	等価係数	積数
A	1,720	1	1,720
B	283	2.5	707.5

この積数の比に基づいて当月の加工費7,301,920円を按分すると，加工費は等級製品Aが5,173,760円，等級製品Bは2,128,160円となり，次のように配分される。

仕掛品A－加工費

月初	602,400	完成品	4,813,467
当月	5,173,760	月末	962,693
	5,776,160		5,776,160

仕掛品B－加工費

月初	188,250	完成品	2,105,827
当月	2,128,160	月末	210,583
	2,316,410		2,316,410

問2

	等級製品A	等級製品B
月末仕掛品原価	1,167,115円	253,517円
完成品総合原価	5,631,144円	2,277,594円
完成品単位原価	3,519円	8,134円

まず，直接材料費は次のように配分される。なお，積数も示している。

仕掛品－直接材料費

月初	A	500	254,000円	完成品	A	1,600	817,719円
	B	60	30,480		B	336	171,721
当月	A	1,500	952,320	月末	A	400	204,430
	B	360			B	84	42,930
		2,420	1,236,800			2,420	1,236,800

平均法であるため，借方の金額合計を積数合計で割って求めた単価を貸方の積数に一括して乗じることで各等級製品の完成品総合原価と月末仕掛品原価を求めているわけである。なお，平均法では当月投入分の積数を等級製品別に把握する必要はなく，積数合計さえ把握していればよいため，貸方側から積数合計を求めるのが通例である。

同様に，加工費は次のように配分される。

仕掛品－加工費

月初	A	200	602,400円	完成品	A	1,600	4,813,425円
	B	62.5	188,250		B	700	2,105,873
当月	A	1,720	7,301,920	月末	A	320	962,685
	B	707.5			B	70	210,587
		2,690	8,092,570			2,690	8,092,570

問3

	等級製品A	等級製品B
月末仕掛品原価	1,167,360円	253,568円
完成品総合原価	5,630,879円	2,277,563円
完成品単位原価	3,519円	8,134円

まず，直接材料費は次のように配分される。なお，積数も示している。

仕掛品－直接材料費

月初	A	500	254,000円	完成品	A	1,600	817,349円
	B	60	30,480		B	336	171,643
当月	A	1,500	952,320	月末	A	400	204,800
	B	360			B	84	43,008
		2,420	1,236,800			2,420	1,236,800

先入先出法であるため，当月直接材料費952,320円を当月投入量の積数合計1,860で割って求めた単価の512円/kgを用いて，まずは月末仕掛品原価を計算する。

なお，この方法では，当月製造費用を等級製品別に按分するわけではないため，借方合計額から月末仕掛品原価を差し引いて完成品総合原価を求めた後に，それを等級製品別に積数の比に基づいて按分しなければならない。先入先出法ではあるが，当月直接材料費を当月投入当月完成と月末仕掛品に按分するわけではないことに注意されたい。

同様に，加工費は次のように配分される。

仕掛品－加工費

月初	A	200	602,400円	完成品	A	1,600	4,813,530円
	B	62.5	188,250		B	700	2,105,920
当月	A	1,720	7,301,920	月末	A	320	962,560
	B	707.5			B	70	210,560
		2,690	8,092,570			2,690	8,092,570

7　連産品と副産物

(1)　連産品と副産物（作業くず）の意義

原油を精製するとガソリンや灯油など各種石油製品が分離して生産される。このように，同一の原材料を同一の工程にて加工することで，その原材料から選択の余地がなく複数の製品が分離して生産される場合，それらを連産品という。なお，連産品が生じる段階（分離点）までに発生した原価を連結原価（結合原価）という。

連産品はいずれも顧客に販売することを目的とした主産物であるが，主産物と認識されない物品が生じることもあり，それらを副産物や作業くずという。なお，副産物と作業くずの区分は相対的であるが，一般に，副産物は消費者に販売され得る物品を指し，作業くずは廃棄される物品を指す。ただし，廃棄される副産物もあれば，スクラップ業者に有償で売り渡される作業くずもある。

(2)　連産品の計算手続き

連産品の原価を計算するためには連結原価を各連産品に按分しなければならないが，その方法には，分離点直後の各連産品の物量に基づく物量基準と，分離点直後の各連産品の正常価格に生産量を乗じた積数に基づく正常市価基準がある。なお，正常市価基準によれば，各連産品の売上高に基づいて連結原価を配分しているため，各連産品の売上総利益は等しくなるという特徴がある。

連産品によっては，分離点後すぐに販売することができず，追加加工を施す場合もあり，ある連産品だけに追加加工費などの個別費が発生することもある。そして，その場合，

（見積価格－見積単位当たり個別費）×生産量

によって計算される見積正味実現可能額（Net Realized Value: NRV）に基づいて連結原価を按分することになり，この方法を見積正味実現可能額基準という。この方法は，分離点直後に連産品を販売することができず，分離点直後の正常価格が存在しないわけであるが，正常価格から個別費を差し引くことで代理的に分離点直後の正常市価を求めているのである。

見積正味実現可能額基準は正常市価基準の一形態であるが，個別費は連産品ごとに異なることから，各連産品の売上総利益率が等しくなるという正常市価基準の特徴が成立しなくなる。そこで，個別費を控除した後の各連産品の売上総利益率が等しくなるように連結原価を按分する修正見積正味実現可能額基準という方法もある。

(3)　副産物の処理

副産物を処理するためには副産物の価額を算定しなければならないが，その算定方法には次に示す4とおりの方法がある（「原価計算基準」28）。

- そのまま外部に売却できるものは，見積売却価額から販売費および一般管理費又は販売費，一般管理費および通常の利益の見積額を控除した額
- 加工の上売却できるものは，加工製品の見積売却価額から加工費，販売費および一般管理費又は加工費，販売費，一般管理費および通常の利益の見積額を控除した額
- そのまま自家消費されるものは，これによって節約されるべき物品の見積購入価額

・加工の上自家消費されるものは，これによって節約されるべき物品の見積購入価額から加工費の見積額を控除した額

そして，このようにして求められた副産物評価額を副産物発生点と月末仕掛品の加工進捗度に応じて次の２とおりの方法によって処理する。

①　副産物の発生点が月末仕掛品の加工進捗度より後の場合

副産物評価額を考慮することなく完成品総合原価と月末仕掛品原価を求め，その後，副産物評価額控除前の完成品総合原価から副産物評価額を控除する。

②　副産物の発生点が月末仕掛品の加工進捗度以前の場合

当月製造費用（または当月製造費用に月初仕掛品原価を加えた総製造費用）から副産物評価額を控除した金額を完成品と月末仕掛品に按分する。

さらに，軽微な副産物であれば，上記の処理方法によらず，売却収入を原価計算外の収益とすることもできる。また，作業くずは副産物と同様の方法によって処理される。

問題６－13

当工場は工程の始点で素材Xを投入して加工を行い，連産品AとBを連続的に生産している。次の（資料）に基づき，問１～問３に答えなさい。なお，計算過程で端数が生じる場合，計算途中では四捨五入せず，最終数値の円未満を四捨五入すること。

＜資料＞

１．生産データ

(1)　素材X投入量：1,120kg

(2)　連産品生産量（分離点：70％）

　連産品A：800kg

　連産品B：200kg

(3)　副産物産出量

　副産物C：50kg（発生点：28％）

　副産物D：50kg（発生点：42％）

(4)　作業くず：10kg（発生点：７％）

(5)　月末仕掛品：10kg（加工進捗度：35％）

２．原価データ

(1)　素材費：1,085,000円

(2)　分離点までの加工費：4,140,000円

(3)　個別費

　連産品A追加加工費：100円/kg

　連産品B追加加工費：2,600円/kg

３．その他計算条件

(1)　当月に月初仕掛品ならびに月初製品と月末製品はなかった。

(2)　各連産品の正常価格は，連産品Aが6,000円，連産品Bが16,000円である。

(3)　副産物Cの評価額は500円/kgであり，主として素材の価値によるものであった。

(4)　副産物Dの評価額は3,400円/kgである。
(5)　作業くずの評価額は2.9円/kgであり，売却収入を原価計算外の収益とした。

問1　物量基準による場合の各連産品への連結原価配賦額を答えなさい。

問2　見積正味実現可能額基準による場合の各連産品への連結原価配賦額を答えなさい。

問3　修正見積正味実現可能額基準による場合の各連産品への連結原価配賦額を答えなさい。

解答・解説

問1　連産品A：4,000,000円　　連産品B：1,000,000円

月末仕掛品が生じており，しかも，作業くずと副産物Cは月末仕掛品より前に発生しているため，これらを度外視したうえで当月製造費用から月末仕掛品原価を求めなければならない。そして，月末仕掛品原価を求めるための素材費の配分は次のとおりとなる。

仕掛品－素材費

当月投入	1,120kg	1,085,000円	連産品A	800kg	
作業くず	▲10		連産品B	200	1,050,000円
副産物C	▲50	▲25,000	副産物D	50	
			作業くず	10	→ 度外視
			副産物C	50	→ 度外視
			月末仕掛品	10	10,000
	1,060	1,060,000		1,060	1,060,000

副産物Cの評価額は主として素材の価値によるため，副産物Cの評価額を控除した素材費を完成品負担分（連産品AとBおよび副産物D）と月末仕掛品に配分する。なお，作業くずの評価額も副産物Cのように製造費用から控除することもあるが，本問では原価計算外の収益としていることから，素材費から控除しないことに注意されたい。その結果，素材費の単価は1,000円/kgとなり，月末仕掛品の素材費は10,000円となる。

同様に分離点までの加工費の配分は次のとおりである。なお，この計算では分離点が工程の終点となるため，月末仕掛品の加工進捗度を50%，副産物Cの発生点を40%，副産物Dの発生点を60%，作業くずの発生点を10%として加工作業量を計算しなければならない。

仕掛品－加工

当月投入	1,056kg	4,140,000円	連産品A	800kg	
作業くず	▲1		連産品B	200	4,120,000円
副産物C	▲20		副産物D	30	
			作業くず	1	→ 度外視
			副産物C	20	→ 度外視
			月末仕掛品	5	20,000
	1,035	4,140,000		1,035	4,140,000

加工費の単価は4,000円/kgとなり，月末仕掛品の加工費は20,000円となる。

次いで，完成品負担分の素材費1,050,000円と加工費の4,120,000円の5,170,000円から副産物Dの評価額である170,000円を控除した5,000,000円が各連産品に按分するための連結原価となる。そして，これを各連産品の生産量の比で按分すれば，生産量基準による各連産品への連結原価配賦額となる。

問 2　連産品A：3,189,189円　　連産品B：1,810,811円

各連産品の正常市価は次のとおりである。

連産品	正常価格	個別費	販売量	正常市価
A	6,000 円 /kg	100 円 /kg	800kg	4,720,000 円
B	16,000 円 /kg	2,600 円 /kg	200kg	2,680,000 円

そして，問 1 にて求めた連結原価を正常市価の比で各連産品に按分する。

問 3　連産品A：3,280,000円　　連産品B：1,720,000円

各連産品と全体の売上高，売上原価，売上総利益および売上総利益率は次のとおりである。

（単位：千円）

	連産品 A		連産品 B		全体	
売上高		4,800		3,200		8,000
売上原価						
連結原価	3,280		1,720		5,000	
個別費	80	3,360	520	2,240	600	5,600
売上総利益		1,440		960		2,400
売上総利益率		30%		30%		30%

まず，全体の売上総利益率を求めると30%になる。次に，各連産品の売上総利益率も30%となるように売上総利益を求めると，連産品Aは1,440,000円，連産品Bは960,000円となる。そして，個別費は，連産品Aが80,000円，連産品Bが520,000円であるから，売上総利益率が30%となる連結原価配賦額は，次のとおりとなる。

連産品A：4,800,000円－80,000円－1,440,000円＝3,280,000円

連産品B：3,200,000円－520,000円－960,000円＝1,720,000円

VII 標準原価計算

1 標準原価計算の意義と目的

(1) 標準原価計算と実際原価計算

制度としての標準原価計算は，費目別計算から製品別計算までの必要な計算段階において標準原価を主要帳簿に組み入れて製品の標準原価を計算する。この標準原価計算制度は，さらに実際原価と組み入れられた標準原価との差異を算定，分析して報告する。広い意味の標準原価計算には，標準原価計算制度以外に，標準原価分析も含まれる。標準原価分析は統計的標準原価計算ともいわれ，もっぱら原価管理のために，財務会計機構と切り離して能率測定の尺度として標準原価を計算，または補助的に記録する。

実際原価は，経営の正常な状態を前提とする財貨，用役からなる原価財の実際消費量と実際の取得価格または予定価格等をもって計算する。予定価格とは，将来の一定期間における実際の取得原価を予想することによって定めた価格である。

これに対し，標準原価は，科学的，統計的調査に基づいて原価財の消費量を予定し，かつ予定価格または正常価格をもって計算する。正常価格とは，比較的長期にわたる過去の実際の取得価格を統計的に平準化し，将来の価格のすう勢を予測して加味した価格である。

実際原価計算は，製造原価の実際発生額をまず費目別に計算し，それを受けて次に原価部門別に計算し，最後に製品別に集計する。ところが，製造原価の実際発生額は原価計算期間の期末になるまで明らかにならない。その結果，実際原価を通算して製品原価を計算する実際原価計算は，計算が遅れることになる。

また，実際価格や実際消費量は予測できない環境変化の影響を避けることができない。その結果，実際原価は作業能率や原価管理業績の良否だけでなく，価格，操業度などへの環境変化の偶然的影響によっても変動する。実際原価計算のもとでは，原価管理の目的で実際原価が期間的に比較される。しかし，偶然的変動部分を含む実際原価は，能率や原価管理業績の測定尺度とすることができない。

(2) 標準原価計算の目的と手続き

① 標準原価計算の目的

標準原価計算は，経営管理への役立ちを目的として製造活動の管理とその動機づけのために，達成すべき標準として部門別，作業別に標準原価を管理者や作業者に示す。それとともに，標準原価計算は，損益計算の構造を介して製造活動の部門別，作業別の管理を原価引き下げ，製造原価の全体計画に結びつける。その一方で，標準原価計算は，財務会計機構に組み入れる製品原価として不能率や偶然的変動を除去した「あるべき製品原価」を算定し，報告する。

「原価計算基準」は，標準原価を算定する目的として次の４つをあげている。このうち(a)と(c)が経営管理目的に含まれ，(b)と(d)が製品原価計算目的に含まれる。

(a) 原価管理目的

標準原価計算は，原価管理を効果的にするための原価の標準として標準原価を設定する。原価の実際の発生額は標準原価と比較され，その差異の原因が分析され，これに関する資料が経営管理者の各階層に報告され，原価能率を増進する措置が講じられる。この目的は，標準原価を設定する最も重要な目的である。

(b) たな卸資産価額および売上原価算定目的

標準原価は，真実の原価として仕掛品，製品等のたな卸資産価額および売上原価の算定の基礎になる。標準原価計算は，企業の利害関係者のために，過去の一定期間の損益ならびに期末の財政状態を財務諸表に表示する目的で標準原価を集計する。

(c) 予算編成目的

標準原価は，予算とくに見積財務諸表の作成に，信頼しうる基礎を提供する。標準原価計算は，各業務分野における具体的な計画を貨幣的に表示し，これを総合編成して期待利益率を算定する過程において，予算期間におけるたな卸資産価額および売上原価の基礎になる標準原価を算定する。

(d) 記帳の簡略化・迅速化目的

標準原価計算は，標準原価を勘定組織の中に組み入れることによって，記帳を簡略化し，迅速化する。標準原価計算は，主要帳簿に標準原価を組み入れる段階ではさしあたりは簡便な数量記録だけですませ，実際価格や実際消費量が確定するまで待たずに製品原価を適時に計算することができる。

② 標準原価計算の手続き

標準原価計算の手続きは，おおむね①原価標準の設定，②標準原価の計算，③原価差異の算定と分析，④原価報告，⑤原価差異の処理からなっている。

標準原価計算では，まず製品の１単位当たりの標準原価である原価標準が科学的手法により設定される。原価標準は，価格，消費量の標準に基づいて標準直接材料費，標準直接労務費等を集計し，標準間接費配賦率に基づいて算定した標準間接費配賦額を加えて算定する。

原価標準を管理者も参加して科学的に設定し，原価発生について責任をもつ各部署に標準原価を指示することは，管理者や作業者に原価目標の達成を動機づける事前的管理に役立つ。標準原価は，(ⅰ)標準製品原価表，(ⅱ)材料明細表，(ⅲ)標準作業表，(ⅳ)製造間接費予算表等の文書に表示して指示される。

次に，原価標準に実際の製品生産量を乗じることにより，完成品の標準原価が算定される。それとともに，標準原価が実際原価と分離され勘定組織に組み込まれる段階に応じて，実際の製品生産量または実際の消費量，操業度に対応する直接材料費，直接労務費，製造間接費の標準原価がそれぞれ算定される。

標準原価は，その段階でさらに実際原価と対比され，標準原価と実際原価との間に生じる差額である原価差異（標準差異）が算定，記録される。原価差異は，材料受入価格差異，直接材料費差異，直接労務費差異，製造間接費差異に分解して，発生原因が分析される。

原価差異とその分析結果は，管理責任に応じて各階層の経営管理者に報告され，修正的行動をとったり改善措置を講じたりする事後的管理に役立てられる。その一方で，製品原価および期間損益を確定するために，原価差異は財務会計上の適正な処理が行われる。

2　標準原価の種類

(1)　原価標準の固定性による分類

標準原価は，基礎となる価格水準，消費量水準，操業度水準の予測値が変化した場合の固定性の観点から，基準標準原価と当座標準原価とに分けることができる。

①　基準標準原価

基準標準原価は，機械設備の能力や生産方式，製品の種類などの生産の基本条件に変化が生じないかぎり，材料価格や賃率などが変化しても，改訂されずに固定される。したがって，基準標準原価は，各期間における達成されるべき目標を示さないだけでなく，たな卸資産価額および売上原価の算定にも用いられない。基準標準原価は，製造活動における原価能率の長期的な傾向を把握するための能率測定尺度として用いられる。

②　当座標準原価

当座標準原価は，各期間において予想される価格水準，達成が期待される消費量水準，操業度水準に基づいて算定される。したがって，当座標準原価は，生産の基本条件の変化に加え，各期間の材料価格や賃率，消費能率等の予測値の変化に対応して現状に即するように期間ごとに改訂される。当座標準原価は各期間における原価能率の達成目標をあらわし，たな卸資産価額および売上原価の算定にも用いられる。

(2)　標準の厳格度による分類

標準原価は，原価標準の基礎になる価格標準，消費量標準および操業度標準の厳格度の観点から，理想標準原価，現実的標準原価，正常的標準原価に分けることができる。

①　理想標準原価

理想標準原価は，技術的に達成可能な最大操業度のもとにおいて，最高能率をあらわす最低の原価をいう。それは，原価財の消費における減損，仕損，遊休時間等に対する余裕率を許容しない理想的水準における標準原価である。

理想標準原価は，厳格度がきわめて高く，正常な状態のもとにおける経営活動を前提としているとはいえない。したがって，管理者，作業者の達成意欲をかえってそこなう恐れが大きく，原価能率の達成目標としては動機づけの面における欠陥が大きい。「原価計算基準」は，標準原価計算制度において用いられる標準原価に理想標準原価を含めない。

②　現実的標準原価

現実的標準原価は，良好な能率のもとにおいて，その達成が期待されうる標準原価をいう。それは，通常生じると認められる程度の減損，仕損，遊休時間等の余裕率を含む原価であり，かつ比較的短期における予定操業度および予定価格を前提として決定され，これら諸条件の変化に伴い，しばしば改訂される。

現実的標準原価は，原価管理に最も適するだけでなく，たな卸資産価額の算定および予算編成の

ためにも用いられる

③　**正常的標準原価（正常原価）**

正常的標準原価は，経営における異常な状態を排除し，経営活動に関する比較的長期にわたる過去の実際数値を統計的に平準化し，これに将来のすう勢を加味した正常能率，正常操業度および正常価格に基づいて決定される原価をいう。正常的標準原価は，能率，操業度および価格の予測対象期間中は改訂されない。

経営状態の安定している場合に，正常的標準原価は，たな卸資産価額の算定のために最も適するだけでなく，原価管理のための標準としても用いられる。

図表7－1　厳格度による標準原価の分類

標準原価	価格標準	消費量標準	操業度標準
現実的標準原価	比較的短期の実際の取得価格を予想して定めた予定価格	通常生じる減損，仕損，遊休時間等の余裕率を含む達成が期待される良好能率	比較的短期の実際の操業度を予想して定めた予定操業度
正常的標準原価	比較的長期の実際の取得価格を統計的に平準化し，将来のすう勢を加味した正常価格	比較的長期の実際の能率を統計的に平準化し，将来のすう勢を加味した正常能率	比較的長期の実際の操業度を統計的に平準化し，将来のすう勢を加味した正常能率
理想標準原価	最も有利な購入条件のもとにおいて達成可能な最低価格	減損，仕損，遊休時間等の余裕率を許容しない最高能率	技術的に達成可能な最大操業度

3　原価標準の設定と標準原価の計算

(1)　原価標準の設定

原価標準は，原価要素（直接材料費，直接労務費等の直接費および製造間接費）について，さらに製品原価について設定する。原価要素の標準は，原則として物量標準と価格標準の両面を考慮して設定する。

①　**標準直接材料費**

標準消費量は，材料の種類，品質，加工の方法および順序等を定め，科学的，統計的調査に基づいて定める。標準消費量は，通常生じると認められる程度の減損，仕損等の消費余裕を含む。

標準価格は，予定価格または正常価格を用いる。

標準直接材料費＝標準消費量×標準価格

②　**標準直接労務費**

標準直接労務費は，直接作業の区分ごとに，製品単位当たりの直接作業の標準時間と標準賃率を定め，両者を乗じて算定する。

標準直接労務費＝標準直接作業時間×標準賃率

標準直接作業時間は，作業の種類，方式および順序，使用機械工具，従事する作業者の等級等を定め，作業研究，時間研究その他の科学的，統計的調査に基づいて定める。標準直接作業時間は，通常生じると認められる程度の疲労，身体的必要，手待等の時間的余裕を含む。

標準賃率は，予定賃率または正常賃率を用いる。

③ **標準製造間接費**

製造間接費の標準は，部門（または部門を細分した作業単位）別に算定する。部門別製造間接費の標準は，一定期間において各部門に発生すべき製造間接費の予定額であり，部門間接費予算として算定する。部門間接費予算は，固定予算または変動予算として設定する。

(a) 固定予算

固定予算は，製造間接費予算を，予算期間において予期される一定の操業度に基づいて算定する。各部門別の固定予算は，一定の限度内において原価管理に役立つだけでなく，製品に対する標準間接費配賦率の算定の基礎になる。

(b) 変動予算

変動予算は，製造間接費予算を，予算期間に予期される範囲内における種々の操業度に対応して算定する。変動予算は，実際間接費額を当該操業度の予算と比較して，部門の業績を管理することを可能にする。変動予算の算定は，実査法，公式法等による。

ⓐ 実査法

実査法による変動予算の算定では，基準となる一定の操業度（基準操業度）を中心にして，予期される範囲内の複数の操業度を一定間隔に設ける。各操業度に対応する複数の製造間接費予算があらかじめ算定され，列記される（多桁式変動予算表）。

各操業度に対応する間接費予算額は，個々の間接費項目について個別的に実査して算定する。この変動予算における基準操業度は，固定予算を算定する基礎になる操業度である。

ⓑ 公式法

公式法による変動予算の算定では，製造間接費要素を固定費と変動費とに分ける。固定費は操業度の増減にかかわりなく一定とする。変動費は，操業度の増減との関連における変動費の各要素または要素群の変動費率をあらかじめ測定し，これにそのつどの関係操業度を乗じて算定する。

製造間接費予算＝変動費率×基準操業度＋固定費予算

④ **標準製品原価**

製品の一定単位につき標準直接材料費，標準直接労務費等を集計し，これに標準間接費配賦率に基づいて計算した標準間接費配賦額を加えて算定する。標準間接費配賦率は，固定予算を算定する基礎になる操業度（基準操業度）ならびにこの操業度における標準間接費を基礎として配賦基準（たとえば直接作業時間）１単位について算定する。

間接費標準配賦額＝標準配賦基準数値×標準間接費配賦率

$$標準間接費配賦率＝\frac{基準操業度における標準間接費}{基準操業度における配賦基準数値}$$

簡略化した標準原価カードの一例を示す。

製品X		
直接材料費	600円× 10kg	6,000円
直接労務費	200円×5時間	1,000円
製造間接費	150円×5時間	750円
製品1個当たり原価標準		7,750円

(2) 標準原価の計算

原価標準に実際の生産量を乗じることにより，完成品，仕掛品の標準原価を算定する。

完成品標準原価＝原価標準×完成品数量
仕掛品標準原価＝原価標準×仕掛品の完成品換算量

問題7－1　製造間接費に関する次の資料により，問1および問2に答えなさい。なお，配賦基準は直接作業時間とする。

問1　製造間接費の標準配賦率を算定し，実際生産量に対する許容標準作業時間が3,600時間である場合の間接費標準配賦額を計算しなさい。

問2　実際作業時間3,900時間における変動予算額を計算しなさい。

＜資料＞
製造間接費予算

（単位：円）

費目	金額	固定費	変動費
補助材料費	29,600	5,600	24,000
間接賃金	95,800	16,200	79,600
給料	109,200	96,400	12,800
家賃	12,500	12,500	
減価償却費	36,000	36,000	
その他	4,900	1,300	3,600
合計	288,000	168,000	120,000

月間正常直接作業時間　4,800時間

解答・解説

問1　標準間接費配賦率　60 円
　　間接費標準配賦額　216,000 円

$$標準間接費配賦率 = \frac{基準操業度における標準間接費}{基準操業度における配賦基準数値}$$

$$= \frac{288,000円}{4,800時間} = 60円$$

間接費標準配賦額＝実際生産量に対する許容標準作業時間×標準間接費配賦率

＝3,600（時間）×60円＝216,000円

問2　変動予算額　265,500　円

$$変動費率 = \frac{変動費予算}{基準作業時間}$$

$$= \frac{120,000円}{4,800（時間）} = 25円$$

実際作業時間における変動予算＝実際操業度における作業時間×変動費率＋固定費予算

＝3,900（時間）×25円＋168,000円＝265,500円

4　原価差異の計算と処理

(1)　原価差異の計算と分析

制度としての原価計算において生じる主要な原価差異は，材料受入価格差異，直接材料費差異，直接労務費差異および製造間接費差異である。それらは，おおむね次のように算定，分析する。

①　材料受入価格差異

材料受入価格差異は，材料の受入価格を標準価格で計算することによって生じる。これは，材料を受け入れる時点において把握される。

材料受入価格差異＝（標準受入価格－実際受入価格）×実際受入数量

②　直接材料費差異

直接材料費差異は，標準原価による直接材料費と直接材料費の実際発生額との差額である。これは，材料種類別に価格差異と数量差異とに分けて分析される。

直接材料費差異＝標準直接材料費－実際直接材料費
＝価格差異＋数量差異

(a)　価格差異

材料の標準消費価格と実際消費価格との差異に基づく直接材料費差異である。

価格差異＝（標準消費価格－実際消費価格）×実際消費数量

(b)　数量差異

材料の標準消費数量と実際消費数量との差異に基づく直接材料費差異である。数量差異は，さらに配合差異と歩留差異とに分けて分析される場合がある。

数量差異＝（標準消費数量－実際消費数量）×標準消費価格
　　　　　＝配合差異＋歩留差異

ⓐ　配合差異

材料の標準配合割合と実際配合割合との差異に基づく直接材料費差異である。

配合差異＝（実際消費数量に基づく標準配合数量－実際消費数量）×標準消費価格
実際消費数量に基づく標準配合数量＝実際消費数量合計×標準配合割合

ⓑ　歩留差異

材料の標準歩留と実際歩留との差異に基づく直接材料費差異である。

歩留差異＝（標準消費数量－実際消費数量に基づく標準配合数量）×標準消費価格

直接材料費差異とその差異分析は次の図のようになる。

図表７－２　直接材料費差異

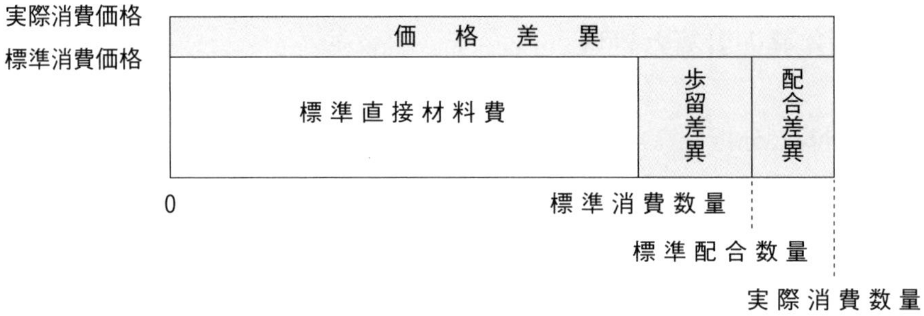

実際消費価格
標準消費価格
価　格　差　異
標準直接材料費
歩留差異
配合差異
0
標準消費数量
標準配合数量
実際消費数量

問題７－２　次の資料により，原料別の価格差異と配合差異，歩留差異それぞれの合計額を計算しなさい。

＜資料＞

Ⅰ．製品の原価標準

	消費数量	消費価格	原価標準
原　料　A	4 kg	@ 13円	52円
原　料　B	2	@ 16円	32
計	6 kg		84円
歩　　減	1		－
製　　品	5 kg		84円

Ⅱ．当月実際原価

	実際消費数量	実際消費価格
原　料　A	90kg	@ 12円
原　料　B	30	@ 24円
計	120kg	

Ⅲ．当月製品実際生産量　90kg

解答・解説

価格差異合計　－150円（不利差異）

（標準消費価格－実際消費価格）×実際消費量：

原料A　（13円－12円）×90（kg）＝　90円

原料B　（16円－24円）×30（kg）＝－240円

配合差異合計　30円（有利差異）

（実際消費数量に基づく標準配合数量－実際消費数量）×標準消費価格

$$= \left(\text{実際消費数量合計} \times \frac{\text{原料別標準消費数量}}{\text{標準消費数量合計}} - \text{実際消費数量}\right) \times \text{標準消費価格}:$$

$$\text{原料A}\quad \left(120\,(\text{kg}) \times \frac{4\,(\text{kg})}{4\,(\text{kg}) + 2\,(\text{kg})} - 90\,(\text{kg})\right) \times 13\text{円} = -130\text{円}$$

$$\text{原料B}\quad \left(120\,(\text{kg}) \times \frac{2\,(\text{kg})}{4\,(\text{kg}) + 2\,(\text{kg})} - 30\,(\text{kg})\right) \times 16\text{円} = \ 160\text{円}$$

歩留差異　－168円（不利差異）

$$\text{標準消費数量} = \text{製品実際生産量} \times \frac{\text{標準消費数量合計}}{\text{標準消費数量合計} - \text{標準歩減}}:$$

$$90\,(\text{kg}) \times \frac{4\,(\text{kg}) + 2\,(\text{kg})}{4\,(\text{kg}) + 2\,(\text{kg}) - 1\,(\text{kg})} = 108\,(\text{kg})$$

（標準消費数量－実際消費数量のもとでの標準配合数量）×標準消費価格

$$= (\text{標準消費数量} - \text{実際消費数量合計}) \times \frac{\text{原料別標準消費数量}}{\text{標準消費数量合計}} \times \text{標準消費価格}:$$

$$\text{原料A}\quad (108\,(\text{kg}) - 120\,(\text{kg})) \times \frac{4\,(\text{kg})}{4\,(\text{kg}) + 2\,(\text{kg})} \times 13\text{円} = -104\text{円}$$

$$\text{原料B}\quad (108\,(\text{kg}) - 120\,(\text{kg})) \times \frac{2\,(\text{kg})}{4\,(\text{kg}) + 2\,(\text{kg})} \times 16\text{円} = -64\text{円}$$

③　直接労務費差異

直接労務費差異は，標準原価による直接労務費と直接労務費の実際発生額との差額である。これは，部門別または作業種類別に賃率差異と作業時間差異とに分けて分析される。

直接労務費差異＝標準直接労務費－実際直接労務費
＝賃率差異＋作業時間差異

(a)　賃率差異

標準賃率と実際賃率との差異に基づく直接労務費差異である。

賃率差異＝（標準賃率－実際賃率）×実際作業時間

(b)　作業時間差異

標準作業時間と実際作業時間との差に基づく直接労務費差異である。作業時間差異は，さらに労働能率差異と労働歩留差異とに分けて分析される場合がある。

作業時間差異＝（標準作業時間－実際作業時間）×標準賃率
＝労働能率差異＋労働歩留差異

ⓐ 労働能率差異

直接材料の実際消費数量に基づく標準作業時間と実際作業時間との差異に基づく直接労務費差異である。

労働能率差異＝（実際消費数量に基づく標準作業時間－実際作業時間）×標準賃率

実際消費数量に基づく標準作業時間＝標準完成品数量×製品１単位当たり標準作業時間

$$標準完成品数量＝\frac{実際消費数量合計}{製品１単位当たり標準消費数量}$$

ⓑ 労働歩留差異

直接材料の標準歩留と実際歩留との差異に基づく直接労務費差異である。

労働歩留差異＝（標準作業時間－実際消費数量に基づく標準作業時間）×標準賃率

標準作業時間＝実際完成品数量×製品１単位当たり標準作業時間

$$実際完成品数量＝\frac{実際消費数量×実際歩留率}{製品１単位当たり標準消費数量}$$

直接労務費差異とその差異分析は次の図のようになる。

図表７－３　直接労務費差異

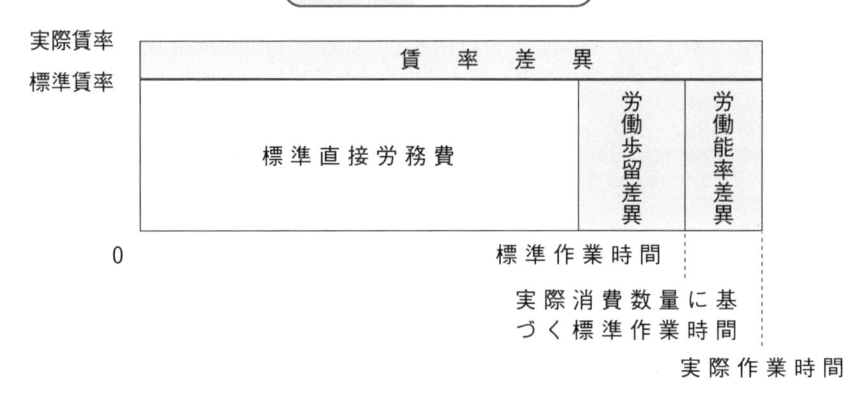

問題7－3　次の資料により，賃率差異と労働能率差異，労働歩留差異を求めなさい。

＜資料＞

Ⅰ．標準原価カード（製品1個当たり）（一部）

	消費数量	消費価格	直接材料費標準
直接材料費	6 kg	@ 14円	84円
歩　　減	1		－
製　　品	5 kg		84円
	作業時間	賃　　率	直接労務費標準
直接労務費	2時間	@ 110円	220円

Ⅱ．当月実際原価

　実際直接材料費　1,800円（直接材料実際消費数量120kg）

　実際直接労務費　4,485円（実際作業時間　　39時間）

Ⅲ．当月製品実際生産量　18個

解答・解説

賃率差異　　－195円（不利差異）

実際作業時間×標準賃率－実際直接労務費：

39（時間）×110円－4,485円＝4,290円－4,485円＝－195円

労働能率差異　110円（有利差異）

（実際消費数量に基づく標準作業時間－実際作業時間）×標準賃率

$$=\left(\frac{\text{実際消費数量合計}}{\text{製品1単位当たり標準消費数量}}\times\text{製品1単位当たり標準作業時間}-\text{実際作業時間}\right)\times\text{標準賃率}:$$

$$\left(\frac{120\text{（kg）}}{6\text{（kg）}}\times 2\text{（時間）}-39\text{（時間）}\right)\times 110\text{円}$$

$$=(20\text{（個）}\times 2\text{（時間）}-39\text{（時間）})\times 110\text{円}=110\text{円}$$

労働歩留差異　－440円（不利差異）

（標準作業時間－実際消費数量に基づく標準作業時間）×標準賃率

$$=\left(\text{製品実際生産量}-\frac{\text{原料別標準消費数量}}{\text{標準消費数量合計}}\right)\times\text{製品1単位当たり標準作業時間}\times\text{標準賃率}:$$

$$\left(18\text{（個）}-\frac{120\text{（kg）}}{6\text{（kg）}}\right)\times 2\text{（時間）}\times 110\text{円}$$

$$=(18\text{（個）}-20\text{（個）})\times 2\text{（時間）}\times 110\text{円}=-440\text{円}$$

④　製造間接費差異

製造間接費差異は，製造間接費の標準額と実際発生額との差額である。これは，原則として一定期間における部門間接費として算定し，予算差異，能率差異，操業度差異等に分けて分析する。

製造間接費差異＝標準製造間接費－実際製造間接費

標準原価計算においては，製品，仕掛品等の生産物の実際生産数量に対して許容される標準操業

度が算定される。製造間接費の配賦基準が直接作業時間であるとき，実際生産数量に対する許容標準操業度と標準間接費配賦率，変動費率等を基礎として次のように分析される。

(a) 変動予算（公式法）による差異分析

ⓐ 三分法

これは，製造間接費差異を予算差異，能率差異，操業度差異に３分して分析する。

製造間接費差異＝予算差異＋能率差異＋操業度差異

これには次の２つの方法がある。

（第１法）
予 算 差 異＝実際作業時間における予算－実際発生額
＝（実際作業時間×変動費率＋固定費予算）－実際発生額
能 率 差 異＝標準作業時間における標準配賦額－実際作業時間における標準配賦額
＝（標準作業時間－実際作業時間）×標準配賦率
操業度差異＝実際作業時間における標準配賦額－実際作業時間における予算
＝（実際作業時間－基準作業時間）×固定費率

（第２法）
予 算 差 異＝実際作業時間における予算－実際発生額
＝（実際作業時間×変動費率＋固定費予算）－実際発生額
能 率 差 異＝標準作業時間における予算－実際作業時間における予算
＝（標準作業時間－実際作業時間）×変動費率
操業度差異＝標準作業時間における標準配賦額－標準作業時間における予算
＝（標準作業時間－基準作業時間）×固定費率

ⓑ 四分法

これは，三分法の第１法における能率差異を２つに分け，製造間接費差異を予算差異，変動費能率差異，固定費能率差異，不働能力差異に４分して分析する。

予 算 差 異＝（実際作業時間×変動費率＋固定費予算）－実際発生額
変動費能率差異＝（標準作業時間－実際作業時間）×変動費率
固定費能率差異＝（標準作業時間－実際作業時間）×固定費率
不働能力差異＝（実際作業時間－基準作業時間）×固定費率

ⓒ 二分法

これは，差異の発生に対する部門管理者の責任の有無によって，四分法における予算差異と変動費能率差異を管理可能差異，固定費能率差異と不働能力差異を管理不能差異として製造間接費を２分して分析する。

製造間接費差異＝管理可能差異＋管理不能差異
管理可能差異＝実際生産量に対する標準作業時間×変動費率－変動費実際発生額
管理不能差異＝実際生産量に対する標準作業時間×固定費率－固定費実際発生額

(b)　固定予算による差異分析

固定予算では，製造間接費差異を予算差異，操業度差異，能率差異に3分して分析する。

> 製造間接費差異＝予算差異＋操業度差異＋能率差異
> 予　算　差　異＝固定予算額－実際発生額
> 能　率　差　異＝（実際生産量に対する許容標準作業時間－実際作業時間）×標準配賦率
> 操 業 度 差 異＝（実際作業時間－基準作業時間）×標準配賦率

製造間接費差異とその差異分析の相互関係は次のようになる。

図表7－4　製造間接費の差異分析の相互関係

<table>
<tr><th colspan="4">変　動　予　算</th><th rowspan="3">固　定　予　算</th></tr>
<tr><th rowspan="2">四　分　法</th><th colspan="2">三　分　法</th><th rowspan="2">二　分　法</th></tr>
<tr><th>第　1　法</th><th>第　2　法</th></tr>
<tr><td rowspan="2">予算差異　a+b</td><td rowspan="2">予算差異　a+b</td><td rowspan="2">予算差異　a+b</td><td rowspan="3">管理可能差異
a+b+c
(aが変動費の場合)</td><td>予算差異　a</td></tr>
<tr><td>操業度差異　b</td></tr>
<tr><td>変動費能率差異　c</td><td rowspan="2">能率差異　c+d</td><td>能率差異　c</td><td rowspan="2">能率差異　c+d</td></tr>
<tr><td>固定費能率差異　d</td><td rowspan="2">操業度差異　d+e</td><td rowspan="2">管理不能差異
d+e</td></tr>
<tr><td>不働能力差異　e</td><td>操業度差異　e</td><td>操業度差異　e</td></tr>
</table>

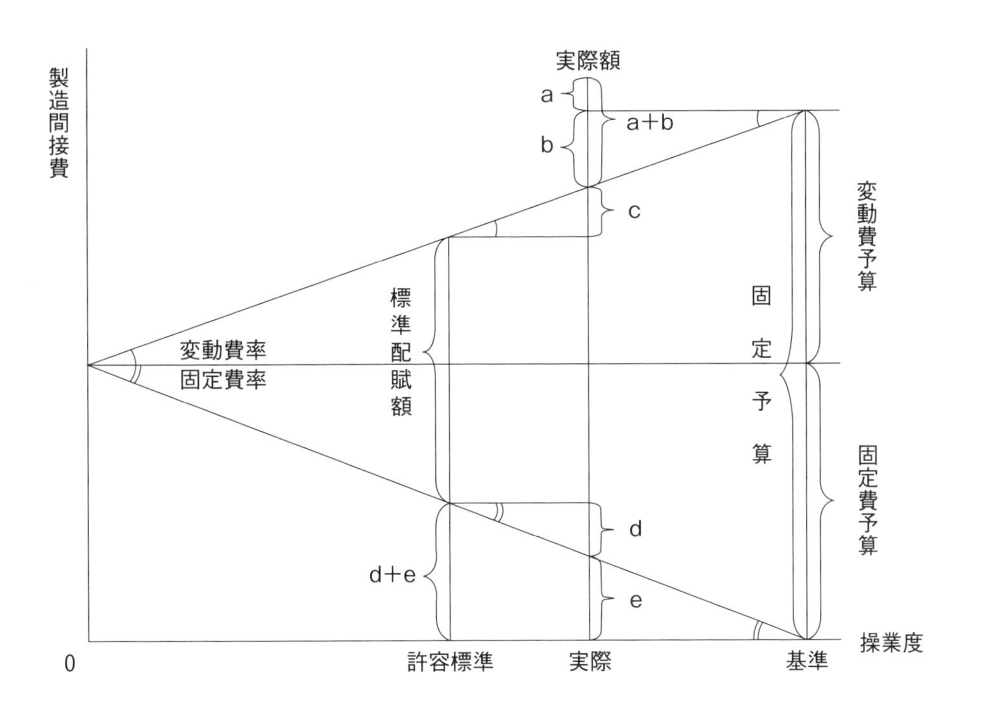

問題7－4　次の資料により，四分法および三分法による製造間接費の差異分析を行いなさい。

<資料>

Ⅰ．直接労務費標準（製品1個当たり）

	作業時間	賃　率	直接労務費標準
直接労務費	2時間	@110円	220円

Ⅱ．製造間接費予算（公式法変動予算）

基準作業時間	48時間	変動費予算	1,200円
		固定費予算	1,680円
		計	2,880円

Ⅲ．当月実際原価

実際直接労務費　4,485円（実際作業時間　39時間）

製造間接費　2,736円

Ⅳ．当月生産データ

	数　量	加工進捗度
月初仕掛品	10個	60%
月末仕掛品	8個	50%
完成品	20個	

解答・解説

製造間接費予算から標準配賦率を計算すると，次のようになる。

$$変動費率 = \frac{変動費予算}{基準作業時間}$$

$$:\frac{1,200円}{48（時間）} = 25円$$

$$固定費率 = \frac{固定費予算}{基準作業時間}$$

$$:\frac{1,680円}{48（時間）} = 35円$$

標準配賦率＝変動費率＋固定費率：25＋35＝60円

一方，当月の実際（完成品換算）生産量は，次のようになる。

完成品数量－月初仕掛品換算量＋月末仕掛品換算量：

20（個）－10（個）×0.6＋8（個）×0.5＝18（個）

四分法：

予算差異　－81円（不利差異）

実際作業時間における予算額－実際発生額

＝（実際作業時間×変動費率＋固定費予算）－実際発生額：

（39（時間）×25円＋1,680円）－2,736円＝2,655円－2,736円＝－81円

変動費能率差異　－75円（不利差異）

実際生産量に対する許容標準作業時間における予算額－実際作業時間における予算額

＝（実際生産量に対する許容標準作業時間－実際作業時間）×変動費率：

（18（個）×２（時間）－39（時間））×25円＝－３（時間）×25円＝－75円

固定費能率差異　－105円（不利差異）

＝（実際生産量に対する許容標準作業時間－実際作業時間）×固定費率：

（18（個）×２（時間）－39（時間））×35円＝－105円

不働能力差異　－315円（不利差異）

実際作業時間における標準配賦額－実際作業時間における予算額

＝（実際作業時間－基準作業時間）×固定費率：

（39（時間）－48（時間））×35円＝－９（時間）×35円＝－315円

三分法：

予算差異は四分法と同じになる。

能率差異

（第１法）－180円（不利差異）

実際生産量に対する許容標準作業時間における標準配賦額－実際作業時間における標準配賦額

＝（実際生産量に対する許容標準作業時間－実際作業時間）×標準配賦率：

（18（個）×２（時間）－39（時間））×60円＝－３（時間）×60円＝－180円

（第２法）－75円（不利差異）

操業度差異

（第１法）－315円（不利差異）

（第２法）－420円（不利差異）

実際生産量に対する許容標準作業時間における標準配賦額

－実際生産量に対する許容標準作業時間における予算額

＝（実際生産量に対する許容標準作業時間－基準作業時間）×固定費率：

（18（個）×２（時間）－48（時間））×35円＝－12（時間）×35円＝－420円

(2)　標準原価計算と減損・仕損

標準原価計算においても，実際原価計算と同様に正常減損（仕損）の発生を考慮して計算することができる。この場合，標準原価カードで示される製品１単位当たりの消費数量・時間数を正常減損（仕損）の分だけ増加させる方法と，正常減損（仕損）に含まれる原価を明確に分けて把握する方法がある。前者は第１法と呼ばれ，正常減損費（仕損費）を個別に計算できないために，正常減損（仕損）度外視法によるものである。これに対し，後者は第２法と呼ばれ，正常減損費（仕損費）を個別に把握できることから，正常減損（仕損）非度外視法によるものであるといえる。

問題7－5　次の資料により，（イ）正常減損の発生を考慮しない場合の直接材料費差異，（ロ）5％の正常減損が発生すると想定し第1法で計算した場合の直接材料費差異，（ハ）5％の正常減損が発生（終点発生）すると想定し第2法で計算した場合の直接材料費差異の総額とその内訳を，それぞれ計算しなさい。

［原価標準（標準原価カード）］

	消費数量	消費価格	原価標準
直接材料費	2kg	250円	500円

［生産データ］

月初仕掛品	20個	（60％）
当月投入量	100個	
合　計	120個	
月末仕掛品	40個	（40％）
当月完成	80個	

（　）内の数値は進捗度を表している。

［原価データ］

当月の実際直接材料費　53,212円（212kg×251円）

解答・解説

（イ）正常減損の発生を考慮しない場合

当月着手分＝80個＋40個－20個＝100個

当月の標準直接材料費＝100個×500円＝50,000円

直接材料費差異＝50,000円－53,212円＝－3,212円（不利差異）

内訳：価格差異＝（250円－251円）×212kg＝－212円（不利差異）

　　　数量差異＝（100個×2kg－212kg）×250円＝－3,000円（不利差異）

（ロ）5％の正常減損の発生を考慮し第1法で計算した場合

原価標準の標準消費数量を正常減損分だけ増加させる。

原価標準＝（2kg×1.05）×250円＝2.1kg×250円＝525円

その後，修正した原価標準を用いて，（イ）と同様の計算を行う。

当月着手分＝80個＋40個－20個＝100個

当月の標準直接材料費＝100個×525円＝52,500円

直接材料費差異＝52,500円－53,212円＝－712円（不利差異）

内訳：価格差異＝（250円－251円）×212kg＝－212円（不利差異）

　　　数量差異＝（100個×2.1kg－212kg）×250円＝－500円（不利差異）

（ハ）5％の正常減損の発生を考慮し第2法で計算した場合

終点発生なので，完成品（80個）の5％を正常減損分として把握する。

正常減損＝80個×0.05＝4個

その後，正常減損分も含めて，（イ）と同様の計算を行う。

当月着手分＝80個＋４個＋40個－20個＝104個

当月の標準直接材料費＝104個×500円＝52,000円

直接材料費差異＝52,000円－53,212円＝－1,212円（不利差異）

内訳：価格差異＝（250円－251円）×212kg＝－212円（不利差異）

　　　数量差異＝（104個×２kg－212kg）×250円＝－1,000円（不利差異）

これらを図で示すと，次のようになる。

（イ）仕掛品－直接材料費

借方	貸方
20個（標準） 10,000円	80個（標準） 40,000円
100個（実際） 53,212円	不利差異 3,212円
	40個（標準） 20,000円

（ロ）仕掛品－直接材料費

借方	貸方
20個（標準） 10,500円	80個（標準） 42,000円
100個（実際） 53,212円	不利差異 712円
	40個（標準） 21,000円

（ハ）仕掛品－直接材料費

借方	貸方
20個（標準） 10,000円	80個（標準） 40,000円
104個（実際） 53,212円	4個（標準） 2,000円
	不利差異 1,212円
	40個（標準） 20,000円

（実際）は実際原価，（標準）は標準原価を指す。

(3) 原価差異の会計処理

制度としての標準原価計算の原価差異の年度末決算における処理は，「原価計算基準」によれば，次の方法による。

① 異常な状態に基づくと認められる原価差異

数量差異，作業時間差異，能率差異等で異常な状態に基づくと認められる原価差異は，非原価項目として処理する。

② 正常な状態に基づくと認められる原価差異

(a) 標準価格等が適当であって，少額な原価差異

ⓐ 材料受入価格差異以外の原価差異

原価差異は，材料受入価格差異を除き，原則として当年度の売上原価に賦課する（売上原価加減法）。

ⓑ　材料受入価格差異

材料受入価格差異は，当年度の材料払出高と期末在高に配賦する。材料の期末在高には，材料の適当な種類別に配賦する。

(b)　標準価格等が不適当なため，比較的多額である原価差異

標準価格等が不適当なため，比較的多額の原価差異が生じる場合，直接材料費，直接労務費，直接経費および製造間接費の原価差異の処理は次の方法による。

ⓐ　個別原価計算における原価差異

当年度の原価差異は，当年度の売上原価と期末におけるたな卸資産に指図書別に配賦する。または，当年度の売上原価と期末におけるたな卸資産に科目別に配賦する。

ⓑ　総合原価計算における原価差異

当年度の売上原価と期末におけるたな卸資産に科目別に配賦する。

図表 7－5　原価計算基準における原価差異の処理

正常性・差異額		対象差異・原価計算形態	処理方法	
標準価格等が適当	少　額	材料受入価格差異以外	当年度の売上原価	賦　課
		材料受入価格差異	材料の払出高・期末在高	配　賦
標準価格等が不適当	比較的多額	個別原価計算	売上原価・期末たな卸資産（指図書別または科目別）	
		総合原価計算	売上原価・期末たな卸資産（科目別）	
異常な状態に基づく		数量差異，作業時間差異，能率差異等	非原価項目	

標準原価計算制度における原価差異を当年度の売上原価に賦課する場合には，損益計算書に売上原価の内訳項目として次の形式で原価差異を記載する。

売　上　原　価		
1　期首製品たな卸高	×××	
2　当期製品製造原価	×××	
合　　計	×××	
3　期末製品たな卸高	×××	
標準売上原価	×××	
4　原価差額	×××	×××

原価性を有しないと認められる原価差異は，営業外費用または特別損失として表示する。

原価差異をたな卸資産の科目別に配賦した場合には，原価差異を貸借対照表上のたな卸資産の科目別に各資産の価額に含めて記載する。

問題7－6 標準原価計算制度を採用する企業の製造原価に関する資料は次のとおりであった。問1および問2に答えなさい。解答にあたって端数が生じる場合は，円単位の小数点以下第1位を四捨五入すること。

問1 原価差異の会計処理を行いなさい。なお，原価差異を売上原価と期末たな卸資産に配賦する場合は，期首たな卸資産を考慮しないものとする。

問2 損益計算書（経常利益まで）を作成しなさい。なお，原価差異は原価差額として一括して表示するものとする。

<資料>

Ⅰ．標準原価カード

	標準消費数量	標準価格 標準賃率 標準配賦率	原価標準
直接材料費	6 kg	@ 14円	84円
直接労務費	2時間	@110円	220円
製造間接費	2時間	@ 60円	120円
計			424円

Ⅱ．原価差異

少額の原価差異：作業時間差異 －58円（不利差異），予算差異 －81円（不利差異），
能率差異 －75円（不利差異），

比較的多額の原価差異：価格差異 －150円（不利差異），数量差異 －138円（不利差異），
賃率差異 －195円（不利差異），

異常な原価差異：操業度差異 －420円（不利差異），
（営業外費用）

Ⅲ．当月生産データ

	数 量	加工進捗度
期首仕掛品	10個	60%
期末仕掛品	8個	50%
完成品	20個	

直接材料は工程の始点で投入される。

Ⅳ．販売および在庫数量

販売数量 18個 販売価格 @800円

期末製品 4個

Ⅴ．その他の損益データ

販売費及び一般管理費 2,000円，営業外収益 300円，原価差異以外の営業外費用 1,400円

解答・解説

問1

（借）売上原価	522	（貸）直接材料費差異	173
		直接労務費差異	193
		製造間接費差異	156

（借）	仕　掛　品	107	（貸） 直接材料費差異	77
			直接労務費差異	30
（借）	製　　　品	68	（貸） 直接材料費差異	38
			直接労務費差異	30
（借）	営業外費用	420	（貸） 製造間接費差異	420

少額の原価差異

作業時間差異＋予算差異＋能率差異

：－58円－81円－75円＝－214円（不利差異）

比較的多額の原価差異

直接材料費差異（価格差異＋数量差異）

：－（150円＋138円）＝－288円（不利差異）

直接労務費差異：－195円（不利差異）

$$\text{原価差異配賦額} = \frac{\text{売上原価・期末たな卸資産標準原価}}{\text{売上原価・期末たな卸資産標準原価合計}} \times \text{原価差異}$$

$$= \frac{\text{売上原価・期末たな卸資産完成品換算量}}{\text{売上原価・期末たな卸資産完成品換算量合計}} \times \text{原価差異}$$

完成品換算量合計＝期末仕掛品換算量＋販売数量＋期末製品たな卸数量

直接材料費：8（個）＋18（個）＋4（個）＝30（個）

直接労務費：8（個）×0.5＋18（個）＋4（個）＝26（個）

売上原価配賦額

$$\text{直接材料費差異：}\frac{18\text{（個）}}{30\text{（個）}} \times \text{（}-288\text{円）} = -172.8\text{円}$$

$$\text{直接労務費差異：}\frac{18\text{（個）}}{26\text{（個）}} \times \text{（}-195\text{円）} = -135\text{円}$$

期末仕掛品配賦額

$$\text{直接材料費差異：}\frac{8\text{（個）}}{30\text{（個）}} \times \text{（}-288\text{円）} = -76.8\text{円}$$

$$\text{直接労務費差異：}\frac{4\text{（個）}}{26\text{（個）}} \times \text{（}-195\text{円）} = -30\text{円}$$

期末製品配賦額

$$\text{直接材料費差異：}\frac{4\text{（個）}}{30\text{（個）}} \times \text{（}-288\text{円）} = -38.4\text{円}$$

$$\text{直接労務費差異：}\frac{4\text{（個）}}{26\text{（個）}} \times \text{（}-195\text{円）} = -30\text{円}$$

問 2

損益計算書

		(単位：円)
Ⅰ 売上高		14,400
Ⅱ 売上原価		
1．標準売上原価	7,632	
2．原価差額	522	8,154
売上総利益		6,246
Ⅲ 販売費及び一般管理費		2,000
営業利益		4,246
Ⅳ 営業外収益		300
Ⅴ 営業外費用		
1．その他の営業外費用	1,400	
2．原価差額	420	1,820
経常利益		2,726

売 上 高：18（個）×@800円＝14,400円

売上原価：18（個）×@424円＝ 7,632円

売上原価への原価差異賦課額

少額の原価差異＋比較的多額の原価差異配賦額：－214円－（173円＋135円）＝－522円

5 標準原価計算の勘定記入

標準原価計算制度における標準原価を財務会計の主要帳簿に組み入れる方法は，シングル・プラン，パーシャル・プラン，修正パーシャル・プランに分かれる。

(1) シングル・プラン

シングル・プランは，原価財の消費について標準原価を計算し，財務会計機構（複式簿記機構）に組み入れる方法である。これは，原価財を消費した時点において直接費を中心に原価差異を分離し，仕掛品（製造）勘定の借方，貸方ともに標準原価で記入する方法である。シングル・プランは，インプット法による原価差異の算定と結びつきやすい。インプット法は，原価財の投入時点において実際投入量に対する標準投入量を把握して原価差異を算定する。

シングル・プランの長所は，①原価差異の算定，分析が迅速に行われ，②差異の原因分析が会計記録から得られることであり，短所は，①原価財の投入のつど標準原価を把握するために，計算事務量が多くなる点である。シングル・プランは，個別受注生産形態に適し，通常，個別原価計算と結びつく。

図表7-6　シングル・プランによる勘定記入

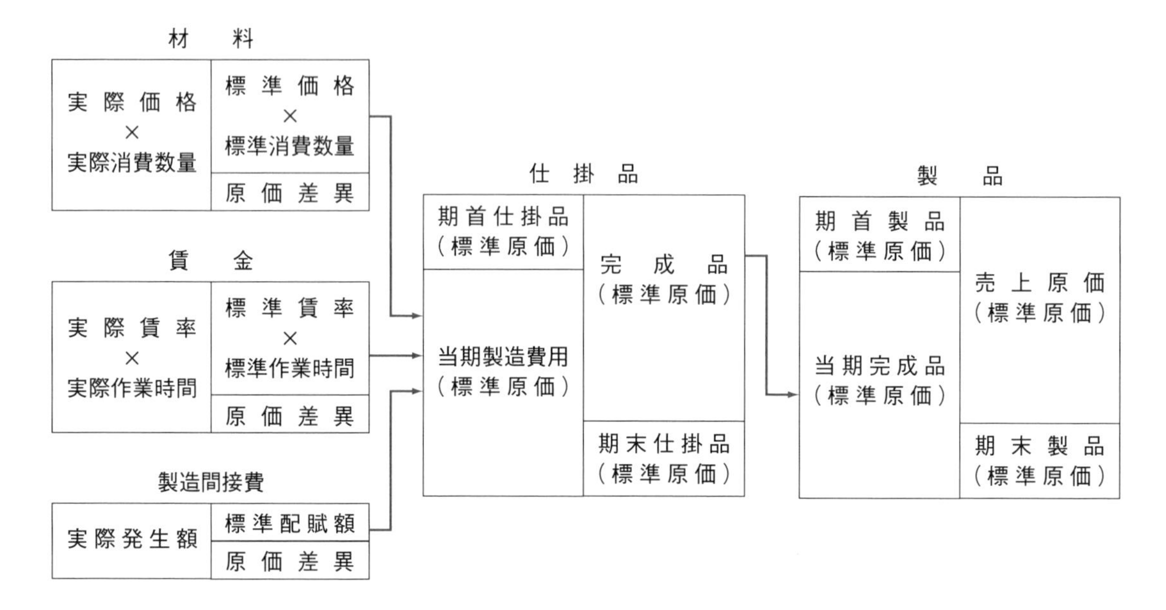

(2)　パーシャル・プラン

パーシャル・プランは，製品等の産出について標準原価を計算し，財務会計機構に組み入れる方法である。実際生産量が確定した時点において原価差異を分離するので，この方法では仕掛品勘定の借方に実際原価を記入し，貸方に標準原価を記入する。パーシャル・プランは，アウトプット法による原価差異の算定と結びつきやすい。アウトプット法は，生産物の実際生産量に対する原価財の標準消費量を把握して原価差異を算定する。

パーシャル・プランの長所は，①期間的に標準原価を把握するので，計算事務量が少ないことであり，短所は，①原価差異の算定，分析が遅れ，②差異分析には別途に統計的資料が必要になる点である。パーシャル・プランは，大量見込生産形態に適するので，通常，総合原価計算と結びつく。

図表7-7　パーシャル・プランによる勘定記入

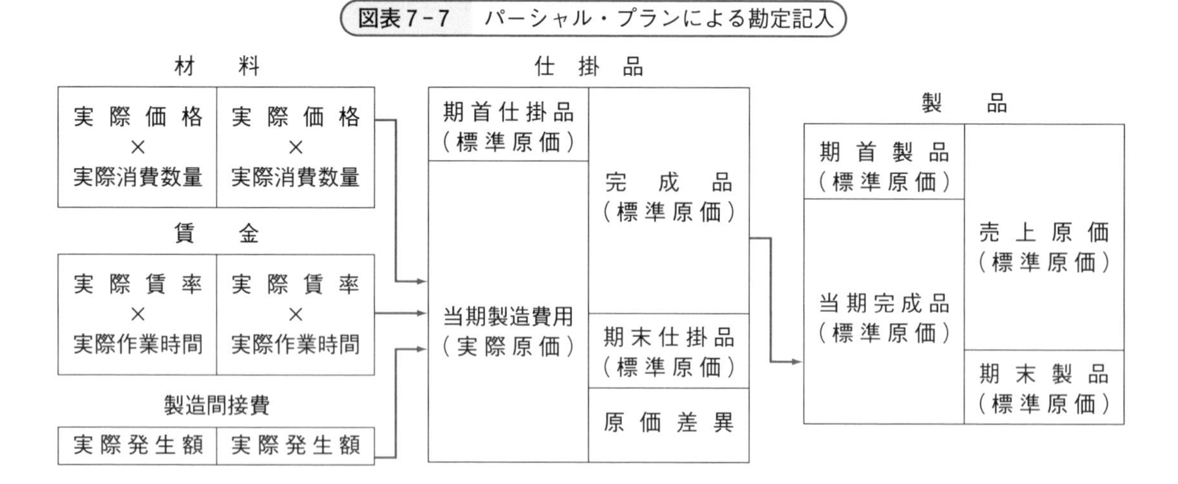

(3) 修正パーシャル・プラン

修正パーシャル・プランは，生産物の産出について標準原価を計算して財務会計機構に組み入れる前に，原価財を消費した段階において価格差異と賃率差異を分離する方法である。この方法では，直接材料費と直接労務費を実際消費量（作業時間）に標準価格（賃率）を乗じて計算した原価を仕掛品勘定の借方に記入し，貸方に標準原価を記入する。

修正パーシャル・プランは，パーシャル・プランと同様に実際生産量が確定した時点において数量差異，能率差異等と製造間接費差異を算定する。しかし，価格差異と賃率差異の算定は，パーシャル・プランより早められる。

図表7－8　修正パーシャル・プランによる勘定記入

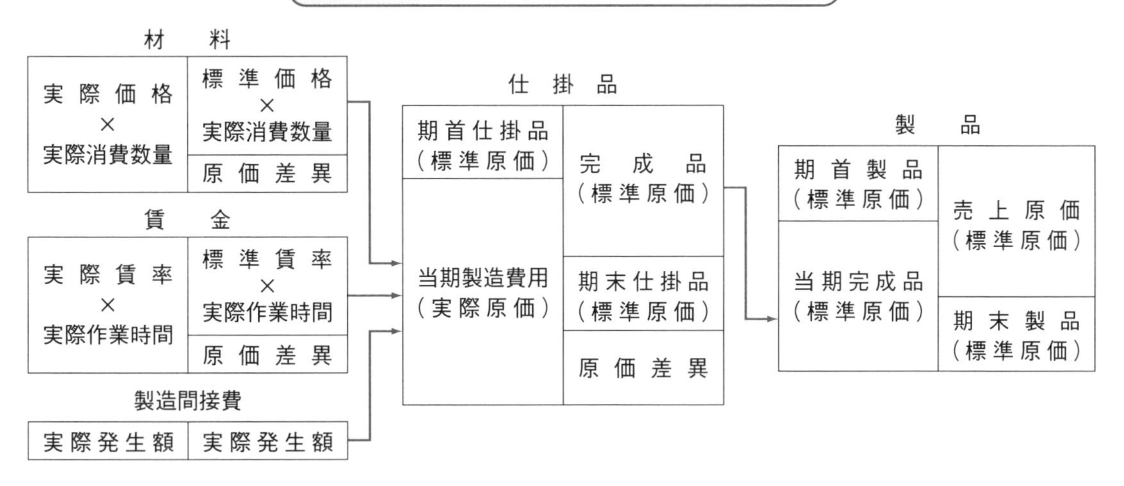

問題7－7　次の資料により，修正パーシャル・プランによる勘定記入に関して問1および問2に答えなさい。なお，原価差異の会計処理は考慮しないものとする。

問1　直接材料費勘定と直接労務費勘定，製造間接費勘定，関連する原価差異の勘定の記入を示しなさい。

問2　仕掛品勘定と製品勘定，関連する原価差異の勘定の記入を示しなさい。製造間接費の差異分析は三分法（第2法）によること。

＜資料＞

Ⅰ．直接材料費

消費数量：108kg（標準），120kg（実際）　消費価格：@14円（標準），@15円（実際）

直接材料は工程の始点で投入される。

Ⅱ．直接労務費

作業時間：36時間（標準），39時間（実際）　賃率：@110円（標準），@115円（実際）

Ⅲ．製造間接費

予算額：2,880円　　基準操業度：48時間（直接作業時間）

標準配賦率：@60円（変動費率　25円，固定費率　35円）

実際発生高：間接材料費　300円，間接労務費　1,495円，間接経費　376円

Ⅳ．標準原価カード

直接材料費	6 kg	× 14円＝	84円
直接労務費	2 時間	×110円＝	220円
製造間接費	2 時間	× 60円＝	120円
			424円

Ⅴ．仕　掛　品

月初仕掛品：数量　10個，加工進捗度　60％　　月末仕掛品：数量 8 個，加工進捗度50％

Ⅵ．製　　　品

月初製品：　2 個　　　当月完成品：20個　　　月末製品：　4 個

解答・解説

問 1

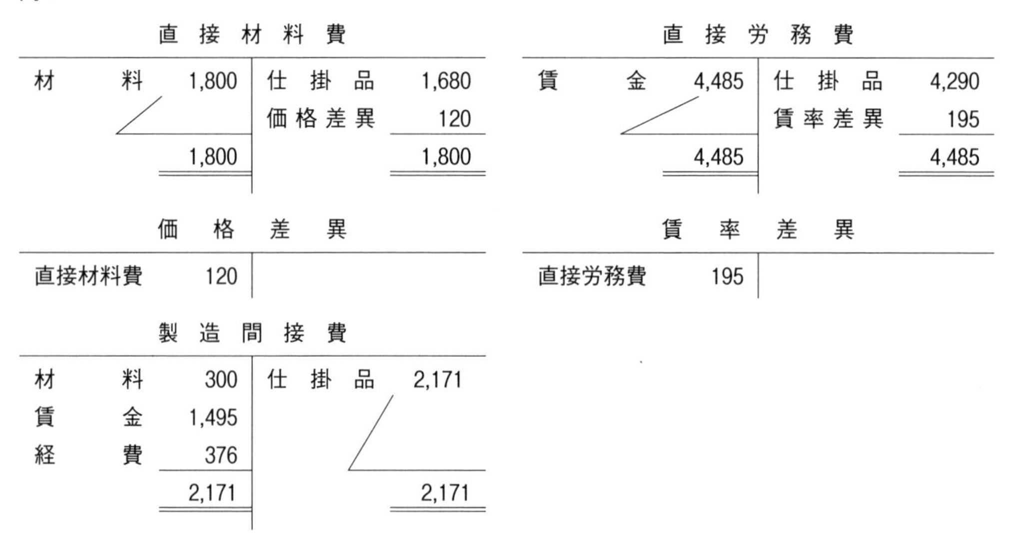

直接材料費

借方		貸方	
材　料	1,800	仕掛品	1,680
		価格差異	120
	1,800		1,800

直接労務費

借方		貸方	
賃　金	4,485	仕掛品	4,290
		賃率差異	195
	4,485		4,485

価格差異

借方		貸方	
直接材料費	120		

賃率差異

借方		貸方	
直接労務費	195		

製造間接費

借方		貸方	
材　料	300	仕掛品	2,171
賃　金	1,495		
経　費	376		
	2,171		2,171

直接材料費勘定

材料消費高（実際）：　　120（kg）×@15円＝1,800円

実際消費数量×標準価格：120（kg）×@14円＝1,680円

価格差異：実際消費数量×標準価格－直接材料実際消費高

1,680円－1,800円＝－120円（不利差異）

（借）	直接材料費	1,800	（貸）材　料	1,800
	仕掛品	1,680	直接材料費	1,800
	価格差異	120		

直接労務費勘定

賃金実際消費高：　　　39（時間）×115円＝4,485円

実際作業時間×標準賃率：39（時間）×110円＝4,290円

賃率差異：実際作業時間×標準賃率－賃金実際消費高

4,290円－4,485円＝－195円（不利差異）

（借）直接労務費	4,485	（貸）賃	金	4,485
仕掛品	4,290	直接労務費		4,485
賃率差異	195			

製造間接費勘定

実際発生高：材料消費高＋賃金消費高＋経費発生高

300円＋1,495円＋376円＝2,171円

（借）製造間接費	2,171	（貸）材	料	300
		賃	金	1,495
		経	費	376
（借）仕掛品	2,171	（貸）製造間接費		2,171

問2

仕掛品

前月繰越	2,880	製品	8,480
直接材料費	1,680	数量差異	168
直接労務費	4,290	作業時間差異	330
製造間接費	2,171	能率差異	75
予算差異	484	操業度差異	420
		次月繰越	2,032
	11,505		11,505

製品

前月繰越	848	売上原価	7,632
仕掛品	8,480	次月繰越	1,696
	9,328		9,328

数量差異

仕掛品	168		

作業時間差異

仕掛品	330		

予算差異

		仕掛品	484

能率差異

仕掛品	75		

操業度差異

仕掛品	420		

仕掛品勘定

前月繰越：10（個）×6（kg）×14円＋10（個）×0.6×2（時間）×（110円＋60円）

＝2,880円

直接材料費：

材料消費高（標準）　108（kg）×14円＝1,512円

数量差異　（標準消費数量－実際消費数量）×標準価格

（108（kg）－120（kg））×14円＝－168円（不利差異）

直接労務費：

賃金消費高（標準）　36（時間）×110円＝3,960円

作業時間差異（標準作業時間－実際作業時間）×標準賃率

（36（時間）－39（時間））×110円＝－330円（不利差異）

製造間接費：

実際操業度に対する変動予算額　実際作業時間×変動費率

＋基準操業度に対する作業時間×固定費率

39（時間）×25円＋48（時間）×35円＝2,655円

予算差異　実際操業度に対する変動予算額－製造間接費実際発生高

2,655円－（300円＋1,495円＋376円）＝2,655円－2,171円＝484円（有利差異）

能率差異　（実際生産量に対する許容標準作業時間－実際作業時間）×変動費率

（36（時間）－39（時間））×25円＝－75円（不利差異）

操業度差異　（実際生産量に対する許容標準作業時間－基準作業時間）×固定費率

（36（時間）－48（時間））×35円＝－420円（不利差異）

次月繰越：8（個）×6（kg）×14円＋8（個）×0.5×2（時間）×（110円＋60円）

＝2,032円

（完成）製品：

製品原価標準　6（kg）×14円＋2（時間）×（110円＋60円）＝424円

完成品標準原価　20（個）×424円＝8,480円

（借）			（貸）	
	製品	8,480	仕掛品	8,989
	数量差異	168	予算差異	484
	作業時間差異	330		
	能率差異	75		
	操業度差異	420		

製品勘定

前月繰越：2（個）×424円＝　848円　　売上原価：18（個）×424円＝7,632円

次月繰越：4（個）×424円＝1,696円

（借）			（貸）	
	売上原価	7,632	製品	7,632

直接原価計算と損益分岐分析

1　直接原価計算とは何か

原価計算には，製品原価の範囲によって，すべての製造原価を製品原価とする全部原価計算と，製造原価の一部を製品原価とする部分原価計算とがある。部分原価計算の代表的なものが，変動製造原価のみを製品原価とする直接原価計算である。直接原価計算によれば，経常的に作成する損益計算書から利益計画に有用な原価－営業量－利益分析（CVP分析）に必要な情報を迅速に得ることができる。

直接原価計算とは，経常的な損益計算書上で，原価・費用を変動費と固定費に分類し，売上高から変動費を差し引いて貢献利益（限界利益という場合もある）を計算し，そこから固定費を差し引いて営業利益を計算する損益計算システムである。これにより，経常的に作成する損益計算書から原価－営業量－利益分析（CVP分析）やセグメント別の収益性分析に必要な情報を，特別な調査をすることなく迅速に得ることができる。そのひな形は，図表8－1のとおりである。

図表8－1　直接原価計算のひな形

売上高		×××
変動売上原価		×××
変動製造マージン		×××
変動販売費		×××
貢献利益		×××
固定製造原価	×××	
固定販売費及び一般管理費	×××	×××
営業利益		×××

売上高から変動費を差し引いた残額を貢献利益（限界利益）という。これは固定費の回収と利益の実現に貢献する利益である。直接原価計算では，製造原価の回収に優先順位をつけている。直接材料費のような変動費は，すぐに回収して再生産のために調達をしなければならない。一方，減価償却費のような固定費は，すぐに回収しなくても，今日明日会社がつぶれてしまうということはない。直接原価計算の損益計算書は，変動費を先に回収し，次に固定費を貢献利益の総額で回収しようという経営者の短期的な考え方を表している。

2 全部原価計算と直接原価計算の相違点

(1) 全部原価計算における利益計算

全部原価計算ではすべての製造原価を製品原価に算入する。そのため，売上高が増加しても，利益が減少したり，逆に売上高が減少しても，利益が増加するという現象が起きる。これを計算例で確認してみよう。

問題 8－1　次の条件で，全部原価計算によって，①生産量によって固定費を製品に実際配賦を行った場合の損益計算書，②予定配賦を行い操業度差異を売上原価に調整した場合の損益計算書を作成しなさい。なお，11月に月初製品在庫はなく，月初月末に仕掛品はない。

（条件）

販売単価	150円/個
単位当たり変動製造原価	60円/個
固定製造原価(/月)	6,000円
基準操業度	1,000個
予定配賦率（固定費率）	6 円/個
販管費（固定費）	40,000円

*上記のデータは11月，12月とも変わらない。

	11月	12月
生産量	1,500個	500個
販売量	1,000個	1,000個

解答・解説

① 実際配賦の場合

この場合は，月ごとに生産量によって単位当たり固定費を計算し，売上原価に含まれる固定費を計算する。

11月の場合，単位当たり固定費は6,000円÷1,500個＝ 4 円/個である。しがたって，売上原価に含まれる固定費は 4 円/個×1,000個（販売量）＝4,000円である。在庫となった500個分の固定費，つまり 4 円/個×500個＝2,000円が次月以降に繰り延べられる。

12月の場合，当月生産分の単位当たり固定費は，6,000円÷500個＝12円/個である。したがって，1,000個販売した場合に売上原価に含まれる固定費は，（11月から繰り延べられた500個分：2,000円）＋（当月製造した500個分：12円/個×500個＝6,000円）＝8,000円となる。

この結果から，損益計算書を作成すると，図表 8－2 のようになる。

図表8－2　全部原価計算（実際配賦）の場合の損益計算書

	11月		12月	
売上高		150,000		150,000
売上原価				
変動費	60,000		60,000	
固定費	4,000	64,000	8,000	68,000
売上総利益		86,000		82,000
販管費		40,000		40,000
営業利益		46,000		42,000

② 予定配賦の場合

問題条件にあるように，月間固定費6,000円に対し，基準操業度が1,000個であるため，予定配賦率（固定費率）は6円/個となる。売上原価の固定費は，この予定配賦率6円/個に販売量を乗じたものとなる。

11月は1,500個の生産であったため，（1,000個－1,500個）×6円/個＝－3,000円の有利な差異が生じる。一方，12月は500個の生産であったため，（1,000個－500個）×6円/個＝3,000円の不利な差異が生じる。これらの差異を売上原価に課すると，損益計算書は図表8－3のようになる。

図表8－3　全部原価計算（予定配賦）の場合の損益計算書

	11月	12月
売上高	150,000	150,000
売上原価	66,000	66,000
（差引）操業度差異	(3,000)	3,000
売上総利益	87,000	81,000
販管費	40,000	40,000
営業利益	47,000	41,000

問題では，①の方法でも②の方法でも，11月と12月の売上高は同じであるのに利益額が減少している。①の実際配賦の場合，11月に販売量以上に生産された製品を通じて，固定費が12月に繰り越されたため，利益額が減少している。②の予定配賦の場合，11月は基準操業度以上の生産を行ったため有利な操業度差異が発生し，その分利益が過大になり，一方で12月は基準操業度の半分しか生産しなかったため，不利な操業度差異が多額に計算され，その分利益が過小になっているのである。

(2) 直接原価計算による損益計算書

売上高と利益が対応して推移しないという全部原価計算における利益計算の問題点を克服するために考え出されたのが，直接原価計算である。直接原価計算では，変動製造原価のみを製品原価とし，固定製造原価は製品に配賦せずに，一括して発生した期の収益に対応させる。

問題8－2　問題8－1の条件で，直接原価計算方式の損益計算書を作成しなさい。

解答・解説

直接原価計算の場合，売上原価は変動費のみ集計し，固定製造原価は発生した月に一括して課する。つまり，各月の売上原価は，60円/個×1,000個＝60,000円となる。したがって，損益計算書は図表8－4のようになる。

図表8－4　直接原価計算の場合の損益計算書

	11月	12月
売上高	150,000	150,000
売上原価（変動費）	60,000	60,000
貢献利益	90,000	90,000
固定製造原価	6,000	6,000
販管費	40,000	40,000
営業利益	44,000	44,000

図表8－4でも明らかなように，直接原価計算方式では，11月と12月で売上高が同じであれば，利益も両月で同じになる。これは，固定製造間接費を製品に配賦しないからである。直接原価計算では，売上高が増加すれば利益も増加し，売上高が減少すれば利益も減少して示されることになる。これは，経営管理者の感覚に近い。

(3)　全部原価計算と直接原価計算の利益測定の違い

先に見たように，全部原価計算と直接原価計算では，計算される営業利益に違いが出る。この違いが生じるのは，

①　生産と販売の関係

②　全部原価計算における操業度差異の処理方法

が原因である。

①　生産と販売の関係

販売量と生産量が等しい場合，あるいは期首在庫量と期末在庫量が等しい場合には，両計算方法での営業利益は一致する。ただし，これらが異なる場合には，営業利益の金額は異なる。

生産量＞販売量であれば，期首在庫量＜期末在庫量となる。この場合は，当期に発生した固定費が在庫を通じて次期以降に繰り延べられるため，当期の収益に対応させる固定費は，全部原価計算の方が小さくなる。そのため，全部原価計算での営業利益の方が大きくなる。

生産量＜販売量であれば，期首在庫量＞期末在庫量となる。この場合は，前期から繰り延べられた固定費の分，より多くの固定費が当期の収益に対応させられるため，全部原価計算の営業利益の方が直接原価計算の営業利益よりも小さくなる。

②　操業度差異の処理方法

予定配賦などの予定配賦を行っている場合，操業度差異を売上原価に課す，という処理を行っていると，全部原価計算と直接原価計算での営業利益は異なってくる。有利な操業度差異が生じれば，全部原価計算の利益の方が大きくなり，不利な操業度差異が生じれば，全部原価計算の利益の方が小さくなる。

(4)　直接原価計算のメリットとデメリット

全部原価計算と比較した場合の直接原価計算のメリットは以下のとおりである。

①　固定費を製品別に配賦しないために，配賦基準や基準操業度の選択で悩むことがない。
②　経常的に作成する損益計算書から迅速にCVP分析に必要な情報を得ることができる。
③　固定費を恣意的に配賦しないため，製品などのセグメントの収益性が容易に測定できる。
④　売れない在庫の積み増しによる利益操作の誘惑にとらわれることがない。

一方，デメリットは次のとおりである。

①　外部報告の形式として認められていないため，全部原価計算の利益に調整する必要がある。
②　価格設定に用いると，長期的に固定費が回収できない価格を設定してしまうおそれがある。
③　原価を固定費と変動費に分解するのが難しい場合がある。

3　損益分岐点とCVP分析

(1)　損益分岐分析と損益分岐図表

直接原価計算には，経常的に作成する損益計算書上から，利益計画に必要な損益分岐分析・CVP分析に必要な情報を提供するという機能がある。

企業は1年あるいは半年の活動をコントロールするために，予算を編成する。予算編成の前に，大まかな利益計画を策定する。それが大綱的利益計画である。大綱的利益計画を策定する際に行われるのが，損益分岐分析である。これは，収益によってすべての原価が回収され，赤字にならない販売量や売上高を求める分析である。このような販売量や売上高を損益分岐点という。

損益分岐点は，次の式で求められる。

$$\text{損益分岐点販売量}=\frac{\text{販売費}}{\text{販売単価}-\text{単位当たり変動費}}=\frac{\text{販売費}}{\text{単位当たり貢献利益}}$$

$$\text{損益分岐点売上高}=\frac{\text{固定費}}{1-\text{変動費率}}=\frac{\text{固定費}}{\text{貢献利益率}}$$

変動費率とは，売上高に占める変動費の割合である。また，（1－変動費率）を貢献利益率（限界利益率）という。損益分岐点は，貢献利益によって固定費を回収し終わった販売量ないし売上高を表している。

また，目標利益を達成する販売量および売上高は，次のような式で表される。これも，単位当たりの貢献利益ないしは貢献利益率によって固定費を回収し目標利益を実現するという考え方に則っている。

$$\text{目標利益達成販売量} = \frac{\text{固定費} + \text{目標利益}}{\text{販売単価} - \text{単位当たり変動費}} = \frac{\text{固定費} + \text{目標利益}}{\text{単位当たり貢献利益}}$$

$$\text{目標利益達成売上高} = \frac{\text{固定費} + \text{目標利益}}{1 - \text{変動費率}} = \frac{\text{固定費} + \text{目標利益}}{\text{貢献利益率}}$$

CVP分析では，損益分岐分析によって損益分岐点を計算することから出発し，原価や営業量の変化が利益に与える影響をシミュレーションする。これにより，目標とする販売量や売上高，利益を計画する。

原価と営業量（販売量），利益の関係を表したのが，損益分岐図表（図表８－５）である。

図表８－５　損益分岐図表

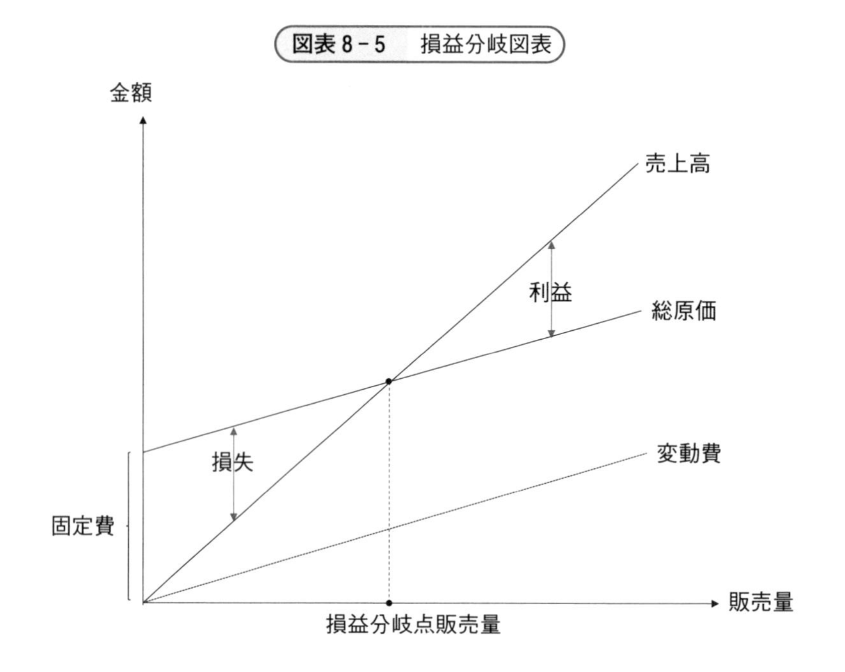

(2)　貢献利益図表

損益分岐図表をさらに改良したものが，貢献利益図表である。売上高線を横軸に取った場合の貢献利益図表は，図表８－６のようになる。その場合には，貢献利益率を傾きとした線を固定費額を縦軸のマイナスから引きはじめる。固定費を回収し終わるのは，横軸との交点である。それが損益分岐点である。この図によれば，利益は，原価との差額ではなく直接表示される。なお，横軸を販売数量にした場合，貢献利益線の傾きは単位当たり貢献利益となる。

貢献利益線の傾きが急であるほどその会社の収益力が強いといえる。つまり，同じだけ売上高が増加した場合，貢献利益線の傾きが大きい方が営業利益の増加額は大きくなる。ただし，傾きが急な分，損益分岐点を割り込んだときの損失の出方は厳しい。その関係を示したのが，図表８－７である。２つの図は，損益分岐点は同じであるが，固定費の金額と貢献利益率が異なる。同じだけ売上高が増加した場合，左側の図の方が利益の増加額が大きくなる。

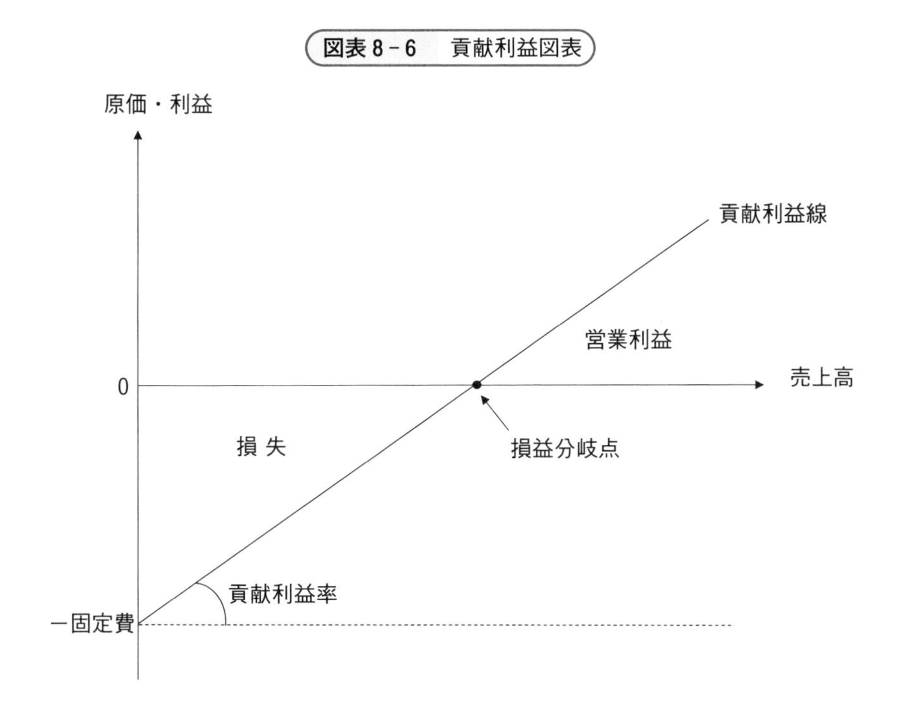

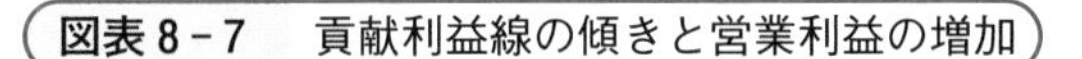
図表８－７　貢献利益線の傾きと営業利益の増加

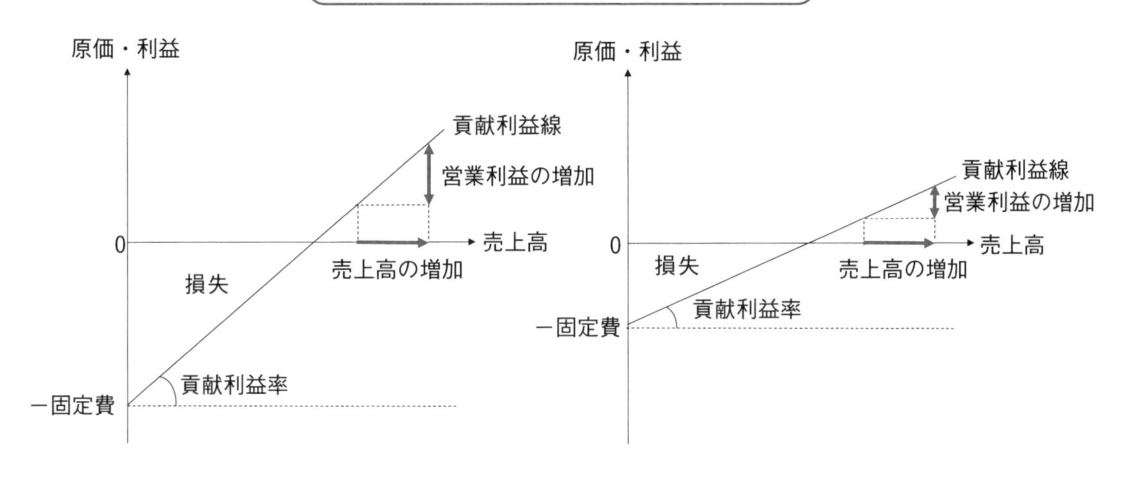

問題８－３

問１　販売単価200円/個，単位当たり変動費120円/個，月間の固定費が800,000円である製品Xの損益分岐点販売量は何個か。

問２　変動費率40％，月間の固定費が1,200,000円である製品Yの損益分岐点売上高はいくらか。

解答・解説

問1　損益分岐点販売量 $= \dfrac{800{,}000円}{200円/個 - 120円/個} = 10{,}000個$

問2　損益分岐点売上高 $= \dfrac{1{,}200{,}000円}{1 - 0.4} = 2{,}000{,}000円$

(3)　予想販売量・売上高と安全余裕率

大綱的利益計画において損益分岐点を求めると，次に行うのが販売量や売上高の予測である。予想した売上高がどれだけ安全なものか，すなわち，損益分岐点からどれだけ離れているのか，を表す指標が，安全余裕率である。これは，指標が大きければ大きいほど，販売予想がはずれたとしても損益分岐点を割り込むリスクが低いということになる。

安全余裕率は次の式で求められる。

$$安全余裕率 = \frac{予想売上高 - 損益分岐点売上高}{予想売上高} \times 100\ (\%)$$

予想売上高の代わりに，実績売上高を使うと，実績売上高がどれだけ損益分岐点から余裕があるのか，ということを判断することができる。また，売上高の代わりに販売数量を用いても安全余裕率は計算できる。

問題8－4　問題8－3における製品Yの予想売上高が2,500,000円である場合，安全余裕率は何％になるか。

解答・解説

安全余裕率 $= \dfrac{2{,}500{,}000円 - 2{,}000{,}000円}{2{,}500{,}000円} \times 100 = 20\%$

(4)　多品種製品のCVP分析

今までは，単一の製品の損益分岐分析・CVP分析であった。これが，製品が複数存在する場合にはどうなるか。考え方は2通りある。①収益力の強い，すなわち貢献利益率の高い製品から先に固定費を回収していくと考える方法，②各製品の構成比（セールス・ミックス）が一定であるとして，加重平均貢献利益率によって損益分岐点を求める方法，である。

問題 8－5　この会社では製品A・B・Cを製造している。データは次のとおり。

（単位：千円）

	A	B	C	合計
売上高	1,000	1,500	2,500	5,000
変動費	600	750	1,000	2,350
貢献利益	400	750	1,500	2,650
貢献利益率	0.4	0.5	0.6	0.53
共通固定費				2,200

セールスミックスは一定として，損益分岐点はいくらか。①収益力順に回収していく場合と②加重平均貢献利益を使う場合で答えなさい。

解答・解説

① 収益力の順位は，貢献利益率の高い順，つまり，C⇒B⇒Aの順となる。まず，共通固定費2,200千円をCの貢献利益で回収する。2,200千円－1,500千円＝700千円が未回収である。次に，この700千円をBの貢献利益で回収する。この場合，700千円÷0.5＝1,400千円の売上で固定費を回収することができる。したがって，3種の製品での損益分岐点は，Cの売上高2,500千円＋Bで残りの固定費を回収した売上高1,400千円＝3,900千円となる。

図表 8－8　収益力の強い順に固定費を回収する場合

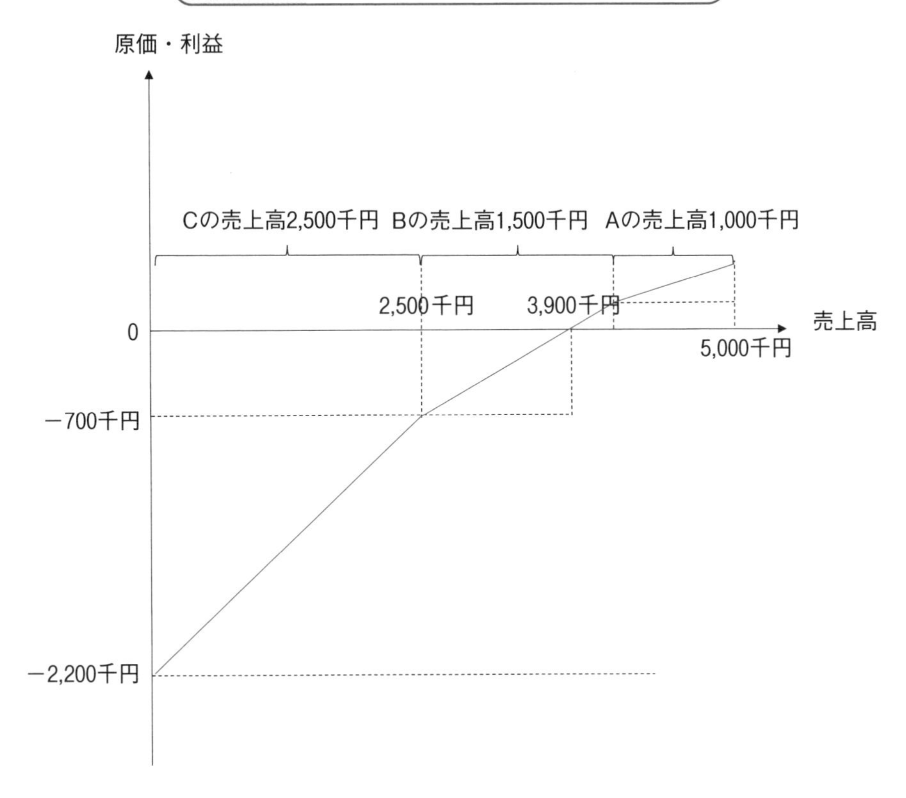

② 加重平均貢献利益率は0.53なので，共通固定費2,200千円÷0.53＝4,151千円が損益分岐点売上高となる。

この場合，セールスミックスは，製品A：製品B：製品C＝1,000：1,500：2,500＝２：３：５である。したがって，損益分岐点における各製品の売上高は，この比で全体の損益分岐点売上高4,151千円を配分する。

製品A　4,151千円×2/10＝830千円

製品B　4,151千円×3/10＝1,245千円

製品C　4,151千円×5/10＝2,076千円

図表８－９　加重平均貢献利益率で固定費を回収する場合

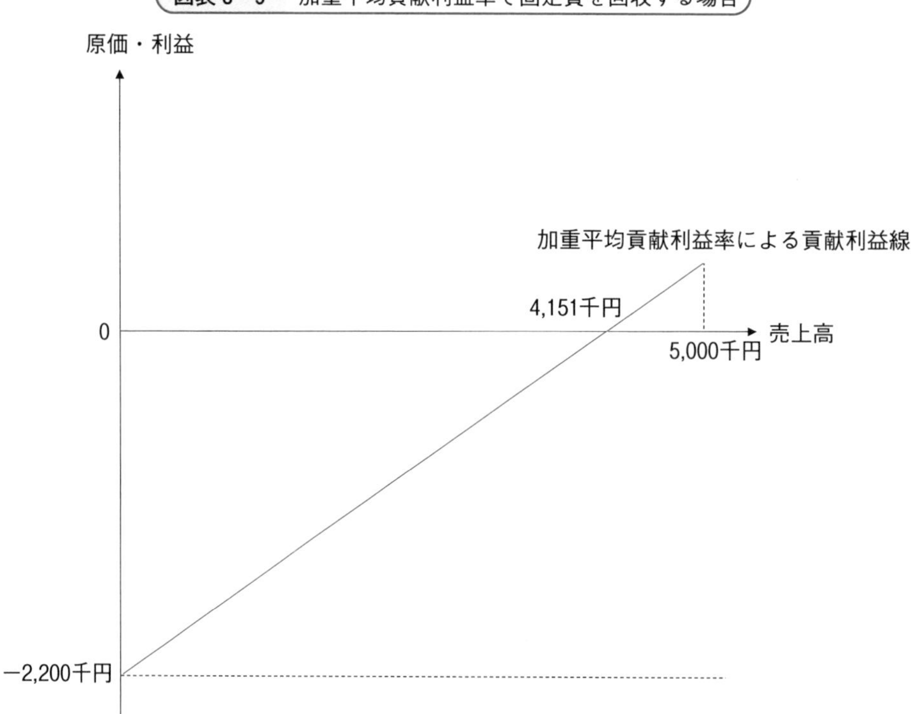

(5) CVP分析における前提・仮定

CVP分析では，分析を簡単・簡明にするために，次のような仮定がなされている。

① 能率は，営業量に関係なく一定である。したがって，単位当たり変動費は営業量に関係なく一定である。

② 固定費は営業量に関係なく総額として一定額発生する。

③ 販売単価は一定である。

これらの仮定は，企業の営業活動が正常操業圏内で行われているということを暗に仮定している。変動費も，実際は曲線のビヘイビアを示すが，正常操業圏内ではほぼ直線になる。固定費も，正常操業圏を越えると，上昇する。また，CVP分析は，１ヶ月などの短期の予測であるので，原価線や売上

高線の線形の仮定は現実に近い。

④　生産量と販売量が等しい。

これは，単位原価が異なる製品がない，ということである。原価線の線形の仮定を補足するものである。CVP分析は，利益計画において，利益構造の概観を示すために利用されるのであり，これらの仮定は，むしろ問題状況を単純化してくれる有用なものであるといえる。必要なことは，CVP分析を行う際にこれらの仮定が存在することを知っていることである。

4　直接原価計算とCVP分析

(1)　損益計算書を活用したCVP分析

直接原価計算方式で損益計算書を作成することによって，固定費や変動費に関する特別な調査をすることなく，迅速にCVP分析を行うことができる。これは，直接原価計算の経営管理ツールとしての大きな特徴である。

問題 8－6　当期の利益計画を基にした損益計算書（直接原価計算方式）は次のとおりであった。

損益計算書（単位：円）

売上高	5,000,000
変動売上原価	2,500,000
変動製造マージン	2,500,000
変動販売費	500,000
貢献利益	2,000,000
固定製造間接費	1,000,000
固定販売費	400,000
一般管理費	250,000
営業利益	350,000

この条件で，①損益分岐点売上高，②安全余裕率を求めなさい。

解答・解説

①　損益計算書から，貢献利益率は2,000,000円÷5,000,000円＝0.4である。回収すべき固定費は，固定製造間接費，固定販売費，一般管理費である。

$$損益分岐点売上高=\frac{1,000,000円+400,000円+250,000円}{0.4}=4,125,000円$$

②　$$安全余裕率=\frac{5,000,000円-4,125,000円}{5,000,000円}\times 100=17.5\%$$

(2) 直接原価計算と経営レバレッジ係数

直接原価計算方式で損益計算書を作成していると，経営レバレッジ（営業レバレッジ）係数を容易に計算することができる。レバレッジとは，「てこ」のことである。この係数は，固定費の利用度を測定する指標である。費用の中に固定費が含まれていると，売上高の変動によって営業利益が大きく変動する場合がある。固定費の割合が高い企業ほどこの数値は大きくなる。

$$経営レバレッジ係数=\frac{貢献利益}{営業利益}$$

経営レバレッジ係数を求めると，売上高の増減から営業利益の増減を計算することができる。その関係は次のとおりである。

営業利益の増減額＝売上高の増減率×営業利益×経営レバレッジ係数

経営レバレッジ係数が大きいと，売上高の増減率に対して営業利益が大きく増減することになる。「てこ」が大きく働くことになる。

問題 8－7

問 1　問題 8－6 の損益計算書から，経営レバレッジ係数を求めなさい。
問 2　売上高が10%増加した場合の営業利益の増加額を求めなさい。

解答・解説

問 1　経営レバレッジ係数＝2,000,000円÷350,000円＝5.71

問 2　営業利益の増加額＝10%×350,000円×5.71＝199,850円

5　原価分解

CVP分析を行うには，すべての原価を固定費と変動費とに分解しなければならない。変動費部分と固定費部分を併せ持ったような原価を準変動費という。このような準変動費は，変動費部分と固定費部分とに分解する必要がある。

(1) 会計データを使った原価分解の諸方法

①　費目別精査法

これは，原価集計上の単位である費目を，過去の経験から変動費か固定費に帰属させる方法である。この方法は簡単であるが，準変動費の費目を，どちらかの費目に分類してしまうなど，信頼性に乏しい。属性が明らかな費目とそうでないものとをふるい分ける，原価分解の第 1 段階として用いるのが適当である。

②　高低点法

過去の実績値のうち，最高の営業量の時の実績値と，最低の営業量の時の実績値とから直線の原価線を推定する方法である。直線の勾配が変動費率，縦軸との交点が固定費となる。

問題 8－8　直接作業時間と間接労務費に関する次の実績データから，間接労務費を変動費部分と固定費部分とに分解しなさい。

	T 1	T 2	T 3	T 4	T 5	T 6
間接労務費（円）	758,500	751,600	757,400	769,200	776,800	763,000
直接作業時間	500	480	490	520	540	510

解答・解説

直接作業時間をx，間接労務費をyとし，低点T 2（480，751,600）と高点T 5（540，776,800）から原価線$y = ax + b$（aが変動費率，bが固定費）を求めることになる。

$751,600 = 480a + b$，$776,800 = 540a + b$からa，bを解くと，$a = 420$，$b = 550,000$を得る。すなわち，変動費率＝420円/時間，固定費＝550,000円，となる。

高低点法の利点は，簡単な数学の知識で分解ができることである。一方短所は，2点でもって原価線を推定するのは無理がある，という点である。また，営業量の最高点と最低点は，（正常操業圏を越えた）異常値である場合がある。そのため，2番目に高い点，2番目に低い点を用いることがある。

③ スキャッターチャート法

ビジュアル・フィット法ともいう。方眼紙上に過去の実績データを記入し，それらの点の真ん中を通る原価線を目分量で引く方法である。この原価線の傾きが変動費率であり，縦軸との切片が固定費となる。この方法は簡単であり，高低点法とは違って一応はすべてのデータを考慮に入れて原価線を決定するという長所がある。一方，目分量であるため，信頼性に欠けるという短所を持つ。

図表 8－10　スキャッターチャート法

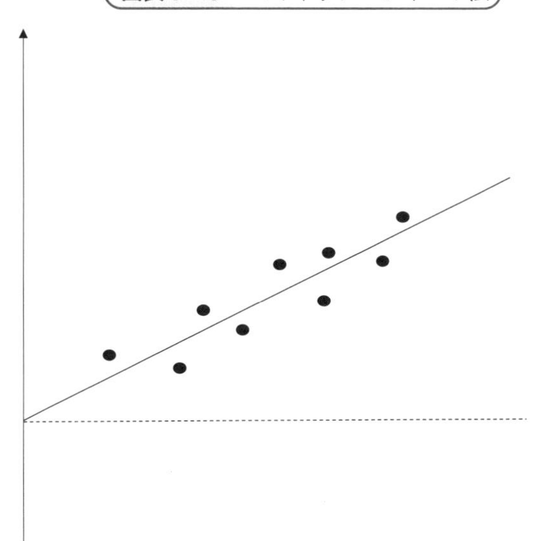

④ 回帰分析法（最小自乗法）

過去の実績データと推定する回帰直線（原価線）との偏差を自乗して，合計した値が最小になるように原価線$y=ax+b$の a と b を決定する方法である。

P（X_i, Y_i）を i 番目の実績値とすれば，次の正規方程式を解くことによって a と b が求められる（Nはデータ数）。

正規方程式
$$\sum_{i=1}^{N} Y_i = a\sum_{i=1}^{N} X_i + Nb \cdots ①$$
$$\sum_{i=1}^{N} X_iY_i = a\sum_{i=1}^{N} X_i^2 + b\sum_{i=1}^{N} X_i \cdots ②$$

問題 8 - 9　問題8-8のデータにおいて，最小自乗法によって間接労務費を変動費部分と固定費部分とに分解しなさい。

解答・解説

次の値を計算しておく。

$\Sigma X_i = 3{,}040$　$\Sigma Y_i = 4{,}576{,}500$　$\Sigma X_i^2 = 1{,}542{,}600$　$\Sigma X_iY_i = 2{,}319{,}730{,}000$

正規方程式は，$4{,}576{,}500 = 3{,}040a + 6b$

$2{,}319{,}730{,}000 = 1{,}542{,}600a + 3{,}040b$

これを解くと，$a=416$，$b=552{,}121$となり，変動費率＝416円/時間，固定費＝552,121円を得る。

(2) 原価分解の留意点

原価分解を行う上で，特に注意を要するのは①実績データの同質性と②適切な独立変数の選択である。特に，過去の実績が同じ生産条件の下でのデータでない場合，原価分解は意味をなさず，原価の予測が不正確になってしまうので注意を要する。

6 固定費調整

(1) 直接原価計算と全部原価計算の利益の違い

経営管理上は有用な直接原価計算であるが，これを外部に公開する財務諸表に用いることはできない。そのため，直接原価計算で内部的に損益計算書を作成する場合には，直接原価計算での営業利益を，全部原価計算の営業利益に調整しなければならない。

『原価計算基準』「6 原価計算の一般的基準」(一) 1 (1)において，「すべての製造原価要素を製品に集計し，損益計算書上売上品の製造原価を売上高に対応させ」とある。そのため，財務諸表作成のためには，固定費を含んだ売上原価で計算された営業利益，すなわち全部原価での営業利益が必要であり，直接原価計算に固定費調整を施す必要がある。

今，当期の固定製造原価をF_c，期首製品に含まれる固定製造原価をF_b，期末製品に含まれる固定費をF_e，単位当たり変動費をv，当期の販売量をS，販売単価 p とする。それぞれ，営業利益は次のようになる。

（全部原価計算による営業利益）$= p \times S -（v \times S + F_b + F_c - F_e）$
（直接原価計算による営業利益）$= p \times S -（v \times S + F_c）$

両者の差をとると，

（全部原価計算による営業利益）－（直接原価計算による営業利益）
$= -F_b + F_e$

すなわち，

（全部原価計算による営業利益）＝（直接原価計算による営業利益）＋<u>（全部原価計算において期末製品に含まれる固定費額）</u>－<u>（全部原価計算において期首製品に含まれる固定費額）</u>

となる。下線部の部分が，固定費調整額となる。

(2)　ころがし調整法

当期の固定製造原価をF_c，期首製品に含まれる固定製造原価をF_b，期首製品在庫量をI_b，期末製品在庫量をI_e，当期の販売量をS，当期の製造量をMとする。ころがし調整法という方法で直接原価計算による営業利益に加算される固定費調整の金額は，棚卸資産原価の評価方法，つまり，製品の払い出しの仮定によって異なる。それは，次のようになる。

（平均法の場合）　$\dfrac{F_b + F_c}{S + I_e} \cdot I_e - F_b$

（先入先出法の場合）　$\dfrac{F_c}{M} \cdot I_e - F_b$

平均法の場合，期首製品の固定費と当期の固定費の平均単価を計算し，それに期末製品の有高を乗じることによって，期末製品に含まれる固定費を計算する。

先入先出法の場合，期首製品の固定費と当期製品の固定費を明確に区別する。したがって，当期の固定費を当期の製造高で除して求めた単位原価に，期末製品の有高を乗じて，期末製品に含まれる固定費を計算する。

(3)　一括調整法

ころがし調整法は正確である一方，計算に手間がかかってしまう。そのため，より簡便な一括調整法によって固定費調整をする場合もある。この方法は，当期に発生した固定製造原価を売上原価，期末製品，期末仕掛品に一括して追加配賦する方法である。この方法はあくまで簡便法であり，固定費調整後の営業利益が全部原価計算による営業利益と一致しない点に注意する必要がある。次の式は，変動加工費を配賦基準として固定費調整する場合である。変動加工費の代わりに，直接作業時間などを用いる場合もある。

期末仕掛品に含める固定製造原価

$$=\frac{\text{当期の固定製造原価}}{\text{売上品の変動加工費}+\text{期末製品の変動加工費}+\text{期末仕掛品の変動加工費}}\times\text{期末仕掛品の変動加工費}$$

問題 8 -10　当社では，製品Xのみを製造･販売している。直接原価計算方式を採用している。製造･販売のデータと原価のデータは次のとおりである。

製品の物量データ　　（単位：個）

期首有高	200
当期製造量	1,800
期末有高	300

販売に関するデータ

販売単価（円/個）	800
当期販売量（個）	1,700

期首期末に仕掛品はない。

変動費のデータ　　（単位：円/個）

直接材料費	100
直接労務費	150
変動製造間接費	120
変動販売費	200

固定費のデータ　　（単位：円）

固定製造間接費	216,000
固定販売費	25,000
一般管理費	50,000

期首製品に含まれる変動費は当期と同じである。

期首製品に含まれる単位当たり固定製造原価は100円/個である。

問 1　上記のデータを元に，直接原価計算方式で損益計算書を作成しなさい。

問 2　ころがし調整法により，製品の払い出しが①平均法の場合②先入先出法の場合で，直接原価計算での営業利益を全部原価計算の営業利益に計算し直しなさい。

解答・解説

問 1　変動費のデータより，変動売上原価は，直接材料費，直接労務費，変動製造間接費によって計算する。固定費は一括して貢献利益より除する。損益計算書は図表 8 - 11のとおりである。

図表 8-11 損益計算書（直接原価計算の場合）

売上高	1,360,000
変動売上原価	629,000
変動製造マージン	731,000
変動販売費	340,000
貢献利益	391,000
固定製造間接費	216,000
固定販売費	25,000
一般管理費	50,000
営業利益	100,000

問 2

① 製品の払い出しは平均法であるので，固定費調整額は次のようになる。

$$\frac{F_b+F_c}{S+I_e}\cdot I_e-F_b=\frac{100円/個\times200個+216{,}000円}{1{,}700個+300個}\times300個-100円/個\times200個$$

$$=35{,}400円-20{,}000円=15{,}400円$$

したがって，全部原価計算による営業利益は，100,000円＋15,400円＝115,400円となる。

② 製品の払い出しは先入先出法であるので，固定費調整額は次のようになる。

$$\frac{F_c}{M}\cdot I_e-F_b=\frac{216{,}000円}{1{,}800個}\times300個-100円/個\times200個$$

$$=36{,}000円-20{,}000円=16{,}000円$$

したがって，全部原価計算による営業利益は，100,000円＋16,000円＝116,000円となる。

(4) 勘定処理

問題 8-10の問 2 ①の場合の固定費調整の金額を勘定処理すると，次のようになる。

まず，前期末から繰延製造固定費勘定に計上されている製造固定費を，今期末の在庫品に含まれる製造固定費と比較し，その差額を固定費調整勘定に振り替えるために，次の仕訳を行う。

（借）繰延製造固定費	35,400	（貸）繰延製造固定費	20,000
		固定費調整	15,400

次に，固定費調整勘定の残高を損益勘定に振り替える。

（借）固定費調整	15,400	（貸）損益	15,400

7　セグメント別損益計算書

直接原価計算方式で損益計算書を作成すると，企業内のセグメント（部分要素）毎の収益性の測定が容易になる。製品別，販売地域別，事業部別などがセグメントの例である。

セグメント別損益計算書を作成するには，まずセグメント別に売上高，変動費を集計する。固定費についてはセグメント別に発生額が跡づけられる個別固定費と共通的にしか発生額が認識できない共通固定費とに分類する。さらに，個別固定費をセグメントの管理者にとっての管理可能個別費と管理不能個別費とに分類する。このようにして作成されたセグメント別の損益計算書の例は，図表8-12のとおりである。

図表8-12　セグメント別損益計算書

	事業部A	事業部B	事業部C	全　社
売上高	×××	×××	×××	×××
変動売上原価	×××	×××	×××	×××
変動製造マージン	×××	×××	×××	×××
変動販売費	×××	×××	×××	×××
貢献利益	×××	×××	×××	×××
管理可能個別費	×××	×××	×××	×××
管理可能利益	×××	×××	×××	×××
管理不能個別費	×××	×××	×××	×××
セグメント・マージン	×××	×××	×××	×××
全社共通固定費				×××
全社利益				×××

8　事業部制会計と直接原価計算

企業におけるセグメントの1種に，事業部がある。事業部制組織とは，企業の組織を製品別，地域別，あるいは市場別に分類して，それぞれの組織単位を事業部とし，それぞれの事業部が製造活動や販売活動，場合によっては調達活動まで行う組織形態である。責任会計の観点から見ると，製造活動と販売活動を行う事業部は利益に対する責任と権限を委譲された利益センターであり，調達活動まで行う事業部は投資に対する責任と権限を委譲された投資センターである。

事業部が利益センターである場合，事業部長の業績は，図表8-12の損益計算書における管理可能利益で測定される。一方，事業部自体の業績は，セグメント・マージンによって測定される。このように区別するのは，セグメント・マージンは事業部長が金額に影響を与えることができない管理不能個別費が控除されており，この利益で事業部長の業績を判断するのは不適切だからである。

事業部が投資センターである場合，上記の利益概念に加え，投資の効果性を見る指標によって業績が測定される。

事業部長の業績を測定する場合には，残余利益（RI），とりわけ管理可能残余利益を用いる。それは次の式によって求められる。

管理可能残余利益＝管理可能利益－管理可能投資額×資本コスト*

*資本コストについては，「X　経営意思決定のための原価情報　3　構造的意思決定　(4)資本コスト（163頁）」を参照のこと。

管理可能残余利益は，①売上高を増加させる②管理可能費を減少させる③有利な条件で投下資本を調達する，ということで増加させることができる。

事業部自体の投資の効果性を見る指標としては，投下資本利益率（ROI)を用いる。それは次の式によって求められる。

$$\text{投下資本利益率}=\frac{\text{セグメント・マージン}}{\text{事業部総投資額}}\times 100$$

投資利益率は，投資した金額がどれほど効率的に利益に結びついたのかを表している。投資利益率を用いれば，規模の違う事業部同士の業績の比較が可能となる。また，投資利益率は事業部長の業績評価に用いられる場合もある。この場合には，公式の分母は管理可能投資額，分子は管理可能利益となる。しかしながら，投資利益率を事業部長の業績評価に用いると，事業部長の関心を比率の上昇，つまり分母である管理可能投資額の削減に向けてしまうことになる。その結果，長期的に効果が現れる投資を控えるようになってしまうという組織にとってあまり好ましくない方向に事業部長を動機づけてしまうおそれがある。

9　直接原価計算の応用～製品の最適組合せ

経営資源は通常有限であり，さまざまな制約が存在する。そのため，稀少資源を有効に配分し，最大の収益を上げるような製品の組合せを決定する必要がある。通常，この種の問題には，LP（線形計画法）やIP（整数計画法）などが用いられる。ここでは，制約条件のもとで貢献利益を最大にする製品の組合せを求めることになる。

問題 8－11

当社では，２種類の材料A，Bを加工して２種類の製品X，Yを生産している。
製品に関わる原価等の資料は，次のとおりである。

	価格	製品X	製品Y
材料A	100円/kg	2 kg/個	1 kg/個
材料B	200円/kg	1 kg/個	2 kg/個
販売単価		1,200円/個	1,500円/個

直接労務費については，ともに単位当たり消費量は1時間/個で，消費賃率は400円/時間である。共通固定費は，製造間接費800,000円と販売費・一般管理費200,000円である。

なお，材料Aは月間10,000kg，Bは月間8,000kgまでしか調達できない。また，製品Xの需要の上限は月間4,500個，製品Yは月間3,500個である。

この条件で，営業利益の最大値と，そのときの製品Xと製品Yの組合せを求めなさい。

解答・解説

この問題では，貢献利益が最大となる製品Xと製品Yの組合せを決定すればよい。製品Xの生産量をx，製品Yの生産量をyとする。

製品X　1単位当たりの貢献利益は，1,200円/個－（100円/kg×2kg/個＋200円/kg×1kg/個＋400円/時間×1時間/個）＝400円/個

製品Y　1単位当たりの貢献利益は，1,500円/個－（100円/kg×1kg/個＋200円/kg×2kg/個＋400円/時間×1時間/個）＝600円/個

である。

したがって，最大化する貢献利益の合計（目的関数）をZとすると，

$$Z = 400x + 600y$$

となる。

制約となっているのは，材料の調達上限と各製品の需要の上限である。これに，xとyの非負条件が加わる。

制約条件は次のようになる。

① $2x + y \leqq 10,000$ （材料Aの調達上限）

② $x + 2y \leqq 8,000$ （材料Bの調達上限）

③ $x \leqq 4,500$ （製品Xの需要上限）

④ $y \leqq 3,500$ （製品Yの需要上限）

⑤ $x, y \geqq 0$ （非負条件）

これらの制約条件で囲まれた範囲を実行可能領域といい，実行可能領域の端点のうち，目的関数Zが原点から一番遠くなる端点を通ったときに，Zは最大値となる。

端点は，（0，3,500），（1,000，3,500），（4,000，2,000），（4,500，1,000），（4,500，0）である。このうち，（4,000，2,000）を通るときにZが最大となる。すなわち，貢献利益の最大値は，400円/個×4,000個＋600円/個×2,000個＝2,800,000円である。このとき，営業利益は，2,800,000円－（製造間接費800,000円＋販売費・一般管理費200,000円）＝1,800,000円となる。

図表 8 -13　制約条件下における利益の最大化

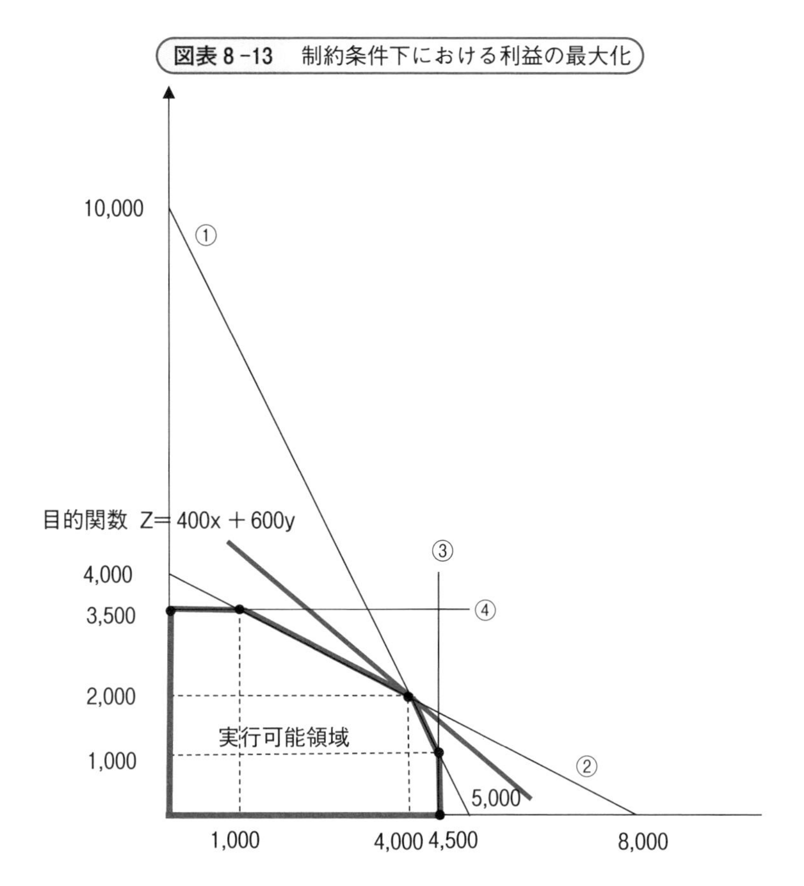

10 直接標準原価計算

利益管理に役立つ直接原価計算と，原価管理に役立つ標準原価計算を結合させたものが直接標準原価計算である。直接標準原価計算では，変動費にのみ標準原価を適用する。したがって，変動費の原価差異分析については，標準原価計算と同じ方法を用いることができる。直接材料費については価格差異，数量差異，直接労務費については賃率差異，時間差異，変動製造間接費については予算差異と能率差異が計算される。一方，固定費については予算固定費と実際固定費の総額同士を比較する。

直接標準原価計算を使っている場合の固定費調整は，実際直接原価計算の場合よりも簡単である。固定費調整額は次のようになる。

固定費調整額＝単位当たり標準固定費×（期末製品数量－期首製品数量）

直接標準原価計算は，次で取り上げるように，企業予算と関連づけて用いられることが多い。

11 直接原価計算と企業予算

(1) 企業予算の目的・意義

企業予算とは，短期利益計画により示された利益目標を達成するため，事業計画を貨幣的に表したものである。この企業予算を使って利益管理を行うことを予算管理という。利益管理と前述の原価管理の相違については，利益は売上高から原価を差し引くことによって計算されるため，利益管理は原価だけでなく，売上高や差額としての利益についても目標を設定し，差異分析を行う点にある。企業予算には，利益管理と原価管理の両方に役立つ直接標準原価計算を用いることが効果的である。

(2) 予算の体系

予算の体系について，予算は大きく経常予算と資本予算に区別される。経常予算とは，購買，製造，販売など，経常的，反復的に遂行される活動を対象にして作成される予算である。一方，資本予算とは，設備投資，関係会社投資など，随時的，非反復的に遂行される活動を対象にして作成される予算である。経常予算と資本予算は，概念上区別されるが，資本予算のうちの設備の減価償却費は，経常予算の製造間接費予算や販売費及び一般管理費予算に組み込まれるなど，実際は密接な関係にある。

さらに，経常予算は，収益と費用を対象にして作成される損益予算と，収入と支出を対象にして作成される資金予算に区別される。損益予算は，販売予算の作成から始まる。いくつ製品を売るのか（販売予算）を決めてから，いくつ製品を作るのか（製造予算），いくつ材料が必要なのか（購買予算）を順番に決めていき，最終的に予算損益計算書にまとめられる。ここで重要なのは，損益予算は通常の購買⇒製造⇒販売活動とは逆の流れで作成される点にある。一方，資金予算は現金収支予算や予算貸借対照表，予算キャッシュ・フロー計算書にまとめられる。損益予算に加えて資金予算を作成する理由は，計画的な資金繰りを行い，資金の過不足が生じるのを防ぐためである。

(3) 予算の機能

予算管理には，計画機能，調整機能，統制機能の３つの機能がある。第１の計画機能とは，利益目標を達成するための方法を決定することである。その過程を通じて，企業の希少資源が各部門に配分される。第２の調整機能とは，各部門の活動を企業全体の共通の目標へ向けてバランスを取ることである。第３の統制機能は，目標を達成するための一連の活動であり，事前統制，期中統制，事後統制の３つからなる。まず，事前統制では，事前に目標を各階層の管理者に受容させ，達成するための意欲を喚起する。そのため，目標の設定に管理者を参加させることが重要となる。次に，期中統制では，期中に実績を把握し，予算と実績の間に乖離が認められる場合は，矯正行動を取る。最後に，事後統制では，事後的に予算・実績差異分析総括表などを使って予算実績差異を分析し，業績評価を行うとともに，改善行動をとる。

(4) 売上高差異分析

予算管理では，予算実績差異を分析する際に，原価の差異だけではなく，売上高の差異分析も行う。売上高の差異は，原価差異と同じように，価格が原因の差異と，販売数量が原因の差異とに分解することができる。

販売価格差異＝（実際販売単価－予算販売単価）×実際販売量
販売数量差異＝（実際販売量－予算販売量）×予算販売単価

販売数量は市場での占有率や，市場での総需要量に左右される。そこで，販売数量差異をさらに市場占有率差異と市場需要量差異とに分解して分析することができる。

市場占有率差異＝実際総需要量×（実際市場占有率－予算市場占有率）×予算販売単価
＝（実際販売量－実際総需要量×予算市場占有率）×予算販売単価
市場需要量差異＝（実際総需要量－予算総需要量）×予算市場占有率×予算販売単価
＝（実際総需要量×予算市場占有率－予算販売量）×予算販売単価

(5) 予算編成と予算統制のプロセス

予算管理には，大きく予算編成と予算統制の２つのプロセスがある。次の計算例により，２つのプロセスを確認しよう。ここでは企業予算を直接原価計算方式で作成する場合を考える。

問題８-12　当社は，製品Xを生産・販売している。次の資料を基に，以下の問に答えなさい。

1．製品原価標準

原料費	10円/kg×５kg/個	＝	50円/個
変動加工費	30円/時×１時間/個	＝	30円/個
変動製造原価合計			80円/個

2．２×17年４月末貸借対照表（単位：千円）

流動資産		流動負債	
現金	19,000	買掛金	20,000
売掛金	30,000	借入金	0
製品	16,000	流動負債合計	20,000
原料	5,000	固定負債	0
流動資産合計	70,000	純資産	
固定資産		資本金	40,000
土地	10,000	資本剰余金	10,000
建物・設備	20,000	利益剰余金	30,000
固定資産合計	30,000	純資産合計	80,000
資産合計	100,000	負債・純資産合計	100,000

3．2×17年５月予算データ

⑴　製品月間計画販売量500千個，販売単価100円，製品はすべて掛売りで，翌月末に全額を現金で回収する。期首製品在庫量は200千個，期末製品在庫量は100千個。製品Xの製造に必要な原料の期首在庫量は500千kg，期末在庫量300千kgであって，仕入単価はkg当たり10円である。原料の購入はすべて掛買いで，翌月末に全額を現金で支払う。仕掛品の在庫は無視する。

⑵　固定加工費の月次予算は2,000千円で，そのうち減価償却費が800千円含まれる。変動販売費は製品１個当たり３円であって，固定販売費および一般管理費の月次予算は500千円であるが，そのうち減価償却費が200千円含まれる。それ以外の原価はすべて現金支出原価である。

⑶　５月に借入は行わない予定である。

4.　2×17年５月の実績データ

売上高	95円/個×480千個	＝	45,600千円
変動売上原価	80円/個×480千個	＝	38,400千円
変動販売費	２円/個×480千個	＝	960千円
貢献利益			6,240千円
固定加工費			2,100千円
固定販売費及び一般管理費			940千円
営業利益			3,200千円

5.　当社の市場占有率

予算市場占有率　10%　　　実際市場占有率　８％

問１　資料１～３に基づいて，２×17年５月の月次予算損益計算書および予算貸借対照表を直接原価計算方式で作成しなさい。

問２　資料４～５を加味して，２×17年５月の予算・実績差異分析総括表を作成しなさい。なお，売上高の販売数量差異は市場占有率差異と市場総需要量差異に分解すること。

解答・解説

問１

予算損益計算書　（単位：千円）

売上高	50,000
変動売上原価	40,000
変動販売費	1,500
貢献利益	8,500
固定加工費	2,000
固定販売費及び一般管理費	500
営業利益	6,000

予算貸借対照表　（単位：千円）

流動資産		流動負債	
現金	14,000	買掛金	18,000
売掛金	50,000	借入金	0
製品	8,000	流動負債合計	18,000
原料	3,000	固定負債	0
流動資産合計	75,000	純資産	
固定資産		資本金	40,000
土地	10,000	資本剰余金	10,000
建物・設備	19,000	利益剰余金	36,000
固定資産合計	29,000	純資産合計	86,000
資産合計	104,000	負債・純資産合計	104,000

予算損益計算書

売上高や変動費（変動売上原価や変動販売費）は，それぞれの単価に予算販売量を掛けて計算する。固定費（固定加工費や固定販売費及び一般管理費）は資料に与えられている。売上高からまず変動費を控除して貢献利益を計算し，貢献利益から固定費を控除することにより営業利益を算出する。

予算貸借対照表

現金	貸借差額
売掛金	100円/個×500千個＝50,000千円
製品	80円/個×100千個＝8,000千円
原料	10円/kg×300千kg＝3,000千円
建物・設備	20,000千円－（800千円＋200千円）＝19,000千円
買掛金	10円/kg×1,800千kg＝18,000千円
利益剰余金	30,000千円＋6,000千円＝36,000千円

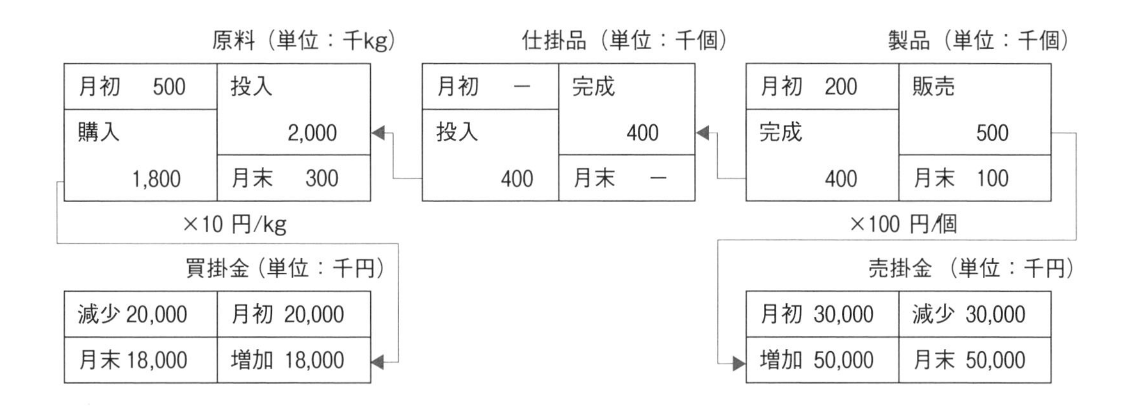

問２

予算・実績差異分析総括表　（単位：千円）

予算営業利益			6,000
売上高差異			
販売価格差異		△2,400	
販売数量差異			
市場占有率差異	△12,000		
市場総需要量差異	10,000	△2,000	△4,400
変動売上原価差異			
販売数量差異			1,600
変動販売費差異			
予算差異		480	
販売数量差異		60	540
貢献利益差異			3,740
固定加工費予算差異		△100	
固定販売費及び一般管理費予算差異		△440	△540
実際営業利益			3,200

予算・実績差異分析総括表

以下，予算営業利益6,000千円と実際営業利益3,200千円の2,800千円の不利差異の原因を分析する。

売上高差異　45,600千円－50,000千円＝△4,400千円（不利差異）

販売価格差異　（95円/個－100円/個）×480千個＝△2,400千円（不利差異）

販売数量差異　100円/個×（480千個－500千個）＝△2,000千円（不利差異）

市場占有率差異　6,000千個*×（0.08－0.1）×100円/個＝△12,000千円（不利差異）

市場総需要量差異　（6,000千個－5,000千個**）×0.1×100円/個＝10,000千円（有利差異）

*　実際総需要量　480千個÷８％＝6,000千個

**　予算総需要量　500千個÷10％＝5,000千個

このように販売数量差異は2,000千円の不利差異であったが，これをさらに分析すると，市場全体の需要量は増加している。それにもかかわらず占有率が減少しており，チャンスを生かせなかったことが明らかとなる。

変動売上原価差異　40,000千円－38,400千円＝1,600千円（有利差異）

販売数量差異　80千円/個×（500千個－480千個）＝1,600千円（有利差異）

変動販売費差異　1,500千円－960千円＝540千円（有利差異）

予算差異　（３円/個－２円/個）×480千個＝480千円（有利差異）

販売数量差異　３円/個×（500千個－480千個）＝60千円（有利差異）

固定加工費予算差異　2,000千円－2,100千円＝△100千円（不利差異）

固定販売費及び一般管理費予算差異　500千円－940千円＝△440千円（不利差異）

IX 営業費計算

1 営業費計算の意義

営業費は，販売費及び一般管理費の総称として用いられる。販売費は，製品の販売に要する原価であり，製品の製造に要する原価である製造原価とは対になる概念といえる。その一方で，管理費については，製造活動の管理費と販売活動の管理費とに分け，前者は製造原価に，後者は販売費に含められる。しかしながら，製造活動と販売活動のいずれにも分類されない管理費もあり，これを一般管理費という。製品の販売単価は，製品１単位当たりの総原価に営業利益を加えた金額であるが，その総原価は，製造原価，販売費及び一般管理費の合計となる。

期間損益計算上，原価を収益と対応させるためには，製品を通じて対応させる原価と，期間的にまとめて対応させる原価を認識する必要がある。製品を通じて対応させる原価は，製品原価と呼ばれる。それに対して，期間的にまとめて対応させる原価は，期間原価と呼ばれ，ここに営業費が含まれる。損益計算書では，販売された製品の製造原価が売上原価となる。売上原価は，売上高から控除され，売上総利益が計算される仕組みである。しかし，営業費は，発生した期間の売上総利益にまとめて課される。このように営業費が製品ではなく期間に集計される理由は，営業費の費目と個々の製品との直接的な関係を見いだすことが難しいためである。

営業費計算の目的には，①公開財務諸表作成に必要な営業費情報を提供すること，②販売価格の意思決定に必要な総原価を算定するために用いられる情報を提供すること，③利益計画のために営業費情報の見積りを提供すること，④営業費管理のための基礎情報を提供すること，などが挙げられる。

このような目的を持つ営業費計算は，近年重視されるようになっている。なぜなら，企業は，新製品や新市場開拓を通じて競合他社に対する差別的優位性を確保するために，営業費を発生させるさまざまな活動を行うようになったためである。

営業費は，製造原価との比較において，次のような性質が見られる。まず，顧客の心理的要因が営業費の発生に決定的な影響を与えることである。製造は，機械的な反復作業によって行われるのに対して，販売は不特定多数の顧客の反応に即した作業を要する。次に，販売方法の多様性である。基本的に製造では，同一の原材料，同種の機械設備を使用する。それに対して，販売では，顧客ニーズに沿って，さまざまな販売チャネルを利用する。最後に，原価の投入とその成果に対する因果関係の測定である。製造では，原価財の投入量と，それによって生じる製品の産出量との関係が，比較的正確に測定できる。しかし，販売では，その関係を測定することが難しい。たとえば，広告宣伝活動への投資によって，製品の販売量がどれだけ増加するかを測定するためには，広告宣伝費の発生額のみならず，販売量の増減に影響を与えるさまざまな要因を考慮しなければならない。このような営業費の性質から，原価管理や原価分析の検討対象として営業費への関心が高まっている。

2 営業費の分類

公開財務諸表の作成，意思決定，利益管理および原価管理の各目的で可能な限り役立つように，営業費はさまざまな視点から分類する必要がある。『原価計算基準』37では，販売費及び一般管理費の分類基準として，以下の５つを挙げている。

① 形態別分類

この分類基準における販売費及び一般管理費の要素は，給料，賃金，消耗品費，減価償却費，賃借料，保険料，修繕料，電力料，租税公課，運賃，保管料，旅費交通費，通信費，広告料等が含まれる。

② 機能別分類

この分類基準における販売費及び一般管理費の要素は，広告宣伝費，出荷運送費，倉庫費，掛売集金費，販売調査費，販売事務費，企画費，技術研究費，経理費，重役室費などが該当する。この分類に際しては，当該機能について発生したことが直接的に認識される要素を，把握して集計することになる。

③ 直接費と間接費

この分類基準における販売費及び一般管理費の要素は，販売品種等の区別に関連して直接費と間接費とに分類される。販売直接費の例としては，製品品種別の広告宣伝費や特定の製品品種のみを保管する倉庫費などが該当する。

④ 固定費と変動費

この分類基準における販売費及び一般管理費の要素は，経営活動の量，すなわち営業量の変化に応じて，固定費と変動費とに分類される。販売費は，固定費と変動費に属するものがあるのに対して，一般管理費はそのほとんどが固定費となる。

⑤ 管理可能費と管理不能費

この分類基準における販売費及び一般管理費の要素は，企業組織内の管理者が，一定期間内に，その費目に対して実質的に影響を及ぼすことができるかどうかで分類される。したがって，その管理者が影響を及ぼすことができる費目を管理可能費，できない費目を管理不能費と称する。

このように営業費の原価分類は，多岐にわたる。この中で一般に，主要な原価分類として挙げられるのが，機能別分類である。機能別分類の特徴は，営業費を販売費及び一般管理費に分け，その販売費を注文獲得費と注文履行費に細分化するところである。

注文獲得費とは，注文獲得のために要する費用である。たとえば，広告宣伝費，販売促進費などが該当する。注文獲得費は，節約すればよいというよりむしろ，多額に発生させても差し支えないという性質を持つ。なぜなら，注文獲得費が発生すると，それを原因として受注という結果が生じ，多くの受注が実現すれば，この原価を発生させる意義を見いだせるためである。しかし，受注をもたらすのは，注文獲得費だけが原因となっているわけではない。製品の機能，価格など多くの要素が顧客の心理に影響を及ぼした結果である。このように，顧客の心理の影響を受ける注文獲得費の効果測定はきわめて困難であり，注文獲得費をいくら発生させるべきかを明確に把握することも容易ではない。そのため，注文獲得費の発生額は，経営者が方針で定めざるを得ず，注文獲得費予算を割当予算のかたちで設定し，その予算と実績との比較によらざるを得ない。

注文履行費とは，注文を履行するために要する費用である。たとえば，製品の保管，包装，運送，売掛金の集金などが該当し，機械的，反復的な作業から発生することが多い。そのため，注文履行費は，標準原価や変動予算による管理が可能となる。このような管理を行うためには，機械的，反復的作業に関して，その作業量を測定するための管理要素単位を選定する必要がある。

一般管理費は，管理費のうち，製造と販売とのいずれにも分けられない管理費である。たとえば，役員や総務部・経理部職員の給料，通信費，事務用品費，会議費など，一般管理業務の遂行に関連して発生する。一般管理業務は，本社の管理業務として行われることが多く，それに関わる費用は，固定費的な性格をもつ。そのため，通常，一般管理費は，固定予算での管理が行われる。

3 営業費の分析

『原価計算基準』38によると，営業費（販売費および一般管理費）の計算は，原則として，形態別分類を基礎とし，それを直接費と間接費とに大別し，さらに必要に応じ機能別分類を加味して分類することによって，一定期間の発生額を計算する。なお，この計算では，製造原価の費目別計算に準ずる。営業費は，営業費管理のために費目別あるいは機能別に把握された後，販売セグメント別に分析される。一般的な販売セグメント別分析には，次のようなものがある。

① 製品品種別分析
② 販売地域別分析
③ 顧客種類別分析
④ 注文規模別分析
⑤ 販売経路別分析

販売セグメント別分析では，分析目的に応じて経常的分析と臨時的分析に分けることができる。経常的分析とは，各セグメントの業績を測定し，問題点を探索するための分析である。それに対して，臨時的分析とは，販売に関する意思決定のために行う個別的分析である。このように2つの分析視点がある中で，本章では，経常的分析に立脚した販売セグメント別分析を説明する。販売セグメント別分析では，営業費を製品品種別に分析し，各製品品種の収益性を判断する分析が広く行われている。この分析には，純益法と貢献利益法という2つの方法がある。

(1) 純益法

この方法は，製造原価，販売費及び一般管理費のすべてを各製品品種に割り当て，製品品種別の純利益（あるいは営業利益）を計算することによって，各品種の収益性を判断する方法である。この方法は，製品品種別の売上高に対して，直接費，間接費に関係なく，すべての原価を各製品品種に負担させる。ここでは，営業費のうち，直接営業費は各製品品種に直課されるが，間接営業費は適切な配賦基準に基づいて配賦される。このような計算手続きから，純益法は，全部原価計算の論理を前提にしていることがわかる。純益法は，あらゆる原価を各製品品種へ配賦し，製品品種別の純利益（あるいは営業利益）を算定することによって，原価が回収された事実を確認することができる。製品品種別にすべての原価を回収しようという分析視点があることから，純益法から得られる情報は，長期の価格決定に役立つ資料となる。

問題９－１　3種類の製品（A製品，B製品，C製品）を製造，販売しているT社の損益計算書について，製品品種別の営業利益を求めなさい。本問では，純益法を用いて計算を行う。会社全体のイメージ・アップを狙った広告宣伝費は間接販売費であり，総額が80,000円である。これらの費用は，各製品品種の製造と販売に関わりなく発生するものとし，その配賦は，製品セグメント別売上高を基準として行われる。

損益計算書　（単位：円）

	A製品	B製品	C製品	合計
売上高	800,000	600,000	200,000	1,600,000
売上原価	480,000	348,000	172,000	1,000,000
売上総利益	320,000	252,000	28,000	600,000
販売費：				
販売直接費	46,000	30,000	16,000	92,000
販売間接費	?	?	?	80,000
販売費計	?	?	?	172,000
一般管理費	40,000	30,000	10,000	80,000
営業利益	?	?	?	348,000

解答・解説

損益計算書　（単位：円）

	A製品	B製品	C製品	合計
売上高	800,000	600,000	200,000	1,600,000
売上原価	480,000	348,000	172,000	1,000,000
売上総利益	320,000	252,000	28,000	600,000
販売費：				
販売直接費	46,000	30,000	16,000	92,000
販売間接費	40,000	30,000	10,000	80,000
販売費計	86,000	60,000	26,000	172,000
一般管理費	40,000	30,000	10,000	80,000
営業利益	194,000	162,000	－8,000	348,000

この方法によると，製品品種別に黒字や赤字の判断も含めた収益性を判断することができる。ただし，C製品のように，営業損失が出ている場合には，製品品種に割り当てられた原価を回収する能力がない，言い換えると，会社全体の利益にまったく貢献していないかのような印象を与える危険がある。

(2) 貢献利益法

この方法は，製品品種別の売上高から変動費（製造と販売）と個別固定費（製造と販売）を段階的に控除してセグメント貢献利益を計算する。そして，セグメント貢献利益から共通固定費を控除することによって純利益（もしくは営業利益）を計算することができる。各製品品種の収益性は，セグメント貢献利益を通じて判断することができる。

販売セグメント別分析の１つである販売地域別分析では，貢献利益法を利用することが多い。なぜなら，営業費に対する責任は，通常，販売地域責任者に帰属し，営業費管理の良否は，その各販売地域の売上高との関連において判断されなければならないためである。貢献利益法から得られた情報は，販売地域別の利益計画や利益統制に役立たせることができる。

問題９－２　問題９－１のデータを用いて，貢献利益法方式の損益計算書を作成しなさい。

解答・解説

損益計算書　（単位：円）

	製品A	製品B	製品C	合計
売上高	800,000	600,000	200,000	1,600,000
売上原価	480,000	348,000	172,000	1,000,000
売上総利益	320,000	252,000	28,000	600,000
販売直接費	46,000	30,000	16,000	92,000
セグメント貢献利益	274,000	222,000	12,000	508,000
販売間接費及び一般管理費				160,000
営業利益				348,000

純益法ではC製品は赤字であったが，この計算方法では少なくとも12,000円分貢献していることが判明する。したがって，C製品が赤字であるという理由で，ただちにその製造・販売を中止するという意思決定には必ずしも至らない。

経営意思決定のための原価情報

1　意思決定のための原価概念

(1)　経営上の意思決定

企業経営においては，さまざまな経営上の意思決定が行われる。この意思決定に有用な原価情報を提供することは，原価計算の重要な目的の１つである。経営上の意思決定は，業務的意思決定と構造的意思決定に分類される。これらの詳細は後述するとして，一般に，意思決定は，特定の問題が生じた場合にそれに対処するための代替案を探索し，複数の代替案から選択することであり，次図のようなプロセスで説明することができる。

図表10-１　意思決定プロセス

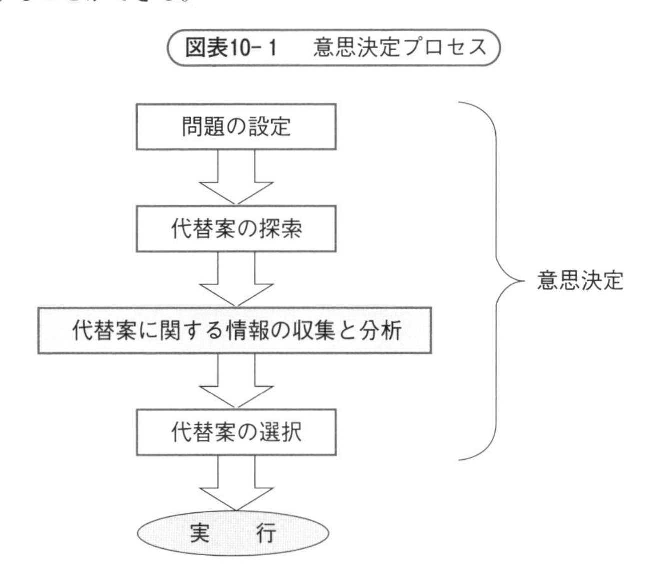

原価計算は，このプロセスのなかでも，とくに，「代替案に関する情報の収集と分析」に深く関わる。原価計算によって提供される原価情報が，意思決定における重要な決定要因となるからである。

(2)　意思決定のための原価概念

意思決定に有用な原価は，制度としての原価計算における原価とは異なった概念の原価である。ここで，意思決定とは，将来の行動予定に関する代替案の中から特定の代替案を選択することである。

このような意思決定にとって有用な原価には，次のようなものがある。これらは，企業会計制度において原価とされるものとは必ずしも同じではない点に注意する必要がある。

①　差額原価

差額原価とは，特定の意思決定によってその発生額が増減する原価である。たとえば，ある製品の材料の品質を変更することで材料費あるいは加工費が変動するならば，その変動額は材料の品質を変える案と変えない案との間の差額原価である。また，設備を取り換えた場合に変化する費用も設備を取り替える案と取り替えない案の間の差額原価である。差額原価は，それが増加である場合に増分原価，減少である場合に減分原価として区別される場合もある。代替案の選択において有用な情報は，その発生額が変化する原価に関する情報であり，差額原価に関する情報を収集・分析することによって，合理的な意思決定が実行可能となる。

差額原価に関連して，差額収益が重要な場合もある。意思決定によって，原価だけでなく収益が変動するとき，この収益の変動額を差額収益と呼ぶ。利益最大化を目指す場合に，意思決定による原価の変動だけを検討するのでは不十分であり，収益の変動分についても意思決定のための情報に含める必要がある。このことは，差額利益（＝差額収益－差額原価）を意思決定上問題とすることを意味している。

②　埋没原価

埋没原価とは，代替案の選択によってその発生額が影響されない原価をいう。たとえば，すでに支出してしまった原価については，意思決定によってその額は変化しないので埋没原価である。また，将来発生する原価であっても，代替案間で共通に発生する原価は，それが同額であれば，埋没原価である。いずれにしても，代替案の選択によってその発生額が影響されない埋没原価は，当該意思決定には無関連であるため，考慮する必要がない原価である。

③　未来原価

意思決定は，将来における行動に関する代替案の選択である。ある代替案を選択することは，将来における行動を予定することを意味し，それゆえ，代替案の選択に関連する原価は将来の原価である。この将来に発生する原価のことを未来原価という。

未来原価は予測値として測定しなければならない。予測によって算定される原価であるので，その正確性が情報としての良否を決定づけ，ひいては意思決定の巧拙を決定する要因となることに注意する必要がある。

④　機会原価

機会原価とは，ある特定の代替案を選択することによってあきらめられた諸代替案から得られたであろう利益のうち最大のものをいう。

たとえば，A案とB案の選択をする場合，A案から得られる利益が10万円であり，B案から得られる利益が12万円であると予測されているとしよう。このとき，A案を採用することによって生じる機会原価はあきらめられたB案から得られるだろう利益12万円である。この機会原価を考慮するとき，A案の採用によって獲得できる利益は－２万円（すなわち損失）となり，A案は採用しないほうがよいことになる。

逆に，B案について同様の計算をすると，機会原価を考慮しても２万円の利益となり，B案の採用によって追加的な利益が得られることになる。

このように，機会原価を代替案の選択において考慮することは，代替案間の差額利益を計算していることと等しい。

2　業務的意思決定

(1)　業務的意思決定の特徴

企業は，短期的な利益計画の一環として業務的意思決定をする。この業務的意思決定は，企業の基本的な経営構造を所与として，業務活動について具体的に立てられる計画である。ここで，業務活動とは，材料の購買，生産，販売などの業務執行におけるすべての活動を指す。たとえば，向こう1年間における利益計画は，同期間における業務上の個別具体的な意思決定を前提として立てられる。

業務的意思決定にはさまざまなものがあるが，ここでは，以下のような典型的な選択問題を検討する。

①　部品を自製するか外部から購入するかの選択
②　製品を追加加工するか販売するかの選択
③　製品ミックスの決定
④　経済的発注量の決定

これらのものについて，順次，問題・解答形式で解説していこう。

(2)　部品を自製するか外部から購入するか

問題10-1　A社では，現在，自社で年間300単位の部品Xを製造し，製品に取り付けている。（資料）は部品X単位当たり標準原価である。なお，本問において「時間」は直接作業時間を意味する。

＜資料＞ 部品X単位当たり標準原価

標準直接材料費	@500円×2kg＝	1,000円
標準直接労務費	@700円×3時間＝	2,100
標準製造間接費	@400円×3時間＝	1,200
	合　計	4,300円

直接労務費は時間に応じて発生する。また，製造間接費の標準配賦率は製造間接費予算に基づいて以下のように計算されている。

＜製造間接費予算＞
変動製造間接費率：　1時間当たり100円
固定製造間接費：　3,450,000円
基準操業度：　11,500時間

ところで，A社ではこの部品について外部から購入するかどうか検討している。外部から購入する場合には，部品X単位当たり3,500円である。このとき，部品Xの自製を続けるべきか，それとも，外部から購入すべきか検討しなさい。

解答・解説

資料に示されるように，部品X単位当たりの標準原価は4,300円であり，外部から購入した場合の価格3,500円よりも高いため，外部から購入したほうが有利に見える。しかし，このように考えることは，差額原価を適切に捉えていない。

すなわち，単位当たり標準製造間接費のうち固定費900円（＝3,450,000円／11,500時間×３時間）については，どれだけ部品Xを生産しようが操業度とは関係なく常に3,450,000円が発生する。これは，固定費については部品Xを自製しようが外部から購入しようが関係なく一定額だけ発生し，意思決定に関連しない埋没原価であることを意味する。

したがって，この固定製造間接費は意思決定から除外し，差額原価のみで判断するべきであり，この場合の関連する原価は図表10－２で示す変動費ということになる。この方法で，自製のケースと外部購入のケースを比較すると図表10－２になる。

図表10－２　部品X（１単位）に関する差額原価分析

	自製案	購入案	差額原価
X部品購入原価		3,500円	－3,500円
標準直接材料費	1,000円		1,000
標準直接労務費	2,100		2,100
標準変動製造間接費	300		300
	3,400	3,500	－100

図表10－２から自製するほうが，単位当たり100円有利であることがわかる。

それでは，次のような条件を加えた場合にはどのようになるであろうか。

<追加条件>

今後，需要が伸びることが予想され，生産量（操業度）が20％上昇するとともに，残業等が必要となるために部品X １単位当たりの直接労務費が８％上昇することが予想される。

この場合の注意点としては，需要の伸びによって操業度が20％上昇するとしても，前の場合と同様に固定費は不変であるということである。それゆえ，この場合にも，基本的に変動費だけで差額原価を計算して各ケースを比較するべきである。需要の伸びによって生じる原価の変化は，直接労務費の部分だけであるので，差額原価（総額）は以下のように計算される。

{1,000円＋2,100円×（１＋0.08）＋300円}－3,500円＝68円

結果として，この場合には購入するほうが部品X単位当たり68円有利となる。

(3)　追加加工か販売か

問題10－２

当社では，２つの製造工程において２種類の製品を生産している。第１工程では始点でＡ原料を投入して生産を開始し，終点でＢ原料を加えることによって連産品ＸとＹが分離する。さらに，連産品Ｘは第２工程に投入され，追加加工されて製品Pとなる。また，連産品Ｙはそのまま製品Qとして販売される。これを図示すると次のようになる。

<生産プロセス>

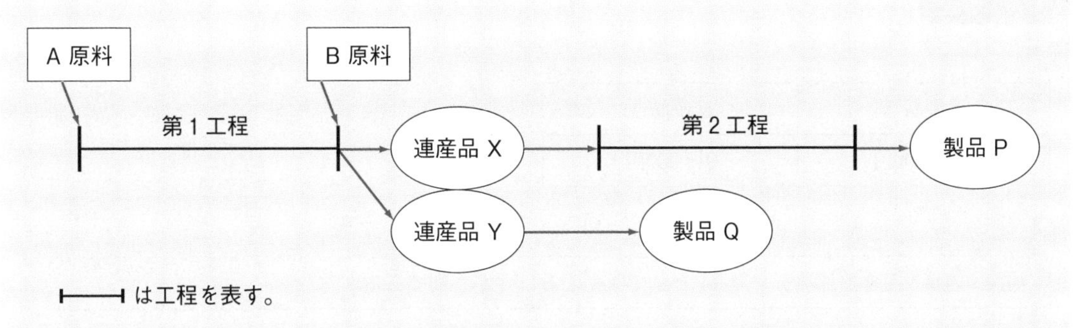

当社の１ヶ月における標準的な生産状況等に関する資料は次に示すとおりである。

<資料>

a. 当工場の標準的な生産状況は以下のとおりである。

第１工程ではA原料1,000ℓおよびB原料500ℓを投入し，2,000単位の連産品Xと1,000単位の連産品Yがそれぞれ生産される。第２工程では連産品Xに追加加工することによって製品Pが400単位生産される。連産品Yは製品Q1,000単位として販売される。

b. 原料の取得原価は，１ℓ当たりA原料900円，B原料800円である。

c. 各工程において発生する原価は以下のとおりである。資料ａに示す標準的な生産状況を想定している。

（単位：円）

	第１工程	第２工程
変動加工費	624,000	380,000
固定加工費	434,000	525,000
合　計	1,058,000	905,000

各工程の生産をストップすることによって，各工程の固定加工費の30%分の発生を回避することができる。

d. 製品および連産品の市場価格は以下のとおりである。

（単位：円）

産出物	市場価格
連産品X	2,200
連産品Y	2,800
製品P	12,500

e. 仕掛品，製品等の棚卸資産は一切ない。

以上に基づいて，次の問に答えなさい。

問１　市価基準によって連産品XとYの原価を計算しなさい。

問２　現在，製品Pの市場価格が低下してきており，第２工程で追加加工することが有利かどうか検討している。連産品Xのまま販売したほうが有利か，追加加工して製品Pとして販売したほうが有利か判断しなさい。その根拠も示すこと。

解答・解説

問 1

連産品 X	連産品 Y
1,441,000円	917,000円

問 2

結論：連産品Xを追加加工し製品Pとして販売するほうが有利である。
根拠：連産品Xを追加加工することによる差額利益を計算すると，以下のようになる。 差額収益　@12,500×400単位－@2,200×2,000単位＝600,000円 差額原価　（380,000＋525,000×0.3）＝537,500円 差額利益　600,000－537,500＝62,500円 以上より，追加加工したほうが，利益が62,500円増加することがわかる。

問 1　連産品原価計算

問 1 では，市価基準による連産品原価（結合原価）の配分計算が要求されている。連産品原価は物量を基準に配分されることもあるが，ここでは，問題の指示によって市価を基準として配分しなければならない。まず，配分のための積数を以下のように計算する。

各連産品の市場価格をベースとする積数

連産品X　@2,200×2,000単位＝4,400,000

連産品Y　@2,800×1,000単位＝2,800,000

そして，連産品Xおよび連産品Yの結合原価は以下のとおりである。

A原料費　@900×1,000ℓ＝900,000円

B原料費　@800×500ℓ＝400,000円

第 1 工程加工費　1,058,000円

結合原価　900,000＋400,000＋1,058,000＝2,358,000円

結合原価と積数に基づいて，各製品の原価は以下のように計算される。

配分率　2,358,000÷（4,400,000＋2,800,000）＝0.3275

A連産品原価　0.3275×4,400,000＝1,441,000円

B連産品原価　0.3275×2,800,000＝917,000円

問 2　差額原価（収益）分析

連産品Xを追加加工して製品Pとしたうえで販売したほうが有利か，それとも連産品Xのまま販売したほうが有利かを差額原価分析を行うことによって検討する。

それぞれ，前者を「追加加工案」，後者を「連産品X案」と呼ぼう。

追加加工案と連産品X案を比較した場合，収益が変化すると同時に原価も変化する。そこで，以下では，両案の間の差額収益と差額原価を分析し，結果として，差額利益がプラスかマイナスかによって，追加加工案が有利かどうかを検討する。

差額収益は，追加加工案の収益から連産品X案の収益を差し引くことで以下のように計算される。

差額収益　@12,500×400単位－@2,200×2,000単位＝600,000円

差額原価の計算においては，第1工程における原料費および加工費は，追加加工するかどうかの意思決定にかかわらず発生する原価であるため，これらはすべて埋没原価であることに注意しなければならない。また，第2工程における加工費の一部においても埋没原価がある。すなわち，資料cにおいて説明されているように，固定加工費の30％は生産をストップすることによって回避できるが，残りの70％分は回避できないため埋没原価なのである。

これらの点に注意して差額原価を第2工程加工費から計算すると以下のようになる。

差額原価　（380,000＋525,000×0.3）＝537,500円

以上から，差額利益は以下のように計算される。

差額利益　600,000－537,500＝62,500円

差額利益がプラスであるため，追加加工案のほうが有利であると判断される。

(4)　経済的発注量

一般に，企業における生産販売活動においては，品切れを防ぐため，あるいは，生産プロセスが滞らないようにするために，原材料や部品などの在庫を保有することが必要となる。在庫数量が多いほど，それを保管するために必要となる倉庫関連費用や在庫投資に関する資本コストが多額となる。

一方，一般に発注量を多くする場合には，一定期間における発注回数が減少するために，発注のための費用（これも在庫関連費用である）が減少するが，反対に，発注量を少なくする場合には，発注回数が増加するので発注費用が増加する。

これらの在庫関連費用の総額がもっとも小さくなる注文1回当たりの定量の発注量を「経済的発注量」といい，EOQ（economic order quantity）と略される。

以下では，まず，EOQを計算するに当たって理解しておくべき在庫関連費用に関する内容とこの意思決定問題の構造を，一般的な形で解説する。

いま，年間で必要となる部品数がQであり，そして電話代や事務処理関連の発注費が発注1回当たりh円であるとする。発注1回当たりの発注数量をq単位とすると，年間の発注費は以下のように表される。ここで，Q/qが年間発注回数である。

$$\text{年間発注費} = h \times \frac{Q}{q} \cdots \quad ①$$

一方，一定水準の在庫を抱えていることは，保管のための倉庫に関する費用（倉庫賃借料や運営費など）が発生する。また，在庫品に投下されている資本には資本コストが発生する（すなわち，在庫投資においても一定の利益が要求されるのである。なお，資本コストについては次節で詳述する）。これらの費用は在庫を維持していることによって発生する費用なので，「在庫維持費」と呼ぶ。時間に対して一定率で在庫が減少するものとすると，平均在庫量は1回当たり発注量の2分の1となる。また，平均在庫1個当たりの年間在庫維持費がcであるとすると，年間の在庫維持費は次のように表される。

$$\text{年間在庫維持費} = c \times \frac{q}{2} \cdots \text{②}$$

以上から，年間の在庫関連費用総額TCは，①年間発注費と②年間在庫維持費との合計として，以下のように表される。

$$TC = h \times \frac{Q}{q} + c \times \frac{q}{2}$$

これらの費用を図示すると，図表10－3のようになる。横軸は発注１回当たりの発注量であり，縦軸が費用発生額である。

この図において，年間発注費は右下がりの双曲線（①の式を参照すること）であり，年間在庫維持費は右上がりの直線（②の式を参照すること）である。そして，在庫関連費用総額TCは発注費と在庫維持費の合計であり，これは図におけるように下に凸の曲線で表される。この曲線の最低点Xが在庫関連費用総額を最小とする点であり，この点Xにおける発注量が経済的発注量EOQである。

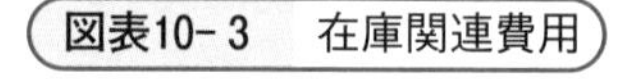
図表10-３　在庫関連費用

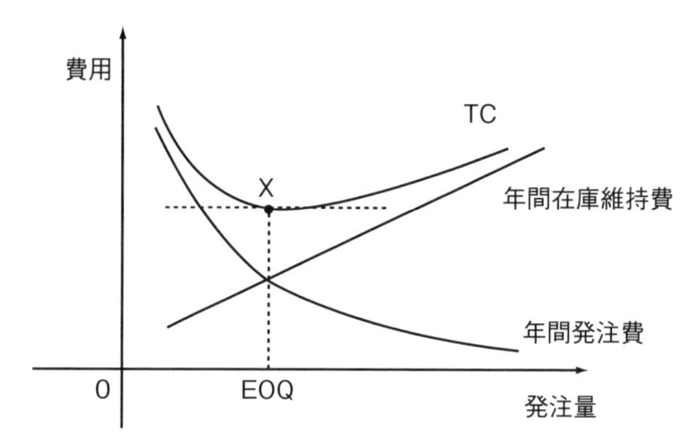

図に示すように，この経済的発注量に対応する点Xにおいては曲線TCの傾きがゼロであるため，TCの式をqで微分して曲線TCの傾きを求め，これをゼロとおくことによって，EOQを計算することができる。

$$\frac{dTC}{dq} = -h \times \frac{Q}{q^2} + c \times \frac{1}{2} = 0$$

これからqを求めると，EOQは，注文１回当たり発注費，年間必要量，在庫１個当たりの在庫維持費から以下のように計算されることがわかる。

$$q = \sqrt{\frac{2hQ}{c}} = EOQ$$

以上の内容を問題を利用して確認しよう。

問題10-3　当工場においては，部品Xを使用して製品を生産している。部品Xに関する在庫管理を合理化するために特別調査を実施したところ，以下に示す資料が得られた。これに基づいて下記の問に答えなさい。

<部品Xに関する資料>

ア　部品１個当たりの購入代価は4,000円である。

イ　注文１回当たりの発注費（通信費，事務処理費など）は，3,600円である。

ウ　年間の倉庫賃借料は100,000円である。

エ　倉庫の年間電力料は10,000円である。

オ　部品１個当たりの年間の保険料は@60円である。

カ　部品の購入代価の11%を，在庫部品に関連する資本コストとして考慮し，これを在庫関連費用の１項目とする。

キ　年間部品必要量は9,000個である。

倉庫スペースは十分に余裕があるとした場合に，最も在庫関連費用が少なくなる発注量は何個か。また，このとき，年間の発注回数，年間の発注費，年間の保管費を答えなさい。

解答・解説

年間の発注回数	25　回
年間の発注費	90,000　円
年間の保管費	200,000　円

倉庫賃借料と倉庫の電力料は，在庫水準とは無関連であるためここでは埋没原価なので，その他の在庫関連費用を最小化するよう１回当たり発注量を計算する。ここでは，上述したEOQの公式に本問におけるデータを入れることによって，これを計算することができる。各変数の数値を示すと以下のようになる。

注文１回当たり発注費　$h=3{,}600$円

年間部品必要量　$Q=9{,}000$個

倉庫費以外の１個当たり保管費　$c=60+440=500$円

これらをEOQの公式に代入するとEOQは以下のようになる。

$$EOQ=\sqrt{\frac{2\times3{,}600\times9{,}000}{60+440}}=360$$

すなわち，１回当たりの発注量を360個とするときに，倉庫費以外の在庫関連費用を最小化することがわかる。このとき，年間発注回数，年間在庫関連費用は以下のように計算される。

年間発注回数　9,000個÷360個＝25回

年間発注費　3,600円×25回＝90,000円

年間在庫維持費　100,000円＋10,000円＋500円×360個÷２＝200,000円

3 構造的意思決定

(1) 構造的意思決定の特徴

企業経営における構造的な意思決定とは，企業の基本構造に影響を与えるような決定である。構造的意思決定においても，業務的意思決定と同様に，複数の代替案から特定の代替案を選択する必要があり，さらに，その意思決定には差額原価や機会原価といった特殊な原価が有用である点も業務的意思決定と変わるところはない。

このような決定には，工場の立地の選択，経営組織の選択などのほか，最も典型的な例として，設備投資案の採否に関する決定があげられる。

構造的な意思決定の経済的効果を検討する場合，企業会計上の諸仮定に基づく計算は不必要である。むしろ，そのような仮定を排除したキャッシュ・フローの状況を測定することによって，より正確な経済的効果が把握できる。

また，この意思決定は企業経営に長期的に影響するので，経済的効果がどの時点で生じるのかが問題となる。この点については，(3)で説明する。

なお，以下では，構造的意思決定の具体例として，設備投資案についてその評価方法を説明し，代替案の採否や選択の問題を解説する。

(2) キャッシュ・フロー

構造的意思決定のために利用すべき情報はキャッシュ・フローである。とくに，特定の設備投資案の採否によって生じる「増分キャッシュ・フロー」が，意思決定のために有用なキャッシュ・フロー情報である。ここで，増分キャッシュ・フローは，特定の代替案を採用することによって生じるキャッシュ・フローの変化分を意味し，差額原価（収益）に相当する。以下では，具体的な計算問題を利用しながら，増分キャッシュ・フローの計算方法を説明する。

問題10-4 当社は，新製品の生産のためにY機械を購入するかどうかを検討している。この機械はその耐用期間において，毎年，製品Bを2,000個生産し，これはすべて販売されると見込まれる。以下の資料に基づいて，B製品の生産による毎年の増分キャッシュ・フローおよび設備売却にともなうキャッシュ・フローを計算しなさい。なお，利益に対して30%の税率で課税されるものとする。

＜資料＞

1．Y機械の取得原価は10,000,000円であり，耐用年数10年，耐用年数経過後の残存価額1,000,000円，定額法で減価償却する。なお，耐用年数経過後，200,000円で売却処分できると予想される。

2．販売価格および製品単位当たり製造原価の見積もりは以下のとおりである。なお，製造間接費には，Y機械に関する減価償却費が含まれている。

　販売価格　4,000円　　原 料 費　800円　　直接労務費　1,000円

　製造間接費　1,200円（年間生産量2,000個を基準操業度として配賦している。）

3．B製品の生産販売によって，販売費及び一般管理費が追加的に年間800,000円発生すると見積もられる。

4．以上の諸費用は，Y製造機械に関する減価償却費以外，費用計上年度に現金支出を伴う費用である。

解答・解説

増産による毎年の増分キャッシュ・フロー	設備売却による増分キャッシュ・フロー
1,740,000　円	440,000　円

まず，年々の増分キャッシュ･フローの計算について説明しよう。B製品に関する見積損益計算書を作成すると以下のようになる。なお，ここでは，機械設備の売却損益については考慮していない。

見積損益計算書（B製品分）		
売　上　高	8,000,000	＝4,000円×2,000個
売上原価	6,000,000	＝（800円＋1,000円＋1,200円）×2,000個
売上総利益	2,000,000	
販売費及び一般管理費	800,000	
税引前利益	1,200,000	
税　　金	360,000	＝1,200,000円×0.3
税引後利益	840,000	

この損益計算書に計上されている費用（税金を含む）のなかで，売上原価に含まれる減価償却費は現金支出を伴わない。それゆえ，税引後利益に減価償却費を戻し加えたものが増分キャッシュ･フローとなる。ゆえに，ここで，毎年の増分キャッシュ･フローは次のように計算される。

増分キャッシュ･フロー＝税引後利益の増加額＋減価償却費の増加額
＝840,000円＋（10,000,000円－1,000,000円）÷10年
＝1,740,000円

このように，税金を考慮すると，一般に税引後利益に減価償却費を戻し加えることでキャッシュ･フローが計算されることを示している。

次に，設備売却に伴うキャッシュ･フローの計算方法について説明しよう。売却代金としてのキャッシュ･フローが生じるほか，設備売却に伴って発生する売却損を計上することによって，会計上の利益が減少し，結果として，税金支出が減少する点に注意しよう。ここで，売却損は800,000円（＝200,000円－1,000,000円）であり，その分，会計上の利益が減少する。その結果，800,000円×0.3＝240,000円の税金が減少することになる。これと，売却収入の200,000円を加えることによって，Y製造機械を売却したことを原因とする増分キャッシュ･フローは以下のように計算される。

200,000円（売却収入）＋240,000円（売却損計上による節税）＝440,000円

最後に，耐用年数の最終年度における増分キャッシュ・フローを確認しよう。これは，増産による年々の増分キャッシュ･フローとY製造機械の売却による増分キャッシュ・フローの合計として以下のように計算される。

1,740,000円＋440,000円＝2,180,000円

結局，この設備投資による増分キャッシュ･フローは，投資後1年目から9年目までは毎年1,740,000円，10年目には2,180,000円であることがわかる。

(3) 割引計算

増分キャッシュ･フローが生じるタイミングは多様であり，現在時点における価値を考えた場合，将来のどの時点において生じるキャッシュ･フローなのかが問題となる。たとえば，年率５％で運用することを前提に考えると，現在の100万円は１年後には105万円（＝100万円×（１＋0.05)，２年後には110.25万円（＝100万円×(１＋0.05)^2）となる。この計算は複利計算という。現在のPV円のn年後の価値FV円は，運用利率を年率iとすると，次のように一般的に表される。

$$FV = PV\ (1 + i)^n$$

これに対して，割引計算は将来の価値を現在の価値に引きなおす計算であり，たとえば，年率５％の運用を前提とすると，１年後の105万円の現在時点の価値は100万円（＝105万円÷（１＋0.05)）であり，２年後の110.25万円の現在時点の価値も100万円（＝110.25万円÷（１＋0.05)^2）である。これを一般的に表すと，以下のようになる。

$$PV = \frac{FV}{(1 + i)^n}$$

この割引計算は，後述の指標を計算する際に利用する重要な計算原理である。

割引計算の計算手続きを簡略化するために，現価係数を利用する場合がある。たとえば，４年後の10,000円の現在価値は次のように計算される。

$$10{,}000 \times \frac{1}{(1 + 0.05)^4} = 10{,}000 \times 0.8227 = 8{,}227$$

ここで，上式の0.8227を現価係数といい，それは，将来の特定の金額に乗じることによって現在価値を計算するための係数である。現価係数については，多様な期間，多様な利率を前提とした一覧表がある。この表を「現価係数表」といい，巻末に収録されている。

現価係数と同様に割引計算を簡略化するために利用される別の係数に，「年金現価係数」がある。これは，毎年定額を将来の一定時期まで受け取る年金の現在価値を計算するための係数である。たとえば，毎年１万円を３年間にわたって受け取る年金があるとしよう。この年金の現在価値を，現価係数を利用して計算すると，以下のようになる。

$$10{,}000\text{円} \times (0.9524 + 0.9070 + 0.8638) = 10{,}000\text{円} \times 2.7232 = 27{,}232\text{円}$$

ここで，上式の2.7232が年金現価係数である。この年金現価係数についても，多様な期間および利率に関して一覧表が作成されている。この表を「年金現価係数表」という。

次表は現価係数と年金現価係数の関係を示している。各年の年金現価係数は，１年目から当該年までの現価係数を累計したものになっていることを確認してほしい。たとえば，４年目の年金現価係数は，１年目から４年目までの現価係数の合計である。

	現価係数	年金現価係数
1	0.9524	0.9524
2	0.9070	1.8594
3	0.8638	2.7232
4	0.8227	3.5460
5	0.7835	4.3295

問題10-5　A案とB案における将来キャッシュ・フローは以下のとおりである。各年のキャッシュ・フローは年度末に生じる。割引率を10%とするとき，各案の将来キャッシュ・フローの現在価値を計算しなさい。

	1	2	3	4	5
A　案	15,000	17,000	21,000	23,000	24,000
B　案	20,000	20,000	20,000	20,000	20,000
現価係数	0.9091	0.8264	0.7513	0.6830	0.6209
年金現価係数	0.9091	1.7355	2.4869	3.1699	3.7908

解答・解説

A案については，将来の各年度におけるキャッシュ・フローが異なっているために，現価係数を利用して次のように計算する。

$15{,}000 \times 0.9091 + 17{,}000 \times 0.8264 + 21{,}000 \times 0.7513 + 23{,}000 \times 0.6830 + 24{,}000 \times 0.6209 = 74{,}073.2$

B案については，将来の各年度におけるキャッシュ・フローが同額なので，年金現価係数を利用して次のように計算することができる。

$20{,}000 \times 3.7908 = 75{,}816$

なお，ここで，キャッシュ・フローの単純合計は，A案もB案も100,000円であるが，早い時期に多くのキャッシュ・フローを生み出すB案の現在価値がA案よりも高くなっていることに注意してほしい。キャッシュ・フローが生じるタイミングが現在価値に大きく影響するのである。

(4)　資本コスト

企業に資金提供している株主や債権者は，企業に対してそれぞれ一定の利益を要求する。資金提供者は，他の投資機会をあきらめて当該企業に投資しているのであり，あきらめた投資機会から得られたであろう利益のうち最大のものを企業に対して最低限の利益として要求する。資本コストは企業の資金提供者における機会原価であり，企業は資金提供者のためにこれを上回る利益を獲得する必要があるのである。ここで，資本コストとは，企業に投下されている資本１円当たりに要求される利益，すなわち，要求される利益率である。

企業の資金調達源泉は多様であり，複数の調達源泉から資金調達している場合には，源泉別の資本コストを各調達源泉における調達額の割合で加重して平均することによって企業全体の「加重平均資本コスト」を算定し，これを投資案評価の基準とする。加重平均資本コストを上回る率で資金を運用することは，企業が資金提供者たちの要求する利益を生み出したことを意味するのである。

加重平均を計算する際に利用するウエイトは，各源泉別の調達額の時価（たとえば，株主資本の時価は株式時価総額＝株価×発行済株式数である）をベースとして決定するが，将来にむけて企業が調達割合を変更する場合には，将来の調達割合にもとづいてウエイトを計算すべきである。なぜなら，要求される利益率は将来において達成されるべきものであるからである。なお，時価が不明な負債や株式を上場していない企業の株主資本は，通常，貸借対照表の簿価を利用する。

税金を考慮しない場合には，単に，各調達源泉において要求される利益率（借入金の場合には利子率）を調達源泉別の調達額をウエイトとして平均を計算すればよい。その計算は以下のように示される。

$$\text{加重平均資本コスト} = \text{利子率} \times \frac{\text{有利子負債}}{\text{調達総額}} + \text{株主の要求利益率} \times \frac{\text{株主資本}}{\text{調達総額}}$$

しかし，利益に課される税金を考慮する場合には，その影響を資本コストの計算に反映する必要がある。とくに，この場合に必要となる調整は，支払利子についてである。支払利子率は税引前の債権者への債務1円当たりの利息（債権者の要求利益率）なので，これを税引後の要求利益率（企業における実質的な利子負担額）に変換する必要がある（株主の要求利益率はそもそも，企業会計上で税金を控除した後に株主に帰属する部分なので変換する必要がない)。税引後の資本コストは以下のように計算される。

$$\text{加重平均資本コスト} = \text{利子率}（1 - \text{税率}）\times \frac{\text{有利子負債}}{\text{調達総額}} + \text{株主の要求利益率} \times \frac{\text{株主資本}}{\text{調達総額}}$$

ここで，利子率に（1－税率）を乗じるのは，支払利子が課税所得（課税対象の利益）を計算する際に損金に算入され税金が減少するため，税引後の段階で企業が実質的に負担するのは利子率に（1－税率）を乗じた分になるからである。

たとえば，借入金に対して10万円の利息を支払うケースを考えよう。実際に，利息10万円を債権者に支払う必要があるが，この支払は，これを支払わない場合と比較して，税金を3万円軽減している（この計算は，税率30%，企業が十分な利益を計上していることを前提とする)。なぜなら，10万円の利息を支払わない場合には，課税される所得が10万円多いため，それに対応した税金3万円を支払うはずであるからである。

このように考えると，税引前の支払利息10万円は税引後段階で考えると7万円＝10万円×（1－0.3）の実質的な負担であることが理解できるであろう。

以下では，問題を利用して，具体的な資本コストの計算方法について説明しよう。

問題10-6　以下の資料に基づいて，資本コストを計算しなさい。

1．当社は長期借入金と株主資本によって資金調達している。長期借入金の利子率は8%であり，その調達金額は当社の資金調達総額の40%である。また，株主が要求する利益率は15%であり，株主資本の調達額の割合は全体の60%である。当社は，将来において資金調達の割合，利子率および株主の要求する利益率に変化はないものと考えている。
2．当社においては，利益に対する税率が30%であり，将来にわたって十分な利益が見込まれる。

解答・解説

11.24	%

当社の資本コストは，次のように計算される。

8％×（1－0.3）×0.4＋15％×0.6＝11.24％

ここで，支払利子率については節税分を考慮して（1－0.3）を乗じたうえで，株主資本のコストと負債資本のコストを加重平均している。

(5) 代表的な評価指標

構造的意思決定において，代替案を評価する際に望ましいと考えられている方法にDCF法がある。DCFとは，Discounted Cash Flowの略であり，具体的には，この方法は正味現在価値や内部収益率を利用して投資案の評価をすることを意味する。

以下では，DCF法で利用される①正味現在価値と②内部収益率について説明し，さらに，評価の視点が異なるが頻繁に利用される指標である③回収期間についても解説する。

説明のために，X設備投資案のキャッシュ・フローを次のように仮定しよう。

年　　度	0	1	2	3	4
初期投資額と増分キャッシュ・フロー	－I	C_1	C_2	C_3	C_4

ここで，Iは現在時点（0時点）における初期投資額でマイナス符号によって支出を示しており，C_tはt期の増分キャッシュ・フローである。各期のキャッシュ・フローは期末に生じるものと仮定する。なお，4年後における設備の残存価値をRとする。

① 会計的利益率

会計的利益率は，会計上の利益と投資額との比率によってプロジェクトの収益性を表す指標であり，ここで，分子の会計上の利益は，プロジェクトにおいて獲得できる税引後営業利益に相当する。

会計的利益率は，分子は平均利益とし，分母は初期投資額とする場合と平均投資額とする場合がある。具体的な計算は，以下のとおりである。

$$\text{減価償却費（D）}=\frac{I-R}{4}$$

$$\text{平均利益}=\frac{\{(C_1-D)+(C_2-D)+(C_3-D)+(C_4-D)\}}{4}=\frac{(C_1+C_2+C_2+C_2)-(I-R)}{4}$$

平均投資額は，初期投資価値（初期投資額）が耐用年数にわたって直線的に減少し，最終的に残存価値になることを想定すると，以下のように計算される（図表10－4）。

$$\text{平均投資額}=\frac{I+R}{2}$$

図表10-4　平均投資額

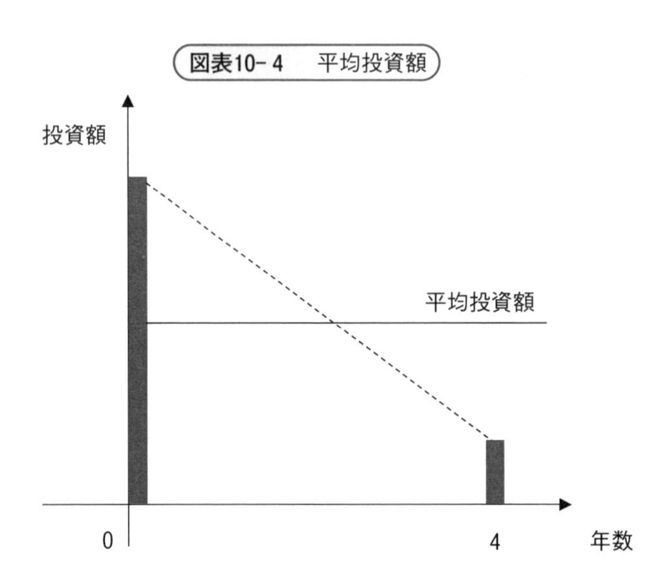

以上を利用して，会計的利益それぞれの場合の指標は，以下のように計算される。

$$\text{初期投資利益率}=\frac{\text{平均利益}}{\text{初期投資額}}$$

$$\text{平均投資利益率}=\frac{\text{平均利益}}{\text{平均投資額}}$$

会計的利益率は，貨幣の時間価値を考慮していないという欠点があるが，理解しやすいために利用されている。

②　正味現在価値

正味現在価値は，将来に獲得する増分キャッシュ･フローを現在時点の価値に割り引いて合計し，これと初期投資支出の差額を計算したものである。この正味現在価値がプラスであることは，当該投資案を採用した場合に現在時点の価値が増加することを意味するので，当該投資案は採用したほうが有利であるといえる。

また，複数の投資案がある場合には，正味現在価値が高いほうがより有利である。X設備投資案についてこれを計算すると以下のようになる。

$$\text{正味現在価値}=\frac{C_1}{1+k}+\frac{C_2}{(1+k)^2}+\frac{C_3}{(1+k)^3}+\frac{C_4}{(1+k)^4}-I$$

$$=\sum_{t=1}^{4}\frac{C_t}{(1+k)^t}-I$$

（注）　収益性指数と正味現在価値指数

正味現在価値を使った評価指標に収益性指数と正味現在価値指数がある。それぞれ次のように計算する。

$$\text{収益性指数}=\frac{\text{年々の増分キャッシュ・フローの現在価値の合計}}{\text{投資額}}$$

$$正味現在価値指数=\frac{年々の増分キャッシュ・フローの現在価値合計-投資額}{投資額}$$

収益性指数は，1以上（%表示した場合は100%以上），正味現在価値指数は正の値を与える投資案で，どちらも大きい値の案の方が望ましい。

③ 内部利益率

内部利益率は複利計算を前提とした利益率のことであり，正味現在価値がゼロになる割引率として計算される。

この率は，複利計算を前提として計算される利益率であり，この率が資本コストを上回っていれば，その投資案は採用すべきであるという結論が導かれる。すなわち，このことは，当該投資案が要求利益率を上回る率で資本を運用していることを意味する。

X設備投資案についてこれを計算すると以下のようになる。

$$0=\sum_{t=1}^{4}\frac{C_t}{(1+x)^t}-I$$

これを満たすxが内部利益率である。このxの求め方は，試行錯誤で求めたり，表計算ソフトによって計算するなどの方法がある。後述する問題解説では，近似的に求める計算方法を説明している。

④ 回収期間

上記2つの指標と異なり，回収期間は投資案の収益性を評価するわけではなく，投資支出が与える流動性（ここで，流動性の低下とは，支払手段（現金や早期に換金される資産）が減少することを意味する）へのマイナスの影響が，どの程度早く回復するかを表す指標である。

X設備投資案について，初期投資額IがC_1+C_2より大きく$C_1+C_2+C_3$より小さいとしよう。このとき，回収期間は次のようになる。

$$回収期間=2年+\frac{I-(C_1+C_2)}{C_3}\times 1年$$

また，回収期間を計算する際に貨幣の時間価値を考慮した回収期間である割引回収期間を計算する場合がある。言い換えると，回収したキャッシュ・フローが資本コストで再投資されることを想定した場合に，初期投資額が回収される期間を計算しようとする指標である。資本コストによる再投資を実行できることが現実的であるならば，割引回収期間は貨幣の時間価値を考慮しない回収期間よりも安全性を的確に表す指標である。

X設備投資案について，初期投資額Iが$\frac{C_1}{(1+k)}+\frac{C_2}{(1+k)^2}$よりも大きく$\frac{C_1}{(1+k)}+\frac{C_2}{(1+k)^2}+\frac{C_3}{(1+k)^3}$よりも小さいとしよう。このとき，この指標は次のようになる。

$$\text{割引回収期間} = 2\text{年} + \frac{I - \left\{ \frac{C_1}{(1+k)} + \frac{C_2}{(1+k)^2} \right\}}{\frac{C_3}{(1+k)^3}} \times 1\text{年}$$

問題10-7　当社は，現在，新製品生産のためのA機械設備を導入するかどうかを検討している。下記の資料に基づいて，問に答えなさい。

問1　A機械設備（初期投資額10,000万円）に関する設備投資案の①回収期間，②割引回収期間，③会計的利益率，④正味現在価値，⑤内部利益率を計算しなさい。

問2　収益性の観点から設備投資案を採用するべきか否かをその根拠とともに答えなさい。

以上の問に解答するに際しては，以下の注意事項に従うこと。

・問1の④と⑤は複利現価係数表を利用して計算する。

・問1の⑤は割引率と現在価値の間の関係が1%区間で線形であることを仮定して計算する。

・小数点以下第3位未満を四捨五入する。

<資料>

A機械設備の取得原価は10,000万円であり，耐用年数は4年間である。この設備投資を実行した場合に，耐用期間において追加的に獲得できると予想される各年のキャッシュ・フローは以下のとおりである。なお，投資支出時点は0年度末であるとし，各年度のキャッシュ・フローは年度末に生じるものとして計算する。

年度	0	1	2	3	4
増分キャッシュ・フロー	－10,000万円	2,300	3,500	4,500	3,000

当社においては投資案について要求する利益率（資本コスト）は10%である。

複利現価係数表

n＼r	10%	11%	12%
1	0.9091	0.9009	0.8929
2	0.8264	0.8116	0.7972
3	0.7513	0.7312	0.7118
4	0.6830	0.6587	0.6355

解答・解説

問1

①　回収期間	②　割引回収期間	③　平均投資利益率	④　正味現在価値	⑤　内部利益率
2.93年	3.80年	16.5　%	413.18万円	11.79　%

問 2

結論：投資すべきである。
根拠：正味現在価値413.43万円がプラスの値であり，内部利益率11.79％が資本コスト10％を上回っている。

問 1 各指標の計算

設備投資に関する当初の投資支出総額10,000万円が当該投資によって獲得される将来の増分キャッシュ・フローで回収される期間を計算する。具体的な計算方法としては，増分キャッシュ・フローを1年目から順次累計していって，何年目の増分キャッシュ・フローで投資支出と同額になるかを計算することになる（図表10－5を参照すること）。本問では，2年目までの増分キャッシュ・フローの累計5,800万円（＝2,300万円＋3,500万円）が当初の投資支出10,000万円よりも小さいため，足りない4,200万円を3年目の増分キャッシュ・フローによって回収することになるので回収期間は，以下のように計算される。

$$2\text{年}+\frac{10{,}000\text{万円}-(2{,}300\text{万円}+3{,}500\text{万円})}{4{,}500\text{万円}}=2.93\text{年}$$

図表10－5 回収期間

当初投資支出 10,000万円			
2,300万円	3,500万円	4,200万円	300万円
（1年目）	（2年目）	（3年目）	

なお，0.93年はおよそ11ヶ月（≒12ヶ月×0.93）であるため，解答は2年11ヶ月と答えることもできる。

割引回収期間は，各年のキャッシュ・フローを現在価値に割り引いたうえで累積することによって回収期間を計算する。この問題では，3年目までのキャッシュ・フローの現在価値合計では回収しきれず，4年目のキャッシュ・フローの現在価値が必要となるため，以下のように計算される。

$$\text{割引回収期間}=3\text{年}+\frac{10{,}000\text{万円}-(2{,}300\text{万円}\times0.9091+3{,}500\text{万円}\times0.8264+4{,}500\text{万円}\times0.7513)}{3{,}000\times0.6830}\times1\text{年}=3.798\text{年}$$

会計的利益率は以下のように計算される。

$$\text{平均利益}=\frac{(2{,}300\text{万円}+3{,}500\text{万円}+4{,}500\text{万円}+3{,}000\text{万円})-10{,}000\text{万円}}{4\text{年}}=825$$

$$\text{会計的利益率}=\frac{825\text{万円}}{10{,}000\text{万円}\div2}\times100=16.5\%$$

次に，正味現在価値の計算について説明しよう。本問では，複利現価係数を利用して計算することが条件付けられているので，以下のように計算される。

$$2{,}300\text{万円}\times0.9091+3{,}500\text{万円}\times0.8264+4{,}500\text{万円}\times0.7513$$
$$+3{,}000\text{万円}\times0.6830-10{,}000\text{万円}=413.18\text{万円}$$

内部利益率については，近似計算の方法について説明する必要がある。

通常，設備投資案における割引率と正味現在価値の関係は図表10－6に示す曲線のようになる。正味現在価値がゼロになる割引率は，この図の曲線が横軸と交わる点で示される。これを試行錯誤によって求めることもできるが，本問では，1％刻みで与えられている複利現価係数表を利用し，割引率と正味現在価値の関係が線形，すなわち，直線の関係にあることを仮定して計算するように条件付けられている。

この条件で計算されるべき内部利益率は，正確な値ではなく近似値であることに注意する必要がある。図表10－6では，求めるべき割引率が点Xとして示されている。この図からわかるように，線形近似によって計算される内部利益率は，正確な内部利益率（曲線と横軸の交点）よりも高めに計算されることになる。

図表10－6　正味現在価値と割引率の関係

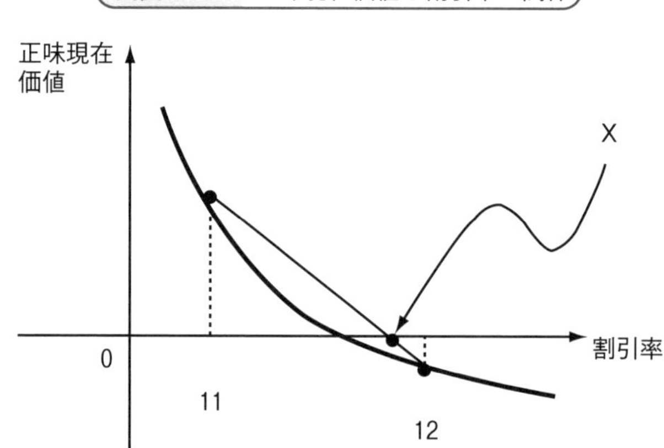

このXを計算しよう。割引率が10％，11％，12％のそれぞれにおける正味現在価値を計算すると以下のようになる。

割引率	正味現在価値
10％	413.18
11	179.17
12	－46.53

したがって，点Xは正味現在価値の符号が変わる11％と12％の間にあることがわかる（図表10－6を参照すること）。そこで，この11％と12％との間で正味現在価値と割引率が線形関係にあることを仮定して，以下のように点Xにおける割引率を計算することができる。

$$11\% + \frac{179.17\text{万円}}{(179.17\text{万円} - (-46.53\text{万円}))} \times 1\% = 11.79\%$$

（参考）

収益性指数は，$\frac{10{,}413.18\text{万円}}{10{,}000\text{万円}} = 1.041318$

正味現在価値指数は，$\frac{10{,}413.18\text{万円} - 10{,}000\text{万円}}{10{,}000\text{万円}} = 0.041318$

(6) DCF法による設備投資に関する意思決定

問題10-8 当社は収益性を回復するために，現在製造に利用している旧型機械を高性能の新型機械に取り替えるかどうかを検討している。以下の資料に基づいて，下記の問に答えなさい。

<資料>（本問では，学習上の観点から機械の残存価額をゼロとしていない）

1．旧型機械の取得原価は10,000万円であり，耐用年数は10年，耐用年数経過後の残存価額は1,000万円として定額法で減価償却計算している。これまですでに5年間使用しており，使用した5年間については減価償却を実施済みである。もし，新型機械に取り替えるとすると，この旧型機械を売却することになり，取替え時点（現在時点）でその売却可能価額は1,000万円であると見積もられる。なお，取り替えることなく利用し続けると，残りの耐用年数5年経過後の売却額は600万円である。

2．旧型機械からの取替えを検討している新型機械の取得原価は10,000万円であり，耐用年数は8年，8年後の残存価額は1,000万円として定額法で減価償却する。なお，新型機械は，5年後に売却するとした場合，その売却額は2,000万円であると見積もられる。

3．製品価格の変動は予測できないが，競合他社の動向に合わせて市場シェアを維持する予定であり，今後5年間において年間販売量は50,000個であると予測している。

4．旧型機械を利用する場合と新型機械を利用する場合のコストに関する見積もり資料は以下のとおりである。なお，固定加工費に含まれる減価償却費以外はすべて各期において現金支出を伴う費用である。

コ ス ト	旧型機械	新型機械
製品単位当たり直接材料費	1,000円	600円
製品単位当たり変動加工費	1,400	1,015
製品単位当たり固定加工費＊	2,400	2,500
製品単位当たり変動販売費	500	500
固定販売費及び一般管理費	7,500,000	7,500,000

＊ この固定加工費には，旧型機械あるいは新型機械の減価償却費が含まれている。

5．取り替える場合の旧型機械の売却に関連するキャッシュ・フローは，計算上，新型機械の投資支出に含めるものとする。

問 以上の資料に基づいて，旧型機械を新型機械に取り替える投資案の正味現在価値を計算し，この取替え案の採否についての結論を述べなさい。利益に対する税率は40%，資本コストは14%，割引計算は以下の複利現価係数表を利用することとする。なお，当社は今後5年間において十分な利益が見込める。

複利現価係数表

n＼r	14%
1	0.8772
2	0.7695
3	0.6750
4	0.5921
5	0.5194

解答・解説

正味現在価値　1,405.182　円

結　論　この取替え案を採用すべきである。

毎年の増分キャッシュ・フローおよび設備売却に伴うキャッシュ・フローへの税金の影響を考慮する必要がある。まず，旧型機械を利用する場合のキャッシュ・フローは，営業利益を税引後営業利益に調整したうえで減価償却費を加算して求められる。

（P×50,000個－27,250万円）×（1－0.4）＋900万円

ここで，Pは製品価格，27,250万円は製品50,000個を製造販売したときの営業費用であり，次のように計算される。

（1,000円＋1,400円＋2,400円＋500円）×50,000個＋750万円＝27,250万円

また，新型機械の場合も同様に

（P×50,000個－23,825万円）×（1－0.4）＋1,125万円

と計算される。それゆえ，取り替える場合の年々の営業キャッシュ・フローの増加額は

{(P×50,000個－23,825万円）×（1－0.4）＋1,125万円}－{(P×50,000個－27,250万円）×（1－0.4）＋900万円}＝2,280万円

となる。

さらに，設備売却については，売却損益によって税金が変動することに注意して以下のように計算される。

<取替え時点の旧型機械の売却>

取替え時点の旧型機械の帳簿価額は5,500（＝10,000－（10,000－1,000）÷10×5）万円であり，売却額が1,000万円であるため売却損益は4,500（＝5,500－1,000）万円の売却損となる。よって，売却損計上による税金の節約額は1,800（＝4,500×0.4）万円となる。これを考慮して，増分キャッシュ・フローは，以下のように売却額と節税額の合計となる。

1,000万円＋1,800万円＝2,800万円

<5年後の新型機械と旧機械の売却>

5年後の新型機械の帳簿価額4,375（＝10,000－（10,000－1,000）÷8×5）万円であり，売却額が2,000万円であるため売却損益は2,375（＝4,375－2,000）万円の売却損となる。よって，売却損計上による税金の節約額は950（＝2,375×0.4）万円となる。ゆえに，この場合における増分キャッシュ・フローは，以下のように売却額と節税額の合計となる。

2,000万円＋950万円＝2,950万円

さらに，取替えによってあきらめられた5年後の旧型機械の売却からのキャッシュ・フローを計算する。5年後の旧型機械の帳簿価額は1,000（残存価額）万円であり，売却額が600万円であるため売却損益は400（＝1,000－600）万円の売却損となる。よって，売却損計上による税金の節約額は160（＝400×0.4）万円となる。ゆえに，取替えによってあきらめられた旧型機械売却によるキャッシュ・フローは，以下のようになる。

600万円＋160万円＝760万円

よって，5年後の機械売却によるキャッシュ・フローは，取替えによってあきらめられたキャッシュ・フロー760万円を控除することによって以下のように計算される。

2,950万円－760万円＝2,190万円

以上をまとめると取替え案に関する増分キャッシュ・フローは，以下のようになる。

	現在	1	2	3	4	5
毎年の営業キャッシュ・フロー		2,280	2,280	2,280	2,280	2,280
設備売却分	2,800					2,190
合　計	2,800	2,280	2,280	2,280	2,280	4,470

この増分キャッシュ・フローに基づいて，取替え案の正味現在価値を計算すると以下のようになる。

$$NPV = 2{,}800\text{万円} + \frac{2{,}280}{(1+0.14)}\text{万円} + \frac{2{,}280}{(1+0.14)^2}\text{万円} + \frac{2{,}280}{(1+0.14)^3}\text{万円} + \frac{2{,}280}{(1+0.14)^4}\text{万円} + \frac{4{,}470}{(1+0.14)^5}\text{万円} - 10{,}000\text{万円}$$

$$= 2{,}800\text{万円} + 2{,}280\text{万円} \times (0.8772 + 0.7695 + 0.6750 + 0.5921 + 0.5194) + 2{,}190\text{万円} \times 0.5194 - 10{,}000\text{万円}$$

$$= 1{,}765.182\text{万円}$$

このように，正味現在価値がプラスであるため，この取替え案を採用すべきである。

(7)　内部利益率法の問題点

内部利益率法には，(1)内部利益率が2つ以上存在する場合があるという多重内部利益率の問題，(2)高い内部利益率をもたらす投資案が低い内部利益率をもたらす投資案より望ましいとは限らないという問題が存在する。

投資によるキャッシュ・フローを含めてキャッシュ・フローの正負の逆転が1回だけの場合（たとえば問題10－7のように当初に投資が1回行われ（負のキャッシュ・フロー），1年度以降のキャッシュ・フローがすべて正＝負から正への逆転が1回の場合）には，内部利益率は1つだけ存在するが，そうでないキャッシュ・フローでは(1)の多重内部利益率の問題が起きる。資本コストが正の領域で内部利益率が2つ以上存在すると，内部利益率法の判断基準である「資本コスト＜内部利益率」であっても，正味現在価値が負であるケースも考えられ，「資本コスト＜内部利益率なら投資してよい」という基準が機能しなくなる。

一方，(2)の高い内部利益率をもたらす投資案が低い内部利益率をもたらす投資案より望ましいとは限らないという問題は，複数以上の投資案について横軸に資本コストをとって正味現在価値線を描いてみた時に，正味現在価値線の傾きが異なり，正味現在価値線が交わる（＝クロス・オーバー・ポイントが存在する）時に生じる。この場合，会社の資本コストがクロス・オーバー・ポイントより前にあれば，内部利益率の低い投資案の方が，正味現在価値が高くなるので，内部利益率の低い投資案の方が望ましいということになる。

内部利益率法にはこれらの問題点が存在しているが，実務的には，日米ともに内部利益率法は正味現在価値法と同等あるいはそれ以上に使用されている。

XI 管理会計情報の展開

1 ライフサイクル・コスティング

(1) ライフサイクル・コスト

ライフサイクル・コスト（Life-Cycle Costs：LCC）は，製品の企画・開発から廃棄にいたるライフサイクル（一生涯）全体で発生する原価である。そして，この原価を集計するのが，ライフサイクル・コスティングである。

LCCは，さまざまなコストによって構成されるが，そこに含まれるコストは次の3つの視点において異なっている。

メーカーの視点では，主に商品企画，工程開発，生産，物流で発生するコストが集計される。また，ユーザーの視点では，製品の取得，運用，保守（修理やメンテナンス），廃棄のコストが集計される。

さらに，社会的視点では，廃棄コストだけでなく環境保全などに対するコストなど，社会から負担が要求されるコストも含む。

(2) トレード・オフ関係と源流管理の必要性

LCCには，さまざまなコストの間にトレード・オフ関係が存在する。たとえば，ユーザーの視点では，初期投資コスト（購入価格）と運用・保守のコストにトレード・オフの関係がある。運用・保守コストを規定する製品の信頼性や保全性などを高めるには，研究開発，製造，品質検査などにかかるメーカー側のコストの増加をもたらす。このメーカー側で発生するコストの追加分は，価格に転嫁されるため，最終的にはユーザーが負担することになる。そのなかで，初期投資コストと購入後にかかるコストの合計額（トータル・コスト）を最も小さくする案が望まれる。ユーザーの視点だけでなく，ライフサイクル・コスティングでは，さまざまなトレード・オフ関係を検討し，LCCが最小となる代替案を探求する。なお，長期間にわたって使用される耐久財などでは，ユーザーが負担するトータル・コストを現在価値に換算したうえで計算する必要がある。

また，製品ライフサイクルの初期段階における意思決定で，トレード・オフ関係やLCCに含まれるコストの多くは決定してしまう。自動車を例とすれば，購入後に，燃費，修理代，処分費用などをユーザーが左右できる余地は少なく，メーカー側の企画・設計といった初期段階で大部分は決まってしまう。というのも，製品の信頼性や保全性といった諸条件が初期段階にほぼ決定され，それらの条件に付随するコストの発生額も決まってしまうためである。

一般的に，製品ライフサイクルにおける原価決定・発生のタイミングは，図表11-1のように示される。原価発生曲線から，企画から廃棄に至るまでの各段階で多くのコストが発生していることが分かる。

他方，原価決定曲線は，コストの実際の発生に先行して，その発生額を決定し，しかもメーカー側の企画・設計といった比較的早い段階が大部分であることを示している。そのため，製品ライフサイクルが進むほど，LCCを低減する余地は少なくなる。したがって，最適なLCCとなる製品を開発するには，源流管理が必要であるといえる。

図表11-1　原価決定曲線と原価発生曲線

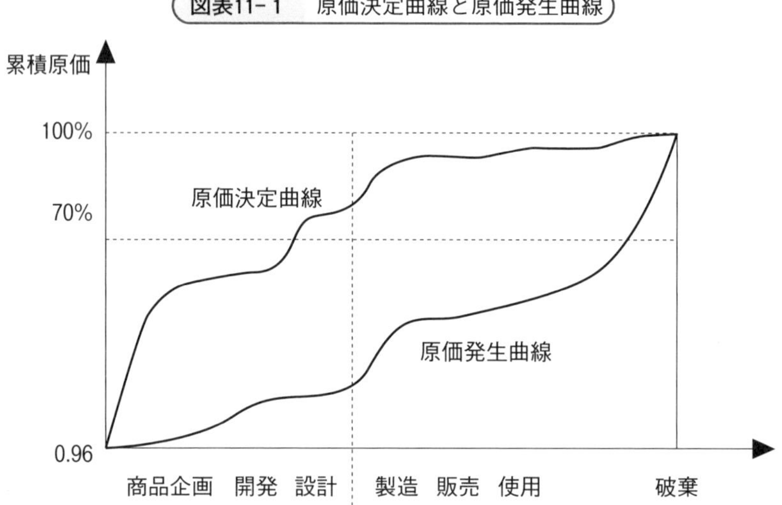

(3) ライフサイクル・コスティングの今日的意義

LCCを低減するためには，メーカーの企画・開発段階での源流管理に取り組む必要がある。しかし，ユーザーごとに，製品使用の期間・頻度・用途・状況などが異なるため，そのLCCも変化する。このため，メーカーはターゲットとなる顧客にとって魅力的な商品特性（価格，機能・性能，使用コストなど）のもとで，LCCを少なくするような開発・設計を行うことが望ましい。

ライフサイクル・コスティングの実施によって，メーカーは効果的な市場細分化や製品ポジショニングを分析し，製品の差別化を図ることができる。言い換えると，ライフサイクル・コスティングは，自社の付加価値活動（設計・開発・生産など）による価値連鎖だけでなく，供給業者や顧客の付加価値活動まで含めた全体の価値連鎖を分析対象としており，企業の戦略的な意思決定を可能とする。

また最近では，リサイクルや環境汚染対策などにかかる環境コストの負担を企業は求められている。リサイクル可能な材料への代替や環境負荷の少ない製品の企画・開発に取り組むために，製品別に環境コストを算定する社会的視点のライフサイクル・コスティングの必要性も高まっている。

問題11-1　当社は，年度初めにオフィス用プリンター10台の購入を検討しており，その見積りを3社に依頼した。各社の1台当たりの見積書ならびに仕様書の要約は以下のとおりであった。使用コストは，すべて各年度の期末に一括して支払う。貨幣の時間価値を考慮して，割引率は年10%とする。1年目から5年目までの現価係数は，（1年目：0.909，2年目：0.826，3年目：0.751，4年目：0.683，5年目：0.621）である。なお，C社の提示案は，5年のリース契約（保守契約料を含む）であり，初年度は期首に次年度以降は期末にリース料を支払う。また，廃棄・処分費用では，5年間の使用後に売却が可能な場合には残存処分価額（見積売却価額）として△を付している。各社の案への5年間の支払総額を求め，どの社の案が最も経済的であるかを答えなさい。

（見積書・仕様書の要約）　　　　　　　　　　　　　　　　　　　　　　（単位：台）

	A社	B社	C社（リース契約）
取得原価	170,000円	80,000円	—
耐用年数	5年	5年	—
リース料（年）	—	—	78,000円
使用コスト（年）			
消費電力料	22,000円	25,000円	20,000円
消耗品・部品コスト	90,000円	110,000円	70,000円
保守契約料	18,000円	15,000円	—
廃棄・処分費用	△5,000円	5,000円	—

解答・解説

各案の年度ごとのキャッシュ・フロー（CF）と現在価値をまとめて示すと以下の表のようになる。貨幣の時間価値を考慮した場合，最も経済的なのはＣ社の案である。

（単位：円）

	A社		B社		C社（リース契約）	
	CF	現在価値	CF	現在価値	CF	現在価値
第１年度期首	1,700,000	1,700,000	800,000	800,000	780,000	780,000
第１年度期末	1,300,000	1,181,700	1,500,000	1,363,500	900,000	818,100
第２年度期末	1,300,000	1,073,800	1,500,000	1,239,000	1,680,000	1,387,680
第３年度期末	1,300,000	976,300	1,500,000	1,126,500	1,680,000	1,261,680
第４年度期末	1,300,000	887,900	1,500,000	1,024,500	1,680,000	1,147,440
第５年度期末	1,250,000	776,250	1,550,000	962,550	1,680,000	1,043,280
合計	8,150,000	6,595,950	8,350,000	6,516,050	8,400,000	6,438,180

表の計算内容は，以下のとおりである。

(1)　Ａ社案

＜第１年度期首のCF＞　取得原価170,000円×10台＝1,700,000円

＜第１年度期末～第４年度期末までのCF＞

（消費電力料22,000円＋消耗品・部品コスト90,000円＋保守契約料18,000円）×10台

＝1,300,000円

＜第５年度期末のCF＞

（消費電力料22,000円＋消耗品・部品コスト90,000円＋保守契約料18,000円－見積売却価額5,000円）×10台

＝1,250,000円

＜第１年度期末～第５年度期末までの現在価値＞　（各期末のCF）×現価係数

第１年度期末：1,300,000円×0.909＝1,181,700円

第２年度期末：1,300,000円×0.826＝1,073,800円

第３年度期末：1,300,000円×0.751＝976,300円

第４年度期末：1,300,000円×0.683＝887,900円

第５年度期末：1,250,000円×0.621＝776,250円

⑵　B社案

＜第1年度期首のCF＞　取得原価80,000円×10台＝800,000円

＜第1年度期末～第4年度期末までのCF＞

（消費電力料25,000円＋消耗品・部品コスト110,000円＋保守契約料15,000円）×10台

＝1,500,000円

＜第5年度期末のCF＞

（消費電力料 25,000 円＋消耗品・部品コスト 110,000 円＋保守契約料 15,000 円＋廃棄・処分費用 5,000 円）

× 10 台＝ 1,550,000 円

＜第1年度期末～第5年度期末までの現在価値＞　（各期末のCF）×現価係数

第1年度期末：1,500,000 円× 0.909 ＝ 1,363,500 円

第2年度期末：1,500,000 円× 0.826 ＝ 1,239,000 円

第3年度期末：1,500,000 円× 0.751 ＝ 1,126,500 円

第4年度期末：1,500,000 円× 0.683 ＝ 1,024,500 円

第5年度期末：1,550,000 円× 0.621 ＝ 962,550 円

⑶　C社案

＜第1年度期首のCF＞　リース料78,000円×10台＝780,000円

＜第1年度期末のCF＞

（消費電力料20,000円＋消耗品・部品コスト70,000円）×10台＝900,000円

＜第2年度期末～第5年度期末までのCF＞

（リース料78,000円＋消費電力料20,000円＋消耗品・部品コスト70,000円）×10台

＝1,680,000円

＜第1年度期末～第5年度期末までの現在価値＞　（各期末のCF）×現価係数

第1年度期末：900,000円×0.909＝818,100円

第2年度期末：1,680,000円×0.826＝1,387,680円

第3年度期末：1,680,000円×0.751＝1,261,680円

第4年度期末：1,680,000円×0.683＝1,147,440円

第5年度期末：1,680,000円×0.621＝1,043,280円

2　品質原価計算

⑴　品質とは

一般に，品質は適合品質（もしくは製造品質）と設計品質（もしくは市場品質，知覚品質）に分けられる。適合品質は，設計仕様や製造仕様どおりに製品がつくられているかという品質を指し，設計品質は，顧客ニーズに合った製品やサービスの特質を企画・開発・設計しているのかという品質をさす。

品質原価計算における品質概念は，品質管理活動の視野の拡がりとともに，適合品質だけでなく，設計品質も含み，さらには，環境への配慮も含むように拡大しつつある。

(2) 品質コスト

品質コストは，品質管理活動を実施することで発生するコスト（予防コストおよび評価コスト）と，これらの予防および評価活動がおよばずに企業が被る損失（失敗コスト）によって構成される。この品質コストの分類法は，予防（prevention），評価（appraisal）および失敗（failure）の頭文字をとってPAF法とよばれる。

予防コストは，製品品質の欠陥が生じるのを予防する目的で支出するコストであり，品質教育費，品質計画費，製品・工程設計改善費，市場調査・顧客サービス部門の個別固定費などがある。

評価コストは，製品の品質を調査・検査することで，品質水準を保つ目的で支出するコストである。このコストには，購入材料の受入検査費，製品の出荷検査費などが含まれる。

また，内部失敗コストは，製品出荷前に発生する材料・部品・製品の欠陥によって発生するコストである。仕損費，不良品の手直費，再検査費，製品・工程の設計変更費などがこれに該当する。

外部失敗コストは，製品出荷後に発見される材料・部品・製品の欠陥によって生じるコストであり，販売不良製品の回収・補修・廃棄費，製品不良による苦情処理費，顧客対応の予算超過分などがある。

問題11-2　次の資料に基づき，予防コスト，評価コスト，内部失敗コスト，外部失敗コストを見積もりなさい。

	(単位：万円)
品質教育訓練費	320
製品・工程設計改善費	1,200
製品・工程の設計変更費	450
購入材料受入検査費	85
製品出荷検査費	230
仕損費	420
不良品の手直費	520
返品回収・補修費	40
返品廃棄処分費	25
苦情処理費	35
品質管理活動費合計	3,325

解答・解説

予防コスト　品質教育訓練費320万円＋製品・工程設計改善費1,200万円＝1,520万円

評価コスト　購入材料受入検査費85万円＋製品出荷検査費230万円＝315万円

内部失敗コスト　製品・工程の設計変更費450万円＋仕損費420万円＋不良品の手直費520万円＝1,390万円

外部失敗コスト　返品回収・補修費40万円＋返品廃棄処分費25万円＋苦情処理費35万円＝100万円

4つの品質コストの違いをしっかりと理解することが重要である。まず，品質管理活動に積極的に取り組むために発生する2つのコスト（予防コストと評価コスト）と，品質管理活動が及ばずに企業

が被る2つのコスト（内部失敗コストと外部失敗コスト）とに分けられる。

前者の2つのコストは，不良品の発生を未然に防ぐための支出（予防コスト）と品質検査のための支出（評価コスト）に分けられる。

後者の2つは，品質の不備がどの時点で発見されるかによって区分する。内部失敗コストは，製品出荷前に材料・部品・製品の不良が見つかり，その対応のために費やされる。一方，外部失敗コストは，製品出荷後に不良が見つかり，その対応のために費やされる。

(3) 品質コストに対する誤解

① 品質コストと品質ロス

品質コストには原価と損失とが混在している。PAF法による品質コストの分類において，予防コスト，評価コストおよび失敗コストのすべてに「コスト」という名称がついているが，2つの失敗コスト，すなわち内部失敗コストと外部失敗コストは，厳密にはコストとはいえない。原価（コスト）というよりもむしろ損失（ロス）とよぶべきである。なぜならば，コストもロスも企業にとっての支出という点では同じだが，コストは企業が製品ないしはサービスを生み出すために経営資源を費やすものであるのに対して，ロスは収益の獲得に何も貢献することなく費やされるものだからである。

ところが，ときとしてすべての品質コストの総額を減らすことが品質管理の目的であるという考え方が聞かれることがある。これは品質コストに対する誤解である。

② コスト最少化モデルと欠陥品ゼロ・モデル

(a) コスト最少化モデル

コスト最少化モデル（図表11-2参照）は，適合品質を保った上で，品質コスト総額が最少となる最適点を求める考え方である。図表11-2の横軸は適合品質であり，右にいくほど欠陥品率が下がる。縦軸は製品単位当りのコストである。

まず，予防コストと評価コストを合算した曲線と失敗コストの曲線を見てみよう。ある時点までは，失敗コストを未然に減らすために，経営者が経営資源を投下する（予防コストと評価コストが増える）ことで，思惑どおり失敗コストは減少する。ところが，ある時点以上に欠陥品率をさげようとすると，失敗コストの減少によって得られる利益よりも，必要なコストがずっと多くなる。

品質コスト総額の曲線をみると，欠陥品率のある水準(点線の箇所)に，経済的な均衡点がある。

図表11-2　コスト最少化モデル

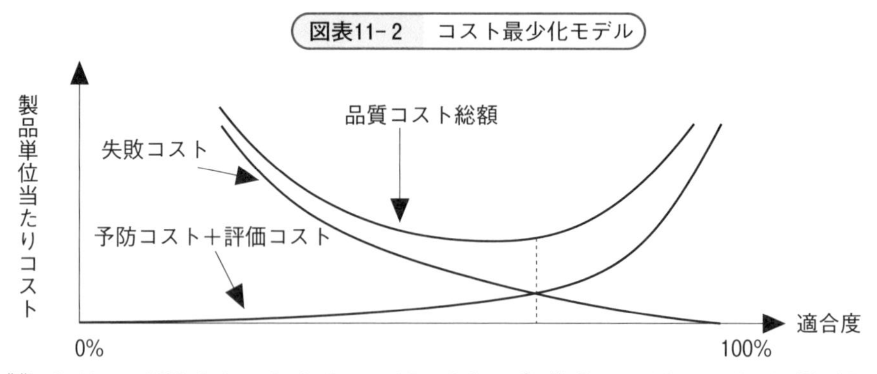

典拠：Sneiderman (1986), Optimum Quality Costs and Zero Defects, *Quality Progress* (J.Campanella(ed),1989,p.395)

(b)　欠陥品ゼロ・モデル

欠陥品ゼロ・モデル（図表11-３参照）は，コスト最少化モデルのように経済的最適点を探るのではなく，顧客満足のために欠陥品ゼロを目指す考え方である。欠陥品を市場に出すことは，顧客からの信頼を失い，中長期的な収益にダメージを受けると考えるためである。

加えて，予防コストと評価コストの間のトレード・オフを認識している。たとえば，製品の開発・製造プロセスのより源流で予防措置を採ることで，最終工程での品質検査に費やす経営資源を軽減できる。

図表11-３　欠陥品ゼロ・モデル

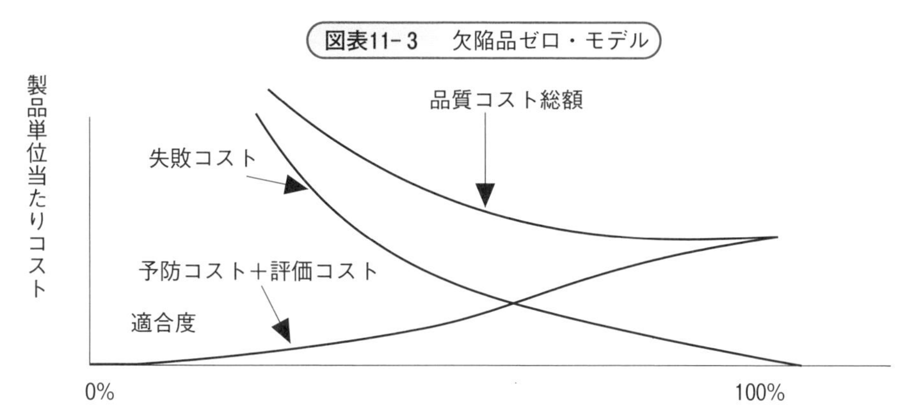

典拠：Sneiderman (1986), Optimum Quality Costs and Zero Defects, *Quality Progress* (J.Campanella(ed),1989,p.395)

(c)　２つのモデルの問題点

PAF法による品質コストの４分類を用いてグラフ化することには無理がある。例えば，予防コストをかけることで評価コストが下がったり，この両方に多額の費用をかけることで，失敗コストを下げたりするなど，４つの品質コストの間には多様な関係が存在する。PAF法をベースに種々の品質コストを集約することで，見えなくなる関係がいくつも存在する可能性がある。

重要なことは，ロスである失敗コストについては，より少ない方が望ましい。一方，コストである予防コストおよび評価コストについては，単純に金額の多寡ではなく，予防および評価にかかわる品質管理活動を効率的，効果的に実施するために品質コストを測定，評価する必要がある。

3　原価企画・原価維持・原価改善

(1)　原価企画・原価維持・原価改善の関係

原価企画とは，新製品開発に際して，中長期計画で示された目標利益を確保するために，目標原価を設定・達成する活動である。

原価維持は，量産段階で行われる原価管理活動で，現状の経営・業務環境を前提とした目標（標準）原価の維持を目指す。原価企画対象の新製品の場合には，原価企画によって示された目標原価の達成を目指すことが原価維持活動となるが，既存製品の場合には，標準原価計算による標準原価の達成や，予算管理による費用管理などの原価維持活動がある。

標準原価管理は，現行の製造条件のもと，実際原価を標準原価に一致させようとする原価維持活動であるのに対して，原価改善は，現行の製造条件を不断に変更することを通じて，原価標準を積極的に引き下げ，製品の製造原価を改善目標原価水準にまで計画的に引き下げる継続的原価低減活動である。

原価管理の重点は，製造現場から，より上流である製品の企画・開発・設計段階に移ってきている。少品種大量生産においては，製造現場での日々の活動で知恵を出し，生産効率をあげることで原価低減をはかり，十分な成果をあげてきた。ところが，製品種が増え，製品ライフサイクルが短くなってくると，製造工程も多様化し，生産期間も短くなり，製造現場でのアイデア出しだけでは，十分なコスト低減が望めなくなってきた。そこで，顧客ニーズや製造段階での作りやすさなどを考慮した製品を企画・設計することの重要性が増してきた。

(2) 原価企画

① 原価企画の特徴

原価企画とは，製品開発の源流にさかのぼって，市場で顧客に受け入れられる品質・価格・信頼性などの実現をはかる総合的な利益管理活動である。原価企画は，電機，機械，自動車などの加工組立型産業を中心として，多くの産業に普及しており，原価企画活動のあり方は一様ではない。それでもなお，共通する特徴があり，それらは以下のように整理できる。

(a) 源流管理

「原価の70から80％程度は，製品の企画・開発段階で決定する」といわれている。製品の企画・開発・設計・製造・販売といった流れのなかで，企画・開発の初期段階でのマネジメントが重要視されるのはこのためである。原価の発生時点ではなく，企画・開発の初期段階における原価の決定時点でのマネジメントを源流管理とよぶ。

(b) 原価・利益の作り込み

源流管理を単なるかけ声に終わらせず，設定された目標を実現させていく活動を原価・利益の作り込みとよぶ。「作り込む」という表現は，企画・開発の担当者および設計担当エンジニアが，たんに原価を「決定する」，「つくる」ということとは異なるニュアンスをもっている。

まずは，製品コンセプトありきということが重要である。たとえば，「携帯空間」という製品コンセプトを掲げた自動車の場合，その製品コンセプトを「車内空間の創造的利用可能性を高める」とか「自分の好きな物と一緒に空間を移動させる」などと解釈し，製品デザインを具体化させていく。その際に，原価だけでなく，品質，機能，納期，最近では環境といったさまざまな要求がせめぎ合う中で，製品コンセプトを具体性のあるものに仕上げていくプロセスを「作り込み」とよぶ。

また，原価企画にかかわるのは，企画・開発の担当者や設計担当エンジニアだけではない。顧客に関しては営業担当者，ものづくりに関しては製造担当者が，多くの情報，アイデアをもっているはずである。そうした関連部門と連携しながら，製品デザインを作り込んでいく。作り込まれるのは，原価だけでなく，品質，機能，納期などさまざまな要求事項が含まれるため，原価の作り込みだけでなく，究極的には，「利益の作り込み」が行われるといえる。

こうした作り込みを実践するためには，作業の節目節目で，設定された目標の進捗状況をチェックする必要がある。このような活動はマイルストーン管理とよばれる。マイルストーンとは一里塚のことである。また，製品の設計段階で，性能，機能，信頼性などの要求事項が原価，納期などを考慮して，当初の目標どおりに順調に実現されているのかを測定，評価し，必要に応じて，改善策を講じることをデザイン・レビューとよぶ。とりわけ，目標原価の達成状況を測定，評価し，改善策を講じることを，コスト・レビューとよぶ。

(c) 顧客志向

後で詳しく述べる目標原価の設定プロセスを見てもわかるように，原価企画の出発点は，市場や顧客に受け入れられる製品を志向することにある。これを顧客志向とよぶ。他にもマーケット志向，マーケット・イン志向とよばれることもある。それに対して，それまでのメーカーのものづくりは技術志向もしくはプロダクト・アウト志向とよばれ，自社の技術に基づいて製品化を行おうとする発想をさす。

問題11-3　下記の文章は原価企画について記述している。(　　) 内に適当な用語を入れて文章を完成させなさい。

原価企画とは，(A) の源流にさかのぼって，市場で顧客にうけ入れられる品質・価格・信頼性などの実現をはかる総合的な (B) 活動である。製品原価の大部分は (A) 段階で決定するため，大幅な原価低減が期待される。原価企画の出発点は，市場や顧客にうけ入れられる製品づくりを目指す (C) 志向にある。

① 利益管理	② プロダクト・アウト	③ 品質管理
④ マーケット・イン	⑤ 製品開発	⑥ 製造
⑦ 労務管理	⑧ 中期計画	⑨ 研究開発

解答・解説

(A) ⑤製品開発　(B) ①利益管理　(C) ④マーケット・イン

解説は本文を参照のこと。

② 原価企画のプロセス

原価企画のプロセスは，適用する目的，業種や製品などによって，その詳細は異なるが，①目標原価の設定の段階と，②目標原価の達成の段階といった2つの段階に大別することができる。

(a) 目標原価の設定

ⓐ 中・長期利益計画

中・長期利益計画では，3から5年ほどの将来にわたる会社全体としての目標利益額を設定するもので，個別の商品企画に先立って立案される。利益目標は，その会社の過去の実績や競争企業の利益額，競争環境などの情報を収集・分析し，全社的な経営戦略や事業戦略を織り込んで決められる。通常，こうして立案された利益計画は1年ごとに見直しを行うローリング方式がとられる。

ⓑ　商品企画

中・長期利益計画によってしめされた目標利益を達成するために，製品系列別の目標利益を設定する。その後，商品企画では，目標利益を獲得するための商品コンセプトを設定する。この段階では，顧客ターゲットと商品イメージを特定し，市場で受け入れられる価格・機能・品質・デザインなどについて，基本的なラフスケッチを提示する。

ⓒ　製品目標原価の設定

(i)　目標原価の設定方式

ⓘ　控除法

商品の基本構想がある程度固まる頃には，想定する市場価格も確定してくる。その製品に期待される利益目標は，中期利益計画から割り当てられるため，その製品に許容される目標原価（許容原価）が算出される。

目標原価　＝　予定売価　－　目標利益

このように，市場で許容される販売価格から，企業にとって必要な利益額である目標利益を差し引いて，目標原価を設定する方法が控除法である。

そのため，控除法は，顧客志向ならびに利益管理活動という原価企画の基本的な考え方に沿った計算方式といえる。また控除法による目標原価は，設計担当エンジニアにとってはしばしば厳しい目標となる。厳しい目標は，わずかな改善案ではなく，斬新なアイデアをもたらす誘因になることもあれば，逆に目標への挑戦意欲を減退させることも考えられる。

ⓘⓘ　積み上げ法

一方，開発される新製品のベースとなる現行製品を基準として，追加あるいは削除される機能，製造段階での新工法の採択や改善の成果などを考慮に入れ，自社の現状に基づき，個々の機能や部品ごとの目標原価を積み上げて，製品の目標原価を設定する方法を積み上げ法とよぶ。また，こうして設定された原価を成行原価とよぶ。

この方式によって設定された目標原価には，技術的な裏づけがあり，設計担当エンジニアの理解や同意を得やすい反面，そのことが逆に，漸進的な改善に満足し，革新的な原価低減アイデアが生まれにくいともいえる。

ⓘⓘⓘ　折衷法

以上のように，２つの原価目標設定方式には，それぞれ一長一短がある。そこで，控除法によって設定された目標原価と成行原価を摺り合わせて，現実的に妥当性をもった目標原価を設定する方法を折衷法とよぶ。

(ii)　目標原価の設定範囲

原価企画の対象となる原価は，理想的には，ライフサイクル・コストのすべてを対象とすべきであるが，実際には，すべての原価が原価企画の対象とはされていない。製品が導入期にあるのか，または成熟期にあるのかといった製品ライフサイクルや，原価企画の発展段階などにより，原価企画の対象となる原価範囲は異なる。一般的には，多くの原価企画実践企業が，製造原価を対象としており，開発設計費や物流費を対象とする企業はまだ少数にとどまっている。消費者の使用コストや環境コストを原価対象とする企業は，さらに少数である。

問題11-4　他社の新製品開発・販売動向，当社の市場シェア目標，市場調査などに基づき，中期利益計画において，新製品の販売価格は25万円，目標利益率は10％とした。製品仕様と既存技術を前提とした上で見積られた製造原価は28万円であった。許容原価と成行原価を求めなさい。

解答・解説

許容原価　25万円－（25万円×0.1）＝22.5万円

成行原価　28万円

解説は本文を参照のこと。

(b)　目標原価の達成

ⓐ　目標原価の細分割付

製品単位の目標原価を設定しただけでは，実際の原価低減活動は始められない。製品単位の目標原価を，機能別や部品別，担当者別などに細分化して，目標原価を達成するためのアイデアを出し合う必要がある。

目標原価の細分化において重要なことはその順序である。現行製品からの小幅な修正程度のモデル・チェンジであれば構わないが，機能・技術的変更の顕著な新製品開発の場合，部品や部門別に割りつける前に，まず機能別に目標原価を割りつける必要がある。それは，既存の技術や設計状態を前提とした部品や部門への目標原価の割付が行われ，使用する部品が決まった後では，機能を満たすための斬新なアイデアが生まれにくいためである。

ⓑ　詳細設計

詳細設計に入る前には，目標原価を達成するための新技術，素材，工法などの検討が行われる。詳細設計では，VEを適用し，本格的な設計図面による作り込み活動が始まる。この段階では，製品コンセプトを実現すべく，原価と納期を守りながら，要求される品質および機能を満たすような設計作業が行われる。その過程では，マイルストーン管理により，必要に応じて設計図面（試作図面）の書き直しを行い，正式図が完成する。

ⓒ　工程設計

設計図に描かれた製品をつくるための生産工程や必要な設備，加工時間などを決めるのが工程設計である。ここでは，製造仕様に基づく購入部品や素材，製造方法の選択のための原価見積にコスト・テーブルとよばれるデータベースを利用する。そして，複数の代替案のなかから，最適な設計案を採用する。

ⓓ　生産移行期のフォローアップ

原価企画による設計活動が終了し，製品の量産に入って数ヶ月後には，原価企画の実績評価のために，製品の実際原価を測定する。量産開始後しばらくは生産状況が安定せず異常値が出るために，期間をおいて測定する。

企業の原価低減活動は，原価企画のみで終了するわけではなく，この時期には，生産段階での原価低減活動である原価改善活動が実施される。

問題11-5　下記の文章は原価企画について記述している。（　　）内に適当な用語を入れて文章を完成させなさい。

目標原価は，（　A　）計画に基づいて設定される。そのとき，販売価格から（　B　）を差し引いて，目標原価を設定する方法が（　C　）法である。目標原価の細分割付では，とりわけ，機能・技術的変更の顕著な新製品開発の場合，（　D　）別に割りつける前に，まず（　E　）別に割り付ける必要がある。

①　短期利益	②　折衷	③　積上
④　必要経費	⑤　中期利益	⑥　機能
⑦　控除	⑧　目標利益	⑨　部門

解答・解説

（A）⑤中期利益　（B）⑧目標利益　（C）⑦控除　（D）⑨部門　（E）⑥機能

解説は本文を参照のこと。

③　**原価企画の代表的なツール**

原価企画活動を支えるもっとも代表的な管理技法がVE（価値分析，Value Engineering）である。VEは，最低の総コストで製品機能を実現することを目的としている。価値＝機能／原価という関係式が，VEの基本的な考え方を示している。機能から得られる効用と原価を比較しながら，価値の最大化を目指している。

また，コスト・テーブルは，原価見積を迅速かつ簡便に行うために作成するデータベースである。コスト・テーブルは，その利用目的により，含まれる情報も異なる。たとえば，購入部品の仕様，単価表もあれば，加工方法など製造手段を選択するための情報が整理されたものもある。

④　**原価企画を支える組織的活動**

(a)　ラグビー型の製品開発

1980年代までの多くの欧米企業では，「基本設計－詳細設計－試作－工程設計」といった製品開発の作業を細分化し，前段階の作業が終了してから，次の段階の作業を始めるというバトンタッチ方式が一般的であった。こうした作業の進め方は，部分最適を招き，設計が進んでから重大な問題が発見されると，初期段階から設計のやり直しが必要になるなど，納期やコストの観点からも無駄の多い方式といえる。

それに対して，日本企業の製品開発では，各開発フェイズが互いにオーバーラップしながら作業を進めていくオーバーラップ方式が採られてきた。たとえば，詳細設計が完了する前に，生産工程設計の作業を始めることで，事前に情報を共有し，問題を早期に解決するといった効果がある。このような同時並行的に進行する製品開発のやり方は，ラグビー型製品開発やコンカレント・エンジニアリングともよばれる。

また，この重複的な製品開発活動は，設計担当エンジニアのみに限ったことではない。原価企画活動では，営業，購買など異なる職能の人々の情報やアイデアも有効に活用する必要があるため，ときにはプロジェクト・チームを編成したり，もしくは，商品企画会議や原価企画会議の場を設定したりして，情報の共有，意見交換が行われる。こうした活動をクロス・ファンクショナル（職能横断的）な活動とよぶ。

(b)　サプライヤーとの協働

加えて，原価企画において忘れてはならないのが，サプライヤー（部品供給）企業の役割である。日本の企業グループにおいては，製品開発の初期段階から，サプライヤー企業との協働が行われてきた。これをデザイン・イン活動とよぶ。こうした活動は，系列に代表される日本固有の企業グループ関係を基盤としたが，近年では，欧米企業でも，こうした取り組みが確認されている。

それは，コンカレント・エンジニアリング同様に，その合理性が認められたという側面と，もうひとつには3DCAD（3次元コンピュータ設計）に代表される情報技術の進展がその要因に挙げられる。

欧米企業では，日本企業以上に企業間のコンピュータ・ネットワークの連携が進んでおり，このことがデザイン・イン活動を日本企業のオリジナルとは異なる形で発展させていると考えられる。

⑤　原価企画のジレンマ

原価企画は，品質，納期，機能性やコストなどの複数目標の同時達成を目指す総合的利益活動となることを期待される活動であるが，同時に，固有の逆機能や他の組織的活動にも共通するいくつかのジレンマを抱えている。

たとえば，原価企画活動を支援する組織的体制が充実していなければ，サプライヤーや設計担当エンジニアの疲弊のような逆機能が生じかねない。また支援体制が充実しても，設計支援技法に依存しすぎて本来の創造的思考がおきざりにされたり，原価企画対象から外れた原価項目を軽視したりすることにもなりかねない。

また，原価企画は日本企業の競争優位の源泉の1つであり，海外進出にともない，その海外移転が必要となる。しかしながら，日本的経営システムと密接にかかわり形成されてきた経営システムの移転には困難がつきまとう。

問題11-6　下記の文章は原価企画について記述している。（　　）内に適当な用語を入れて文章を完成させなさい。

原価企画活動を支える代表的な技法として（　A　）やコスト・テーブルがある。目標原価の達成プロセスでは，こうした技法だけでなく，（　B　）活動の促進や，部品供給会社との（　C　）活動の成否が，原価企画活動に大きく影響する。

①　マーケット・イン	②　職能横断的な	③　バトンタッチ方式の
④　デザイン・イン	⑤　ABC	⑥　VE

解答・解説

(A) ⑥VE (B) ②職能横断的な (C) ④デザイン・イン

解説は本文を参照のこと。

(3) 原価維持

原価維持は，量産段階で行われる原価管理活動で，現状の経営・業務環境を前提とした目標（標準）原価の維持を目指す。原価企画対象の新製品の場合には，原価企画によって示された目標原価の達成を目指すことが原価維持活動となるが，既存製品の場合には，標準原価計算による標準原価の達成や，予算管理による費用管理などの原価維持活動がある。

標準原価計算による原価管理（標準原価管理）は，1930年代以降，製造現場の作業能率の向上に大きな役割を果たしてきた。しかしながら，企業を取り巻く競争環境の劇的な変化は，標準原価管理の意義を低下させてきた。

顧客ニーズの多様化，製品ライフサイクルの短縮化により，少品種大量生産の時代から多品種少量生産の時代へと移行してきた。そのため，1つのモデルを生産する期間は短縮し，技術革新や投資頻度の増加もモデル・チェンジを促進する。こうした製造環境において，標準原価管理は標準の頻繁な設定変更という対応しかできない。

1970年代以後，FA（Factory Automation）化やCIM（Computer Integrated Manufacturing）化とよばれる工場自動化が進展した。こうした製造環境の変化が製造原価構成を変化させた。すなわち，伝統的原価計算が前提としていた直接労務費が製造原価の多くの割合をしめ，それが主たる管理対象であった頃に比べ，直接労務費の減少および製造間接費の増大という変化をもたらした。そのため，直接労務費を主たる管理対象とする標準原価管理の意義を相対的に低下させてきた。

標準原価管理は，非効率な活動を排除することで原価維持をはかる。その一方で，現代の企業をとりまく競争環境は，原価を維持するだけではなく，さらなる原価改善を要求する。そのため，生産現場では後述するJIT（Just-in-Time）思想に基づく生産が実践され，さらには製品の企画・開発段階での原価低減活動である原価企画へと，原価管理の重点は移行している。

このように，標準原価計算による原価管理の重要性の相対的な低下は否めない。もちろん，決算や予算編成のための標準原価の有用性は高く，その利用価値と限界を見極めて活用することが望まれる。その際にも，標準原価の妥当性を確保することが重要であり，難問でもある。

(4) 原価改善

原価改善には，新製品の目標原価の未達分を量産段階で達成しようとする製品別原価改善と，既存製品の量産段階で日常的に行われる期別原価改善がある。

① 製品別原価改善

製品別原価改善は，新製品における原価企画の目標未達部分の達成や，不採算製品の収益性回復を目的に行う。

新製品の企画・設計段階での原価管理活動を原価企画とよぶが，この原価企画における目標原価が，量産開始3ヶ月程度経過しても達成されない場合，目標原価未達成額を目標改善額として設定し，製品別原価改善委員会（プロジェクト・チーム）を組織し，VA（Value Analysis）活動を通じて，目標原価の達成を目指す。製品別原価改善委員会は，通常，当該製品製造担当役員や原価管理担当役員をチーム・リーダー，当該製品担当のプロダクト・マネジャーがサブ･リーダーとし，製造，設計，生産技術，購買の部門長などから構成される。

② 期別原価改善

期別原価改善は，短期利益計画から利益改善目標額と原価改善目標額を決定し，各部門に割り当て，現場で改善活動の実施，原価改善差異の測定・分析をするPDCAのサイクルからなる。

図表11-4に期別原価改善における原価の推移の一例を示した。まず，前期末製品単位当たり実際原価が当期製品単位当たり基準原価となる。つまり，前期末（当期首）の製品単位当たり実際原価を出発点として，原価改善活動が始まる。

この基準原価からたとえば，「当期は８％の原価削減を目標とする」といった具体的な改善目標が原価削減率で設定される。そうすると，斜線でしめした原価削減総額が当期の改善目標の総額となる。この目標を達成すべく，日々原価改善活動を遂行する。

そうした実際原価の推移を例示したのがＳ字の曲線である。つまり，実際原価の削減は，通常，計画どおりに直線的に推移するのではなく，効果的な改善提案により劇的に下がることもあれば，一度下がった原価がまた上昇することもありながら，改善目標に向けて，努力を続けるのである。

こうした原価改善活動により達成された期末実際原価が，次期製品単位当たり基準原価となり，新たな原価削減目標を設定する。こうした原価改善のサイクルが繰り返される。

図表11-4　期別原価改善における原価の推移

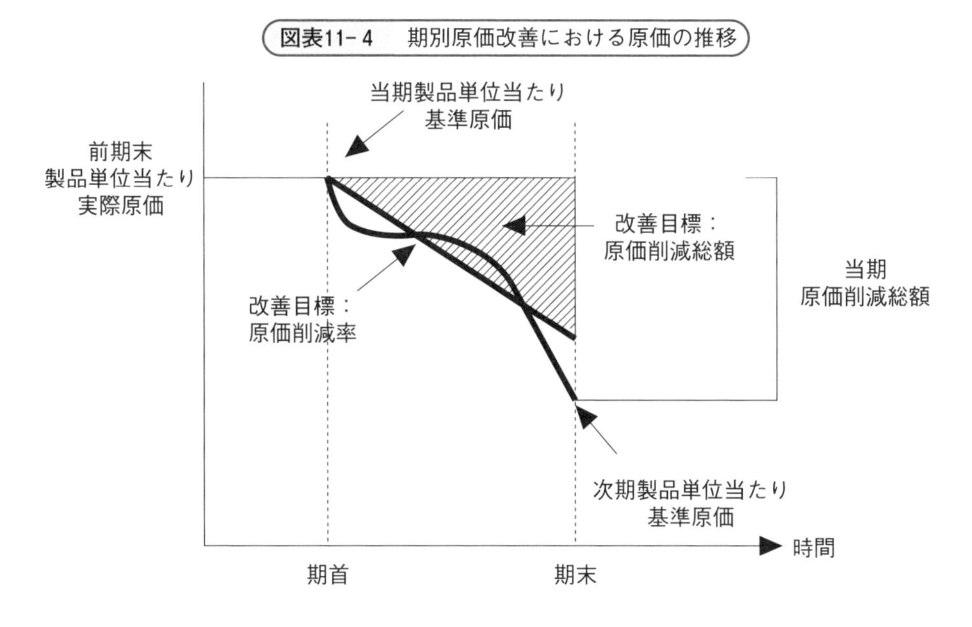

<Hilton=Maher=Selto, 2000, *Cost Management*, McGraw-HILL, p.701を参考>

期別原価改善では，部門別に原価低減目標を割り当てることで改善活動を動機づける会計情報の役割と，TQC（Total Quality Control；総合的品質管理）やJIT（Just-in-Time；ジャスト・イン・タイム）生産のような物量情報を活用する現場の改善活動がある。

JIT生産とは，必要なものを，必要な量だけ，必要なときに生産する方法である。伝統的な生産方式であるプッシュ（押し出し）方式では，生産効率を重視し，多くの在庫を生み出したのに対して，市場の需要に応じて生産量を決めるプル（引っ張り）方式であるJIT生産では，過剰在庫や過剰労働力などの多くのムダを取り除くことで，原価低減をはかる。

JIT生産を管理する手段の1つとして，トヨタで開発された手法にカンバン方式がある。カンバン方式では，生産に必要な1単位分の部品を入れた箱に，品番，前工程，後工程，生産時期・方法，運搬時期・場所・方法などを記したカンバンをつける。製造現場では，1箱の部品を使い切ると，そのカンバンを前工程へ送る。前工程では，カンバンに記された数量の部品を製造し，カンバンをつけて後工程に送る。こうすることで作りすぎの無駄を防ぐことができる。

問題11-7　発売を予定している新製品の販売価格は30万円，目標利益率は15%と設定した。なお，この新製品の成行原価は32万円であった。許容原価と成行原価の差額が大きく，発売時期の厳守を優先し，許容原価に2.5万円を加えた水準に目標原価を設定した。つまり，成行原価との残る差額は，製造段階での原価改善目標として設定された。目標原価と原価改善目標を求めなさい。

解答・解説

許容原価は30万円－（30万円×0.15）＝25.5万円であり，成行原価は32万円である。

目標原価＝25.5万円＋2.5万円＝28万円（許容原価と成行原価を摺り合わせる折衷法）

原価改善目標＝成行原価32万円－目標原価28万円＝4万円

4　活動基準原価計算（ABC）

(1)　ABCの必要性

①　ABCとは

活動基準原価計算（Activity-Based Costing：ABC）は，①経済的資源を消費して発生した原価を活動（アクティビティ）に跡付けるように集計し，②集計された原価を各活動の利用度に応じて製品やサービスなどの原価計算対象に割り当てるものである。

図表11-5　活動基準原価計算の概念図

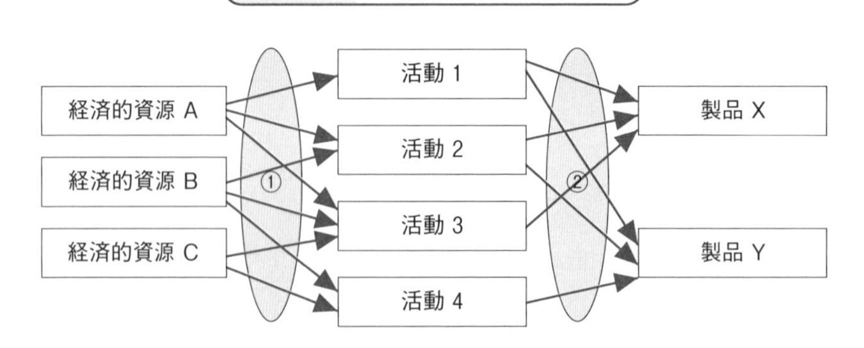

② ABCの背景

伝統的原価計算が前提としていた経営環境では，製品原価に占める製造間接費の割合は少なかった。そのため，製造間接費の製品別配賦に対して，直接作業時間などの操業度に関連する配賦基準を用いていても，製品原価を大きく歪めるようなことはなかった。

しかし今日，FA化，CIMなどによる高度な生産設備の活用が進むことで，直接労務費は低減し，キャパシティ・コストなどの固定間接費は高まっている。また，顧客ニーズの多様化により多品種少量生産が進み，頻繁な新製品の投入や製造工程の複雑化などにも起因して支援活動（受発注，作業の切替や段取，品質検査，機械の保守，設計や生産スケジュールの変更など）は増大してきた。この支援活動で発生する原価は，生産量よりも製品・部品の種類や作業内容などから影響を受ける場合が多く，また計算上では固定間接費として処理されることが少なくない。

このように，企業の経営環境の変化から原価構成における製造間接費の割合は増大し，生産量をベースとするような配賦基準を用いる伝統的原価計算では正確・迅速な製品別配賦ができないという問題が生じた。

伝統的原価計算では，支援活動が少なくても生産量の大きい製品には多くの間接費が配賦され，逆に支援活動などが多くても生産量が小さい製品は過小な間接費しか配賦されないといった原価の内部相互補助が生じやすい。

そこで，伝統的原価計算における製造間接費の配賦問題などを是正し，より正確な製品原価の算定を可能にするためにABCは登場した。

③ ABCの意義と目的

ABCは，原価態様（cost behavior，コスト・ビヘイビア）を把握するうえで活動に注目し，各活動の利用量を反映する形で製品原価を正確に算定する。支援活動などから発生する固定間接費も，ABCでは多くは長期変動費として扱われ，可能な限り製品に直課される。ABCは，特に，正確な製品原価の算定（間接費配賦計算の精緻化）と製品を生み出す活動に焦点をあてた点に意義がある。

伝統的原価計算よりも正確な製品原価を算定できることで，ABCは価格決定，製品ミックスの決定，ポートフォリオ分析，製品別・顧客別の収益性分析，製品の導入・撤退の意思決定などに有用な情報を提供できる可能性をもつ。

生産量ベースの配賦基準を用いる伝統的全部原価計算では，少量製品への間接費が少なく計上されるために正確な製品原価が把握できない場合があり，価格決定の基準となる製品原価に歪みを与える。また，製品原価に固定費を含めない直接原価計算では，製品ミックスや新製品の導入の意思決定に際して，支援活動などから発生する固定間接費などを増大させる場合であっても，短期的な貢献利益から正しいと判断してしまうことがありうる。

これに対して，ABCは全部原価計算の一種であり，固定間接費なども長期変動費と捉えて利用された資源をなるべく製品原価に算入するため，長期的な観点からも意思決定を適切に行うことができるといわれている。

さらに，ABCは製品を生み出す活動に焦点をあてた点にも意義がある。ABC情報を活用することで，顧客にとって価値を生まない活動（非付加価値活動）を減少・除去するように製造プロセスを変更したり，より安価な資源消費となるように活動を代替・共有化するように商品開発・設計を見直したりする改善も可能になる。

なお，ABC情報を用いて，顧客満足を高めるように継続的改善活動を行うことを活動基準原価管理（Activity-Based（cost）Management：ABM）という。さらに，ABC情報を活用して予算編成を行うことを活動基準予算（Activity-Based Budgeting：ABB）とよぶ。

以上のABCの意義から，ABCを活用する目的（価格決定，収益性分析，改善活動など）は多岐にわたっている。ABCは，顧客満足を高めつつ企業の収益性を改善するなど，現代の企業の経営環境や経営戦略の内容を反映したうえで，効果的な原価管理・利益計画を可能にさせるものといえる。

(1) ABCの計算構造

① 製造間接費の配賦方法

伝統的原価計算とABCの計算構造では，製造間接費の配賦方法に違いがある。製造直接費（直接材料費と直接労務費）については，両者の間で大きな相違はない。

製造間接費の製品別配賦において，伝統的原価計算では，まず製造プロセスに要した原価について費目別計算を行い，原価の発生場所である原価部門（通常，複数存在する製造部門と補助部門）別に分類・集計する。ここで，部門個別費は各部門へ直課し，部門共通費は適当な配賦基準をもって各部門に配賦（部門共通費の配賦）する。引き続いて，補助部門費は，製造部門へと配賦（補助部門費の配賦）することになる。

次に，各製造部門に集計された製造間接費を，直接作業時間などの操業度関連の配賦基準（製品への配賦基準）を用いて，原価計算対象である各製品へと配賦する。

この伝統的原価計算は，材料から製品にいたるモノの流れを意識した計算手続きであり，資源の支出を基礎とした計算構造となっている。

他方，ABCでは，「製品やサービスなどの原価計算対象が活動を消費し，さらに活動は経済的資源を消費するという関係（資源の消費）」を基礎としている。

そのため，製造間接費は，まず，活動が資源を消費するという観点から，原価部門別ではなく活動別に集計される。続いて，活動ごとに集計された製造間接費は，活動の利用度に応じて各製品に配分される。

図表11-6　製造間接費の配賦方法

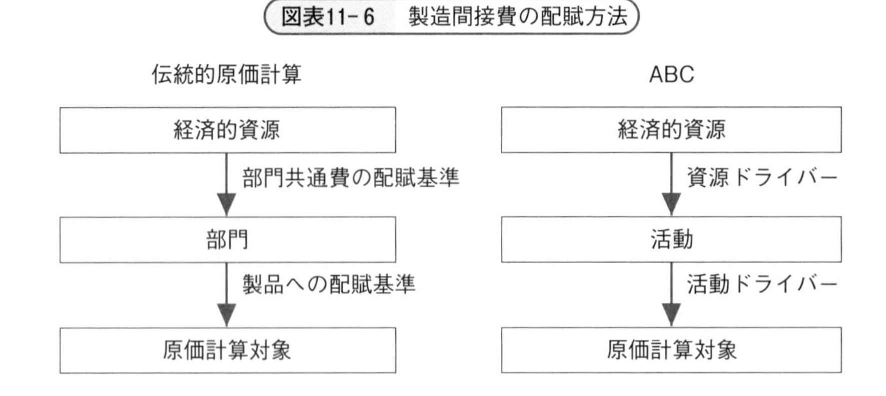

② コスト・プールとコスト・ドライバー

伝統的原価計算とABCの計算構造を対比すると，まずコスト・プール（cost pool）が異なっている。コスト・プールとは，各製品に間接費を配賦する前に一時的に分類・集計する中間的な原価計算対象である。伝統的原価計算のコスト・プールは「部門」であったが，ABCでは「活動」となっている。ABCにおいてコスト・プールである活動ごと（活動センター）に集計された原価は，活動原価（activity costs）と称される。なお，ABCでコスト・プールとして扱われる活動は，たとえば製造プロセスにおいては，しばしば，次の４種類に分類される。

(a) ユニットレベル活動………製品の最小単位（１製品）ごとの活動
(b) バッチレベル活動…………バッチないしロット（生産上の都合から一定数量にまとめられた単位）ごとの活動
(c) 製品支援活動………………バッチレベルの識別はできないが，製品種ごとに識別されるサポート活動
(d) 施設支援活動………………すべての製品種の製造をサポートする活動

また，ABCで扱う活動の設定は，その数が少なければ計算の精密さを欠き，多すぎれば計算が複雑となるため費用対効果が低くなるといわれる。そのため，ABCにおける活動センターは，企業の戦略や環境に照らし合わせて適当な数を設定することが肝要である。

次に，伝統的原価計算とABCでは，コスト・ドライバー（cost drivers, 原価作用因）の内容も異なる。コスト・ドライバーとは，原価の発生に影響を及ぼす要因であり，コストを原価計算対象に割り当てる測定尺度として用いられるものである。効率的な原価管理のためには原価態様を理解する必要があるが，それはコスト・ドライバーとの関係において識別される。

伝統的原価計算では，操業度に関連する直接作業時間や機械運転時間などの配賦基準がコスト・ドライバーに相当すると考えられてきた。他方，ABCでは，資源ドライバー（resource drivers）と活動ドライバー（activity drivers, activity cost drivers）の２種類のドライバーを認識している。そのうち，原価計算対象にコストを割り当てるという意味においては，活動ドライバーがコスト・ドライバーに該当し，操業度だけでなく適当な測定尺度が用いられる。

図表11-7　資源ドライバーと活動ドライバーの例

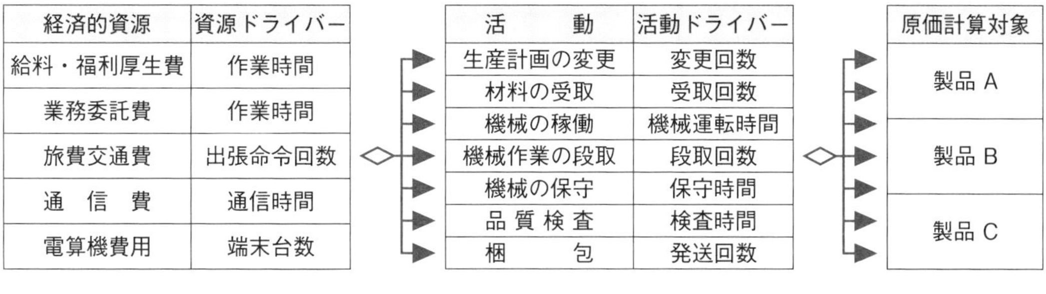

経済的資源	資源ドライバー
給料・福利厚生費	作業時間
業務委託費	作業時間
旅費交通費	出張命令回数
通　信　費	通信時間
電算機費用	端末台数

活　　動	活動ドライバー
生産計画の変更	変更回数
材料の受取	受取回数
機械の稼働	機械運転時間
機械作業の段取	段取回数
機械の保守	保守時間
品 質 検 査	検査時間
梱　　包	発送回数

原価計算対象
製品 A
製品 B
製品 C

まず，資源ドライバーは経済的資源を各活動に割り当てるために使われる測定尺度である。たと

えば，給料・福利厚生費などの人的資源の場合は，個々人の活動分析などから，各活動に費やした「作業時間」を資源ドライバーとして，その消費量から各活動へと配分することが多い。また，人的資源以外では，通信費には「通信時間」，電算機費用には「端末台数」などと，適当な資源ドライバーを選定して，その消費量に応じて各活動へと割り当てる。

次に，活動ドライバーは集計された活動原価を活動の利用度に応じて製品に割り当てる際の測定尺度である。活動ドライバーの例としては，作業の段取活動には「段取回数」や「段取時間」，機械の保守活動には「保守時間」，梱包活動には「発送回数」などが使用される。原価計算対象である製品には，各活動をどれだけ利用したのかを，それぞれの活動ドライバーによって割り当てられる。

問題11-8 当社は活動基準原価計算を採用している。次の資料に基づいて，購買部門で発生している人件費・コンピュータのリース代・通信費を，製品Aと製品Bに配賦しなさい。なお，購買係給料総額は2,000,000円，リース代は240,000円，そして通信費は10円／分（計60,000円）である。

＜資料 1＞ 資源ドライバー

経済的資源	資源ドライバー	活動					
		契約	発注	受入検収	検査	運搬格納	総消費量
購買係給料総額	作業時間	200時間	400時間	200時間	150時間	50時間	1,000時間
リース代	端末台数	3台	5台	2台	1台	1台	12台
通信費	通信時間	50時間	40時間	5時間	5時間	0時間	100時間

＜資料 2＞ 活動ドライバー

活動	活動ドライバー	製品A	製品B	総消費量
契約	材料・部品の発注先変更回数	25回	45回	70回
発注	材料・部品の発注件数	400件	260件	660件
受入検収	納入された材料・部品の検収件数	1,500件	500件	2,000件
検査	納入された部品の抜取検査回数	150回	100回	250回
運搬格納	納入された材料・部品の検収件数	1,500件	500件	2,000件

解答・解説

まず，資源ドライバーを用いて経済的資源をコスト・プールである各活動に集計する。各資源の金額を資源ドライバーの総消費量で除して「資源ドライバー・レート」を求め，そのレートに資源ドライバー消費量を乗じることで，各活動へ配分する金額が算定される。

（購買係給料）資源ドライバー・レート＝2,000,000円÷1,000時間＝2,000円／時間

契約活動＝2,000円／時間×200時間＝400,000円

発注活動＝2,000円／時間×400時間＝800,000円

受入検収活動＝2,000円／時間×200時間＝400,000円

検査活動＝2,000円／時間×150時間＝300,000円

運搬格納活動＝2,000円／時間×50時間＝100,000円

（リース代）資源ドライバー・レート＝240,000円÷12台＝20,000円／台

契約活動＝20,000円／台× 3 台＝60,000円

発注活動＝20,000円／台× 5 台＝100,000円

受入検収活動＝20,000円／台× 2 台＝40,000円

検査活動＝20,000円／台×１台＝20,000円

運搬格納活動＝20,000円／台×１台＝20,000円

（通信費）資源ドライバー・レート＝10円／分

契約活動＝10円／分×50時間×60分＝30,000円

発注活動＝10円／分×40時間×60分＝24,000円

受入検収活動＝10円／分×５時間×60分＝3,000円

検査活動＝10円／分×５時間×60分＝3,000円

運搬格納活動＝10円／分×０時間×60分＝０円

		契約	発注	受入検収	検査	運搬格納
購買係給料総額	2,000,000円	400,000円	800,000円	400,000円	300,000円	100,000円
リース代	240,000円	60,000円	100,000円	40,000円	20,000円	20,000円
通信費	60,000円	30,000円	24,000円	3,000円	3,000円	0円
合計	2,300,000円	490,000円	924,000円	443,000円	323,000円	120,000円

次に，活動ドライバーを用いて製品Ａと製品Ｂに各活動の原価を割り当てる。各活動の原価を活動ドライバーの総消費量で除すると，各活動ドライバーのレートが求まる。その活動ドライバー・レートに各製品の活動ドライバー消費量を掛け合わせることで配賦額は算定される。

（契約活動）活動ドライバー・レート＝490,000円÷70回＝7,000円／回

製品Ａ＝7,000円／回×25回＝175,000円

製品Ｂ＝7,000円／回×45回＝315,000円

（発注活動）活動ドライバー・レート＝924,000円÷660件＝1,400円／件

製品Ａ＝1,400円／件×400件＝560,000円

製品Ｂ＝1,400円／件×260件＝364,000円

（受入検収活動）活動ドライバー・レート＝443,000円÷2,000件＝221.5円／件

製品Ａ＝221.5円／件×1,500件＝332,250円

製品Ｂ＝221.5円／件×500件＝110,750円

（検査活動）活動ドライバー・レート＝323,000円÷250回＝1,292円／回

製品Ａ＝1,292円／回×150回＝193,800円

製品Ｂ＝1,292円／回×100回＝129,200円

（運搬格納活動）活動ドライバー・レート＝120,000円÷2,000件＝60円／件

製品Ａ＝60円／件×1,500件＝90,000円

製品Ｂ＝60円／件×500件＝30,000円

以上の計算から，製造間接費の製品別配賦額は次の結果となる。

		製品Ａ	製品Ｂ
契約	490,000円	175,000円	315,000円
発注	924,000円	560,000円	364,000円
受入検収	443,000円	332,250円	110,750円
検査	323,000円	193,800円	129,200円
運搬格納	120,000円	90,000円	30,000円
合計	2,300,000円	1,351,050円	948,950円

製品Ａ：1,351,050円　製品Ｂ：948,950円

問題11-9　当社は3種類の製品X，Y，Zを製造・販売している。以下の資料に基づいて，下記の問いに答えなさい。

<資料1>

		合　　計	製品X	製品Y	製品Z
生産量		6,500個	3,000個	2,500個	1,000個
製造直接費	直接材料費	55,000,000円	7,500円／個	9,000円／個	10,000円／個
	直接労務費	27,000,000円	5,000円／個	4,000円／個	2,000円／個
	直接作業時間	27,000時間	5時間／個	4時間／個	2時間／個
	直接工の時間賃率	1,000円／時間			
製造間接費		48,600,000円			

<資料2>

活　　動	原　　価	活動ドライバー	製品X	製品Y	製品Z	総消費量
発　　注	3,000,000円	発注回数	15回	15回	20回	50回
段　　取	1,350,000円	段取回数	45回	50回	40回	135回
機械関連	22,500,000円	機械運転時間	2,000時間	2,000時間	1,000時間	5,000時間
品質検査	3,600,000円	検査時間	150時間	250時間	200時間	600時間
出　　荷	7,350,000円	出荷回数	30回	50回	25回	105回
管　　理	10,800,000円	直接作業時間	15,000時間	10,000時間	2,000時間	27,000時間
製造間接費	48,600,000円					

問1　伝統的全部原価計算により，製品単位当たりの製造原価を計算しなさい。ただし，各製品への製造間接費の配賦は直接作業時間を用いるものとする。

問2　活動基準原価計算により，製品単位当たりの製造原価を計算しなさい。

解答・解説

問1　伝統的全部原価計算では，一般に，費目別計算→部門別計算→製品別計算という手続きを経るが，この問題では部門別計算は省略されている。すでに，製造直接費は各製品に直課されており，問題となるのは製造間接費の製品別配賦計算である。製造間接費の配賦基準は，直接作業時間を用いることになっており，各製品に配賦される製造間接費は次のように計算する。

製造間接費の算定式

（製造間接費の総額）÷（総直接作業時間）＝48,600,000円÷27,000時間＝1,800円／時間

製品X＝1,800円／時間×5時間＝9,000円

製品Y＝1,800円／時間×4時間＝7,200円

製品Z＝1,800円／時間×2時間＝3,600円

したがって，伝統的全部原価計算による製品単位当たりの製造原価は，以下の結果となる。

（単位:円）

	製品X	製品Y	製品Z
直接材料費	7,500	9,000	10,000
直接労務費	5,000	4,000	2,000
製造間接費	9,000	7,200	3,600
製造原価	21,500	20,200	15,600

製品X:21,500円　製品Y:20,200円　製品Z:15,600円

問2　活動基準原価計算においても，製造直接費は各製品へと直課される（資料1参考）。製造間接費は，資料2を参考にして，コスト・プールとして集計された活動原価を活動ドライバーの利用度に応じて各製品へと割り当てる。

（発注活動）活動ドライバー・レート＝3,000,000円÷50回＝60,000円／回

製品X＝60,000円／回×15回＝　900,000円

製品Y＝60,000円／回×15回＝　900,000円

製品Z＝60,000円／回×20回＝1,200,000円

（段取活動）活動ドライバー・レート＝1,350,000円÷135回＝10,000円／回

製品X＝10,000円／回×45回＝450,000円

製品Y＝10,000円／回×50回＝500,000円

製品Z＝10,000円／回×40回＝400,000円

（機械関連活動）活動ドライバー・レート＝22,500,000円÷5,000時間＝4,500円／時間

製品X＝4,500円／時間×2,000時間＝9,000,000円

製品Y＝4,500円／時間×2,000時間＝9,000,000円

製品Z＝4,500円／時間×1,000時間＝4,500,000円

（品質検査活動）活動ドライバー・レート＝3,600,000円÷600時間＝6,000円／時間

製品X＝6,000円／時間×150時間＝　900,000円

製品Y＝6,000円／時間×250時間＝1,500,000円

製品Z＝6,000円／時間×200時間＝1,200,000円

（出荷活動）活動ドライバー・レート＝7,350,000円÷105回＝70,000円／回

製品X＝70,000円／回×30回＝2,100,000円

製品Y＝70,000円／回×50回＝3,500,000円

製品Z＝70,000円／回×25回＝1,750,000円

（管理活動）活動ドライバー・レート＝10,800,000円÷27,000時間＝400円／時間

製品X＝400円／時間×15,000時間＝6,000,000円

製品Y＝400円／時間×10,000時間＝4,000,000円

製品Z＝400円／時間×2,000時間＝　800,000円

以上の計算から，製造間接費の製品別配賦額は次の結果となる。

活　　動	原　価	製品X	製品Y	製品Z
発　　注	3,000,000円	900,000円	900,000円	1,200,000円
段　　取	1,350,000円	450,000円	500,000円	400,000円
機械関連	22,500,000円	9,000,000円	9,000,000円	4,500,000円
品質検査	3,600,000円	900,000円	1,500,000円	1,200,000円
出　　荷	7,350,000円	2,100,000円	3,500,000円	1,750,000円
管　　理	10,800,000円	6,000,000円	4,000,000円	800,000円
製造間接費	48,600,000円	19,350,000円	19,400,000円	9,850,000円

製品単位当たりの製造間接費は，次の算定式のようにして求める。

製品X＝19,350,000円÷3,000個＝6,450円

製品Y＝19,400,000円÷2,500個＝7,760円

製品Z＝9,850,000円÷1,000個＝9,850円

したがって，活動基準原価計算による製品単位当たりの製造原価は，以下の結果となる。

（単位:円）

	製品X	製品Y	製品Z
直接材料費	7,500	9,000	10,000
直接労務費	5,000	4,000	2,000
製造間接費	6,450	7,760	9,850
製造原価	18,950	20,760	21,850

製品X:18,950円　製品Y:20,760円　製品Z:21,850円

問1と問2の結果を見比べると，製品単位当たりの製造間接費が最も高いのは，伝統的全部原価計算では製品Xであったが，ABCでは製品Zとなっている。製品ごとの活動ドライバーの消費量に注目すると，製品Zは最も生産量が少ないにもかかわらず，実際には多くの手間がかかっていることが分かる。このように，伝統的原価計算では，手間のかかる製品の製造原価を不当に低く算出してしまう傾向にある。

5　ミニ・プロフィットセンター

(1)　利益センターとミニ・プロフィットセンター

組織単位は，管理者がどの範囲までの会計数値に責任を持つかによって，原価センター，利益センター，および投資センターに分けられる。このなかで，利益センターとして利益責任を持つ組織は，一般的には，生産と販売の両方の機能を持つような組織が想定されている。そのため，工場などの製造部門は，販売機能を持たないことから原価センターと考えられることが多い。

ところが，いくつかの日本企業では，製造部門を工程単位などの10人～50人ほどの小集団に分割して，それぞれの小集団に対して利益責任を持たせる管理システムを採用していることが知られている。このような管理システムは，ミニ・プロフィットセンター制（micro profit center system）と呼ばれている。

ミニ・プロフィットセンター制では，それぞれの小集団（ミニ・プロフィットセンター）が収益を計上できるようにするために，社内のミニ・プロフィットセンター間で，内部振替価格に基づく売買取引が行われる。ただし，個別のミニ・プロフィットセンターに与えられている取引上の権限は，企業によってさまざまである。一般的には，権限の大小によって真ミニ・プロフィットセンター制と疑似ミニ・プロフィットセンター制に分類される。

真ミニ・プロフィットセンター制では，個別のミニ・プロフィットセンターに対して，他のミニ・プロフィットセンターとの取引に対する忌避宣言権や価格決定権など，比較的大きな権限が委譲されている。その一方で，疑似ミニ・プロフィットセンター制では，個別のミニ・プロフィットセンターが持つ権限が相対的に小さい。しかし，程度の差はあっても，市場環境の変化に対して素早く対応できるように，小集団組織に対する権限委譲と管理会計システムに基づく情報共有を通じて，利益責任を持たせることによって，現場の活性化（エンパワメント）を目的とする点で共通している。

(2) ミニ・プロフィットセンターにおける利益の計算方法

ここでは，真ミニ・プロフィットセンター制を採用する代表的な企業として知られている，京セラ株式会社のアメーバ経営の事例をもとに，ミニ・プロフィットセンターにおける利益の計算方法を検討する。アメーバ経営では，時間当たり採算と呼ばれる利益計算プロセスを通じて，個別の小集団（アメーバ）に市場環境の変化への対応を促すシステムが構築されている。製造部門のアメーバを対象とした時間当たり採算の計算式は以下のとおりであるが，さらに詳細な計算プロセスについて，図表11-8をもとに説明する。

総出荷＝社外出荷＋社内売
総生産＝総出荷－社内買
差引売上＝総生産－費用
時間当たり採算＝差引売上÷総時間

まず，製造部門のアメーバの売上高にあたるものとして，総出荷が計算される。総出荷は，社外への売上高（社外出荷）と社内の他のアメーバへの売上高（社内売）を合計したものである。ここでのポイントは，社外への販売が営業部門を通じて行われるにもかかわらず，製造部門が売上高を計上することである。他方で，営業部門は，製造部門から売上の一定割合の営業口銭を受け取る。このような計算方法をとることで，市場価格の情報を素早く製造部門に伝達することが可能になる。

総出荷から，社内の他のアメーバからの購入額（社内買）を差し引いて，総生産が計算される。そして，総生産から費用を差し引くことで，アメーバにとっての利益である差引売上が計算される。さらに，差引売上を総時間で割ることによって，時間当たり採算が計算される。ただし，図表11－8にあるとおり，時間当たり採算表では，費用の内訳が一般的な原価計算および損益計算の形式とは大きく異なることに，注意が必要である。

第1に，製造原価に関連する費用として，原材料費や金具代などの材料費に加えて，外注加工賃や電力費などの経費が計上される一方で，労務費は含まれていない。そのため，差引売上の会計的な性質は，利益ではなく付加価値に近い。なお，費用には資本コスト額（金利償却費）が含まれるため，差引売上は厳密な意味での付加価値ではない。

第2に，原材料費は購入額がそのまま計上されており，棚卸資産の調整は行われない。このような計算方法では，原材料を多めに購入して在庫を増加させることが時間当たり採算の低下に直結してしまう。そのため，在庫の増加を回避することが期待される。

第3に，費用の内訳には，製造原価に関連する項目だけではなく，製造部門から営業部門に支払われる営業口銭（営業経費）および本社経費などの，販売費及び一般管理費に相当する費目が含まれている。さらに，資本コストである金利償却費も費用に含まれている。このような簡素化のための工夫は，時間当たり採算に対する現場の共通理解の促進を目的としている。

時間当たり採算を向上させるための方策は，3つに分類される。第1は，受注を伸ばすことによって，総生産の金額を増加させることである。第2は，費用を削減することである。第3は，作業の効率化により総時間を削減することである。このうち，総時間の削減は，残業時間を削減するだけではなく，アメーバのメンバーを他のアメーバの応援に派遣して，その時間を派遣先のアメーバの時間に振り替えることでも達成される。

図表11-8 製造部門における時間当たり採算表の例

総出荷	（千円）	A＝B＋C	26,800
社外出荷	（千円）	B	6,300
社内売	（千円）	C	20,500
社内買	（千円）	D	2,200
総生産	（千円）	E＝A－D	24,600
費用合計	（千円）	F＝a＋b＋…＋q	12,000
原材料費		a	500
金具・仕入商品費		b	10,000
外注加工費		c	200
修繕費		d	100
電力費		e	100
………		…	…
………		…	…
金利償却費		m	300
部内共通費		n	100
工場経費		o	200
内部技術料		p	100
営業・本社経費		q	300
差引売上	（千円）	G＝E－F	12,600
総時間	（h）	H＝x＋y＋z	2,000
定時間		x	1,800
残業時間		y	100
部内共通時間		z	100
当月時間当たり採算	（円/h）	I＝G÷H	6,300
時間当たり生産高	（円/h）	J＝E÷H	12,300

典拠：三矢裕（2003）『アメーバ経営論：ミニ・プロフィットセンターのメカニズムと導入』東洋経済新報社，93頁を一部変更。

(3) ミニ・プロフィットセンター制による経営管理

ミニ・プロフィットセンター制を通じて小集団に利益責任を持たせる主要な目的は，市場環境の変化に対して迅速に対応できるように，製造現場を活性化することである。そのため，アメーバ経営では，個別のアメーバに対して大きな権限が委譲されるとともに，時間当たり採算という会計数値にもとづく指標が，日次で集計および報告されている。このように，管理会計情報が現場に理解しやすい形式で適時に提供されている点は，アメーバ経営の大きな特徴である。

その一方で，アメーバ経営の運用にあたっては，経営フィロソフィの重要性が繰り返し強調されており，必ずしも会計数値だけで管理が行われているわけではない。そのため，ミニ・プロフィットセンター制において，会計数値による管理を，それ以外の管理方法とどのように組み合わせるのかという点は，経営管理を行ううえで重要である。

6 マテリアルフローコスト会計

(1) 環境管理会計とマテリアルフローコスト会計

環境に対する関心の高まりによって，環境会計についての研究も進んできている。環境会計は，大きく次のように分けられる。

環境会計
- 外部環境会計…外部への情報開示を目的（企業間の比較も行われる）
  →環境コストの認識・測定開示の諸手法の標準化
  集計する環境コストは「環境保全コスト」
- 環境管理会計…内部管理目的→手法は管理目的に応じて多様
  環境に関連するコストを目的に応じて集計
  （＝集計対象は環境保全コストに限定されない）

環境管理会計（Environmental Management Accounting）は，企業内部において環境と経済を連携させる技術一般に係わる会計であるが，そこには，①環境配慮型設備投資決定，②環境配慮型原価企画，③環境配慮型業績評価，④ライフサイクルコスティング，⑤マテリアルフローコスト会計などが含まれる。

そのうち，マテリアルフローコスト会計（Material Flow Cost Accounting：MFCA）は，環境管理会計の基盤を形成する手法と考えられている。環境保全を指向するだけでなく，コスト削減による生産効率のアップも目的とするため，企業の関心を引きやすいとともに大きな成果を実現する可能性があるからである。

(2) マテリアルフローコスト会計

マテリアルフローコスト会計では，工程内のマテリアル（原材料）の実際の流れ（フローとストック）を投入物質ごとに金額と物量単位で追跡し，工程から出る製品（正の製品）と廃棄物（負の製品）のどちらも製品（＝工程からのアウトプット）とみなして，どちらについてもコスト計算を行う

マテリアルフローコスト会計の基本目的は，

① マテリアルフローコスト構造を可視化すること
② マテリアルフローとストックを物量とコスト情報で把握すること
③ 伝統的原価計算を精緻化すること
④ あらゆる経営階層に有用で適時的な意思決定情報を提供すること
⑤ 環境負荷低減とコスト削減を同時に達成するような基準を導入すること

にあるとされている。

マテリアルフローコスト会計では，原則として，製造プロセスで廃棄物が生じるポイント（物量セ

ンター）ごとに物量，原価の測定を行う。そして，物量センターごとに，すべての投入物質（マテリアル）のインプットとアウトプットを測定し，良品として次工程に引き継がれる部分と廃棄される部分を区別する。マテリアルフローコスト会計で集計される原価は次の通りである。

マテリアルコスト…投入された原材料費
システムコスト……加工費（労務費や減価償却費などの経費）
→　製品と廃棄物に配分
廃棄物の配送・処理コスト

（注）マテリアルフローコスト会計におけるマテリアルには，理論的には，原材料のほかに水（水蒸気），電力，ガス，燃料などの用役関連の物質も含まれる。しかし，実務では，用役関連の物質はマテリアルコストに含めていない場合が多い。

(3) 伝統的な原価計算とマテリアルフローコスト会計の違い

伝統的な原価計算とマテリアルフローコスト会計の違いを簡単な仮設例を通じて示すことにする。

＜仮設例＞
原材料200kgを投入し，製品１個180kg，廃棄物20kgを産出
原材料購入原価　2,400円（購入原材料を全部投入）
加工費　1,600円
廃棄物は通常発生する範囲

図表11-9　通常の伝統的原価計算の場合（度外視法）

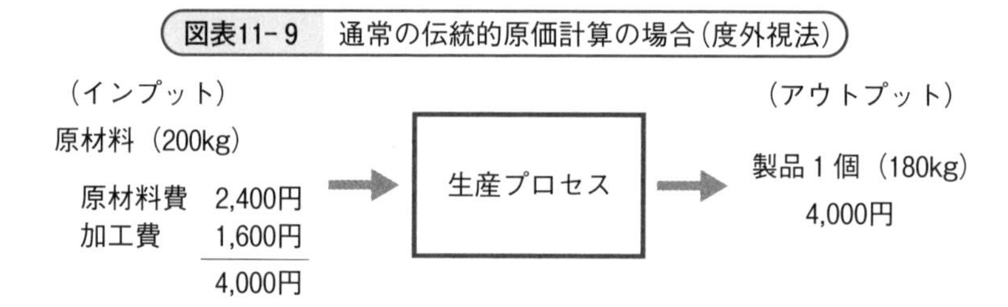

実務では，度外視法が採用されていることが多いが，度外視法ではすでに学習しているように，廃棄物の原価は把握されない。これは，伝統的原価計算の主な狙いは，価値（あるいはコスト）回収計算にあるため，製品製造のために費やされた価値が製品（良品）の販売を通じて回収されるかどうかに関心があり，廃棄物の原価を把握するインセンティブが低いためである。

図表11-10　マテリアルフローコスト会計の場合

（インプット）
原材料（200kg）
原材料費　2,400円
加工費　1,600円
4,000円

生産プロセス

（アウトプット）
製品１個（180kg）
原材料費　2,160円
加工費　1,440円
3,600円

廃棄物（20kg）
原材料費　240円
加工費　160円
400円

上記の計算例では，原材料の重量比を基準にして加工費を製品，廃棄物に配分した。廃棄物も加工工程を経て産出されるので，マテリアルフローコスト会計では，加工費も廃棄物に配分されるべきだと考える。マテリアルフローコスト会計では，廃棄物を負の製品とみなして，廃棄物の原価400円が把握されるのである。

仮に，工場内で発生する廃棄物処理コストが製品１個当たり160円かかったとしてみよう。伝統的原価計算では，これを良品が負担して，製品原価4,160円となるが，マテリアルフローコスト会計では，製品原価3,600円，廃棄物560円と計算される。伝統的原価計算では，廃棄物産出にかかったコスト，廃棄物処理にかかったコストが製品原価に吸収されて分からなくなく（目立たなく）なってしまうが，マテリアルフローコスト会計では，

① 廃棄物関連のコストは少ないのが望ましい負の製品コストとして明示され，経営者の注意を喚起する
② 廃棄物のコスト560円は，この廃棄物を削減するためにいくらまでかけられるかを検討するデータとして使用できる
③ 企業が回収すべき価値（コスト）4,160円は，製品原価と廃棄物原価を合計すれば，簡単に計算できる

といったことが期待できるのである。

マテリアルフローコスト会計は，マテリアルのフローとストックを追跡し，非効率な場所を明らかにするので，企業内の現状分析をし，問題を発見するためのツールであると位置づけられるのである。

（注）非度外視法との主な違い

伝統的な原価計算であっても，非度外視法では仕損品原価，減損費を把握するので，マテリアルフローコスト会計とどこが違うのかが問題になる。原材料費に的を絞って説明すると，マテリアルフローコスト会計では，個別のマテリアルごとにフロー（インプットとアウトプット），ストックを把握して，コストを計算するが，伝統的原価計算における非度外視法では，それらを識別せずに基本的に原材料費を一まとめにしてコストを計算しているところに違いがある。

7　残余利益と企業価値

(1)　残余利益

Ⅷ章で説明されているように，グループ経営や事業部制の管理において，それらの構成単位である子会社・関連会社や事業部を目標達成（企業価値の増大）に向けて有効に管理するための指標として，従来から残余利益（residual income）が提唱されている。残余利益は，以下のように計算される。

残余利益　＝　会計利益 － 投下資本×資本コスト
**　　　　　＝（会計利益／投下資本 － 資本コスト）×投下資本**

ここで，会計利益は特定の事業活動によって一定期間に獲得された利益であり，投下資本は同期間の期首において当該事業活動に投下されている資金（投下資本）総額（資産額で把握される）である。また，資本コストは投下資本について必要とされる利益率，言い換えると，資金提供者が要求す

る利益率である。企業全体に対して要求される利益率は加重平均資本コスト（X章において説明している）なので，残余利益の計算における資本コストとして加重平均資本コストを利用するのが一般的である。

残余利益の計算式における，投下資本×資本コストの部分は，対象期間において投下資本に要求される利益額であり資本費用と呼ばれる。それゆえ，残余利益は，同期間に実際に獲得した利益が要求される利益（機会費用としての資本費用）をどの程度上回っているかを表しているといえる。このような意味で，残余利益は超過利益と呼ぶこともできる。また，上式の２段目で示すように，残余利益は，実際の利益率（会計利益／投下資本）がどの程度資本コストを上回っているかを反映することもわかる。

たとえば，特定の事業における会計利益が90万円で，同事業に1,000万円の資本が投下されており，さらに，この期間において要求される利益率が８％であるとすると，この事業の残余利益は10万円（＝90万円－1,000万円×８％）となる。このことは同時に，実際の会計利益率が９％であり，それが資本コスト（要求される利益率）８％を１％（＝残余利益10万円÷投下資本1,000万円）上回っていることを意味している。

(2) 企業価値の増大と業績管理

企業価値とは企業の経済価値であり，それは，企業に対して資金を提供している株主や債権者に帰属する価値の総額である（ここで，債権者に帰属する価値は，有利子負債の価値である）。経済学的には，企業価値は，企業が遂行する事業活動が将来において生み出すフリー・キャッシュ・フロー（free cash flow，以下ではFCFと記す）の現在価値合計によって説明され，それは①式のように表される。なお，企業がゴーイングコンサーン，すなわち，将来において無限の期間にわたって事業活動を続けることを仮定しているため，割り引く対象は無限の将来にわたるFCFになっている。

$$\text{企業価値} = \frac{FCF_1}{1+r_w} + \frac{FCF_2}{(1+r_w)^2} + \frac{FCF_3}{(1+r_w)^3} + \cdots \qquad \cdots\text{①式}$$

ここで，添え字は期を表し，r_wは加重平均資本コストである。

さらにFCFは次のように計算される。

$$FCF = NOPAT - \text{運転資本の増加額} + \text{減価償却費} - \text{資本支出} \qquad \cdots\text{②式}$$

②式におけるNOPATはnet operating profit after taxの略であり税引後営業利益（＝営業利益×（１－税率））を意味し，運転資本は業務活動の遂行のために必要となる売上債権，棚卸資産などの流動資産から仕入債務などの流動負債を控除して求められる。

企業経営の目的を企業価値の増大とする場合，①式のように企業価値が説明されるのであれば，将来のFCFを増大させるようなマネジメントを行うことによって企業価値が増大できることになる。たとえば，企業が事業部制を採用していることを前提とすると，各事業部の管理のために事業部のFCFを利用した業績指標を利用することが，企業価値の増大を目標としたマネジメントを可能にする可能性があることがわかる。

しかし，FCFの計算方法からわかるように，各期のFCFは資本支出のタイミングしだいで大きく増減する数値であり，必ずしも，各事業部の毎期の業績評価をするための指標としては適切ではない。そこで，企業価値の増大を目標として合理的に業績評価ができる管理指標として，次項で説明する残余利益が注目されるようになった。

(3) 残余利益と企業価値

①式は企業価値がFCFの現在価値合計であることを示しているが，この式をFCFとNOPATとの関係式である②式を利用して書き換えることによって，残余利益と企業価値の関係を示すことができる。式の展開自体を示すことは省略するが，結果として，企業価値は③式のように資産簿価と将来の残余利益を利用して表すことができる。

$$\text{企業価値} = A_0 + \frac{NOPAT_1 - A_0 \times r_w}{1 + r_w} + \frac{NOPAT_2 - A_1 \times r_w}{(1 + r_w)^2} + \frac{NOPAT_3 - A_2 \times r_w}{(1 + r_w)^3} + \cdots$$

$$= A_0 + \frac{RI_1}{1 + r_w} + \frac{RI_2}{(1 + r_w)^2} + \frac{RI_3}{(1 + r_w)^3} + \cdots \quad \cdots ③式$$

ここで，A_tはt+1期首時点での資産簿価，$NOPAT_t$はt期の税引後営業利益，RI_tはt期の残余利益である。なお，t期の残余利益は，t期の税引後営業利益からt期首の資産簿価（投下資本）に加重平均資本コストを乗じたもの（t期に要求される利益）を控除したものである。

③式で示されているように，企業価値は，すでに投下されている資本（資産簿価）と将来の残余利益の現在価値合計として表すこともできる。企業価値の増大を目標とする場合には，資産簿価はすでに支出済みの資本で意思決定において埋没原価なので，重要なのは将来の残余利益を増大させることであることがこの式からわかる。

③式の残余利益は全社的に獲得される残余利益であり，これは企業を構成する組織単位によって生み出される。たとえば，事業部制を採用している企業においては，各事業部が生み出す残余利益を増加させることによって，全社的な残余利益が増大することができる。各事業部は自らの事業部の残余利益を増大することによって，結果として，企業価値の増大に貢献できるのである。

ここで，a事業部とb事業部から構成されるX社における残余利益が，各事業部の残余利益に分解されることを示しておこう。RI（残余利益），NOPAT（税引後営業利益），A（期首資産）について，添え字で全社および事業部を示す。このとき，X社全体の残余利益は，以下のように各事業部の残余利益に分解される。

$$RI_X = NOPAT_X - A_X \times r_w$$
$$= (NOPAT_a + NOPAT_b) - (A_a + A_b) \times r_w$$
$$= (NOPAT_a - A_a \times r_w) - (NOPAT_b - A_b \times r_w) = RI_a + RI_b$$

このことから，各事業部の残余利益を将来にわたって増加させることによって，X社の企業価値が増大することがわかる。

以上から，企業価値と全社的な残余利益には明確な関係があり，また，全社的残余利益は組織の構成単位の残余利益に分割できることがわかった。これは，構成単位を残余利益に基づいて業績評価することによって全社的な企業価値の増大と整合的なマネジメントが可能となることを意味している。

このような性質に加えて，残余利益は，発生主義会計のもとで計算される会計上の利益に基づく指標であるために，FCFと比較してタイムリーに業績を反映する指標であるという優れた性質を有している。このことは，たとえば，掛売上は会計利益には反映するが，FCFの計算には反映されないことからわかるであろう。このように，残余利益は，企業価値の増大を目指す経営管理において有用な指標となりえる。

問題11-10　Z社はグループ経営をしており，その子会社3社（いずれも100%子会社）のそれぞれにおける，当期の財務データは以下の資料のとおりである。なお，Z社が子会社の業績管理のために利用している資本コストは10%であり，利益に対する税率は30%である。このとき，各子会社の残余利益を計算しなさい。また，当期の業績が将来も続くとすると，いずれの子会社が最もZ社の企業価値に貢献しているといえるかを答えなさい。

＜資料＞（単位：万円）

子会社	資　産	営業利益
L社	1,000	450
M社	1,500	350
N社	2,000	600

解答・解説

NOPATは各社の営業利益に（1－税率）を乗じることによって計算する。これを利用して各社の残余利益は以下のように計算される。

L社の残余利益　450万円×（1－0.3）－1,000万円×10%＝215万円

M社の残余利益　350万円×（1－0.3）－1,500万円×10%＝95万円

N社の残余利益　600万円×（1－0.3）－2,000万円×10%＝220万円

以上から，N社の残余利益が最も大きいため，この業績が将来も継続する場合には，Z社グループの企業価値に対するN社の貢献が最も大きいといえる。このように，企業価値への貢献を考える場合には，構成単位間の残余利益の大小は，資本費用を考慮すると営業利益の大小と同じになる保証はないこと，さらに，貢献の程度は投下資本に対する残余利益の効率（残余利益／投下資本）ではなく，残余利益の金額規模が重要であることがわかる。

(4) EVA®について

EVA®は，スタンスチュワート社が提唱するマネジメントのための指標であり，国内外の企業においてその指標および類似の指標の利用例が見られる。EVAはeconomic value addedの略であり，経済付加価値（あるいは経済的付加価値）と訳されている。EVA®は，前項における残余利益と同様に，会計利益から資本費用を控除することによって計算されるが，それは前項までの残余利益とまったく同じというわけではない。EVA®の計算においては，より効果的な経営管理の指標となるように，残余利益の計算の基礎となる会計数値に修正を加えている。たとえば，NOPATが経営実態をより適切に反映するように，研究開発費，広告宣伝費，教育訓練費，各種の引当金などの会計処理を修正したり，業種，ビジネスモデル，その他の個別企業の事情を反映した特有の修正が行われたりす

る。それゆえ，学習上は，EVA®は，残余利益を基本とする指標であり，それを利用することによって企業価値の増大と整合的なマネジメントを遂行できるという点について理解しておけばよいであろう。

EVA®の有用性を，MVA（market value added）と関係づけながら説明しよう。MVAとは企業の市場価値から企業への投下資本を控除したものである。

MVA　＝　企業の市場価値　－　投下資本（資産簿価）

ここで，企業の市場価値は有利子負債時価と資本時価（株式の時価総額）の合計であり，投下資本は有利子負債と資本の会計上の簿価（＝資産簿価）の合計である。③式で表される企業価値が資産時価と等しいならば，すなわち，資本市場が企業価値を適切に評価しているならば，企業の市場価値は企業価値と等しくなり，さらに，③式はEVAについても成り立つので，企業の市場価値は④式のように表される。

$$\text{企業の市場価値（＝企業価値）} = A_0 + \frac{EVA_1}{1+r_w} + \frac{EVA_2}{(1+r_w)^2} + \frac{EVA_3}{(1+r_w)^3} + \cdots \qquad \cdots④式$$

ゆえに，下記が成立する。

$$\text{MVA＝企業の市場価値（企業価値）－資産簿価}(A_0)$$
$$= \frac{EVA_1}{1+r_w} + \frac{EVA_2}{(1+r_w)^2} + \frac{EVA_3}{(1+r_w)^3} + \cdots \qquad \cdots⑤式$$

すなわち，MVAは将来の無限期間にわたるEVAの現在価値合計であることがわかる（⑤式）。このことから，資本市場において企業が適切に評価されることを前提にすると，EVAの増大が企業の市場価値を上昇させることがわかる。なお，負債時価と負債簿価が等しいとすると，MVAの増大は株価の上昇を意味することになる。

⑸　企業価値評価（参考）

M&A，株式の鑑定評価，証券投資などの目的で，企業価値ないし株式価値を評価することがしばしばある。評価手法には複数のアプローチがあるが，これまで説明したFCFや残余利益を利用した評価モデルに基づく手法は，インカム・アプローチ，すなわち将来のインカムの予測値を利用した手法の代表例である。

すでに説明したように，企業価値はFCFの割引現在価値であるため，この関係を利用して，企業価値を将来のFCFを予測したうえで，評価時点における現在価値合計を算定することによって評価額を決定する。この方法はDCF法と呼ばれ，広く利用されている手法である（ただし，その場合，将来の無限の期間についてFCFを予測することはできないので，何らかの単純化の仮定をおくことになる）。また，すでに説明したように，FCFの割引現在価値は評価時点の資産簿価と残余利益の現在価値合計によっても表現できるので，資産簿価および将来の残余利益の予測値をベースに企業価値を評価することもできる（残余利益法と呼ばれる。この場合も，将来の残余利益に関する単純化の仮定が必要となる）。

このようにして評価される企業価値は，株主価値と有利子負債価値の合計であるため，たとえば，株主価値を評価する場合であれば，評価された企業価値から有利子負債の価値を控除することによって株主価値が算定される。

XII 工場会計の独立

工場会計の独立とは，工場を本社から独立して会計処理することである。工場会計を独立させるのは，情報技術が進展していなかったときには，本社での集中処理を行うよりも迅速に経理処理するためでもあった。ところが，昨今のように情報技術が進み，パッケージソフトによりOA化が進展すると，迅速な経理処理というメリットはほとんどなくなってきた。むしろ，工場を独立した計算単位として評価し，分権化を促進することにその意義がある。

工場は，一般に外部販売機能は持たず，製造機能に特化している。したがって，工場長は原価を引き下げる責任を負っている。ところが，企業によっては，工場で完成した製品を本社に振り替えるとき，製造原価に一定の利益を加算することもある。このときは，工場の非能率を反映しないように標準原価とするのが正しい。しかし，製品ライフサイクルが短いといった理由で標準原価を設定できないケースもあるため，実際原価に利益を加算せざるを得ない場合もある。いずれにしろ工場長は原価責任しかないところに利益責任を持たせることによって，積極的に利益を高めたいという意識を持たせようとする。すなわち，工場会計の独立とは計算の分散以上の意味を持っている。

工場会計の独立は，工場の取引，未達取引の整理，内部利益の控除が問題となる。以下，順に検討する。

1 工場の取引

ところで，工場会計を独立させるには，試算表を本社と工場で作成することになる。この工場試算表には，工場と本社の権限を反映して取引が行われる。材料費，労務費，経費の支払いは通常本社のため，買掛金や現金，当座預金という勘定は本社が持っている。そのため工場で行われる内部取引は，図表12－1に示す勘定連絡図の材料費，労務費，経費から右側となる。製品勘定までが工場の内部取引となるが，製品勘定は生産形態によって異なる。個別受注生産のときは，完成品はすぐに顧客に販売されるため，工場も本社も製品勘定を持たない。他方，市場見込み生産の場合には，製品を在庫する必要があるため，工場もしくは本社に製品勘定を持つ。

(1) 本社と工場が原価で取引するケース

工場と本社の取引が原価で行われるものとすると，図表12－1に示したような勘定連絡図となる。この図表12－1で，上部に外部取引と内部取引を区分表示したが，本社の取引が外部取引であり，工場の取引が内部取引ということになる。本社と工場が関わるのは，材料，労務費，経費の支払いに関わる取引と，製品が完成し販売する取引である。ここでは，個別受注生産を前提として主要な取引を例示する。

図表12-1 勘定連絡図

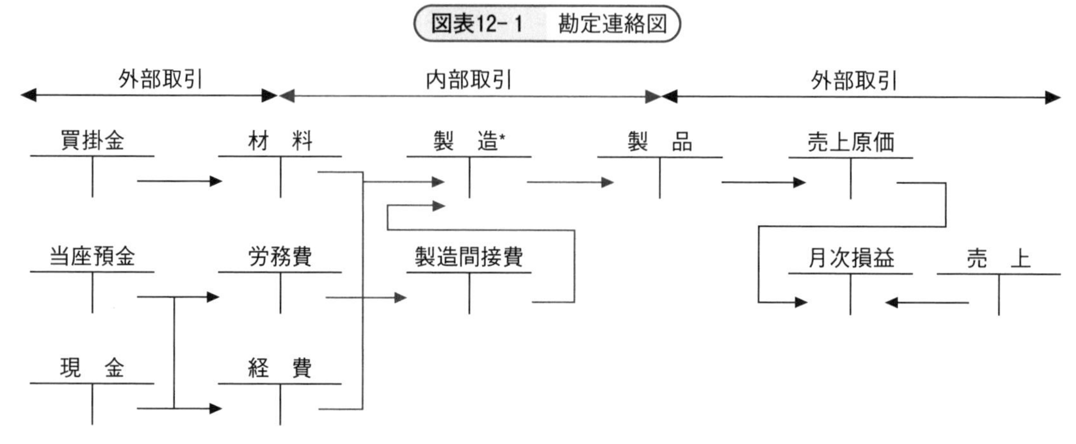

* 製造勘定は仕掛品勘定とすることもできる。

問題12-1　本社と工場が関わる一連の取引について仕訳しなさい。

① 本社が材料100千円を掛仕入し，工場に直送した。
② 工場が製品を製造するために材料50千円を消費した。
③ 製造原価200千円の製品が完成したので受注先に発送した。250千円の掛売りとする。

解答・解説

① 材料の購入（以下の仕訳では，千円を省略）

本社	（借）	工　場	100	（貸）	買 掛 金	100
工場	（借）	材　料	100	（貸）	本　社	100

② 材料の消費

工場	（借）	製　造	50	（貸）	材　料	50

製造勘定は仕掛品勘定とすることもできる。製造勘定を利用するときは，期末時の製造勘定残高を仕掛品勘定に振り替える必要がある。仕掛品勘定を利用するときはこの処理が要らないため，仕掛品勘定を使うほうが簡便である。

③ 製品の完成

本社	（借）	売上原価	200	（貸）	工　場	200
	（借）	売 掛 金	250	（貸）	売　上	250
工場	（借）	本　社	200	（貸）	製　造	200

(2) 本社と工場が原価プラス利益で取引するケース

次に，本社と工場が内部取引するとき，材料もしくは製品に利益を加算して振り替えるものとする。原価で内部取引をする場合と違って，本社では材料を工場に売上げたり，工場では本社に製品を売上げるという取引が発生する。原価取引と同様に未達取引を整理することは当然だが，利益加算する場合は，内部取引に関わって未実現の利益が生じるので，この内部利益を控除しなければならない。

問題12-2　本社と工場が利益を加算して内部取引する一連の問題を仕訳しなさい。なお，工場と本社の取引に10%の利益が加算されるものとしなさい。

① 本社が材料100千円を掛仕入し，工場に直送した。工場は本社から材料110千円を仕入れた。
② 工場が製品を製造するために材料50千円を消費した。
③ 工場で製造原価200千円の製品が完成したので受注先に発送した。本社では売上250千円の掛売りとする。
④ 工場の月次決算で，本社は材料400千円を工場に440千円で販売し，工場は製品500千円を本社に売上550千円で販売したことが判明した。
⑤ 年次決算で，工場の利益460千円と本社の利益1,000千円を総合損益に振り替えた。

解答・解説

① 材料の購入

本社	（借）	工場売上原価	100	（貸）	買掛金	100
	（借）	工場	110	（貸）	工場売上	110
工場	（借）	材料	110	（貸）	本社	110

原価で振り替えるときと違って，材料を購入し工場へ配送するとき，本社は工場へ材料を売上げるという処理を行う。したがって，仕入れた材料が工場への売上原価になる。

② 材料の消費

工場	（借）	製造	50	（貸）	材料	50

工場で材料を消費するのは工場の内部取引であり，本社では仕訳はない。

③ 製品の完成

本社	（借）	売上原価	220	（貸）	工場	220
	（借）	売掛金	250	（貸）	売上	250
工場	（借）	本社	220	（貸）	本社売上	220
	（借）	本社売上原価	200	（貸）	製造	200

製品が完成すると，受注生産ではすぐに顧客に配送され，販売行為が完了する。このとき，製品が直接顧客に配送されたとしても，工場から本社への売上，本社から顧客への売上が発生したとして仕訳を行う。また，工場にも本社にも製品勘定を設けないため，上記の仕訳となる。ところが，市場見込み生産の場合，本社に製品勘定を持つときは，製品が完成すると工場は本社に配送し，本社の製品勘定から販売先へと払い出される。

④ 月次決算

本社	（借）	月次損益	400	（貸）	工場売上原価	400
	（借）	工場売上	440	（貸）	月次損益	440
工場	（借）	本社売上	550	（貸）	月次損益	550
	（借）	月次損益	500	（貸）	本社売上原価	500

月次決算では，工場の売上と売上原価を月次損益勘定に振り替える。

⑤　年次決算

本社	（借）月次損益	1,000	（貸）総合損益	1,000
	（借）工　　場	460	（貸）総合損益	460
工場	（借）月次損益	460	（貸）本　　社	460

年次決算にあたり，本社も工場も月次損益を総合損益に振り替えるという上記の手続が必要となる。

2　未達取引の整理

工場会計が独立しているとき，本社と工場が独立に会計処理するが，本社の工場勘定と工場の本社勘定は常に一致していなければならない。ところが現実には，決算時に両者間で食い違いが生じることがある。

たとえば，本社で材料の発注をしても，その材料がまだ工場に届いていない場合がある。このとき本社では掛仕入の処理をしているが，工場では材料の受入れ処理が行われない。また，工場で製品が完成し得意先に発送したものの本社にその報告をしていない場合がある。このとき本社では製品の仕入処理をしていないが，工場では本社への振替処理をしている。

このように，いずれか一方のみが処理をして，相手側がまだ処理をしていない取引を未達取引という。本社と工場の内部取引にかかわる未達取引については，決算時に整理する必要がある。問題を単純化するために，内部取引は原価振替という場合を想定して，未達取引を整理する。

問題12-3　次の一連の取引を仕訳しなさい。なお，本社の取引か工場の取引かも明らかにしなさい。

①　材料購入にあたり本社が材料100千円を掛仕入したが，材料がまだ工場に届いていない。

②　決算時に工場で材料がまだ届いていないため，工場で未達取引を整理した。

③　月初に，未達取引の逆仕訳を行った。

④　製品が完成したので，製造原価200千円の製品を受注先に発送した。発送について本社に報告していない。

⑤　工場で製品発送したことを本社に報告し，未達取引を整理した。なお，本社では，製品200千円に50千円の利益を加算して250千円で掛売りした。

解答・解説

①　材料購入

本社	（借）工　　場	100	（貸）買　掛　金	100

②　未達取引の整理

工場	（借）材　　料	100	（貸）本　　社	100

③　月初の逆仕訳

工場	（借）	本　　社	100	（貸）	材　　料	100

④　製品の完成

工場	（借）	本　　社	200	（貸）	製　　造	200

⑤　未達取引の整理

本社	（借）	売上原価	200	（貸）	工　　場	200
	（借）	売 掛 金	250	（貸）	売　　上	250

3　内部利益の控除

工場と本社の内部取引に利益を加算する場合を仮定する。本社が工場に材料を振り替えるとき，材料に利益を加算する。また，工場は本社に製品を販売するとき，実際原価に利益を加算する。つまり，本社と工場間の内部取引で，振り替えただけで利益が加算される。経営管理上の目的から内部利益を加算するが，外部報告のためには内部利益を控除しなければならない。

内部利益は，まず，本社が利益を加算した材料の中に含められる。また，工場の利益は本社への製品販売の中に含められる。したがって，勘定連絡図をすべて作成しなくとも，本社が加算した利益は，棚卸資産の材料の中にあるから，この内部利益を控除することになる。また，工場が本社に販売した製品の中にも内部利益が加算されている。これらの内部利益を控除することになる。

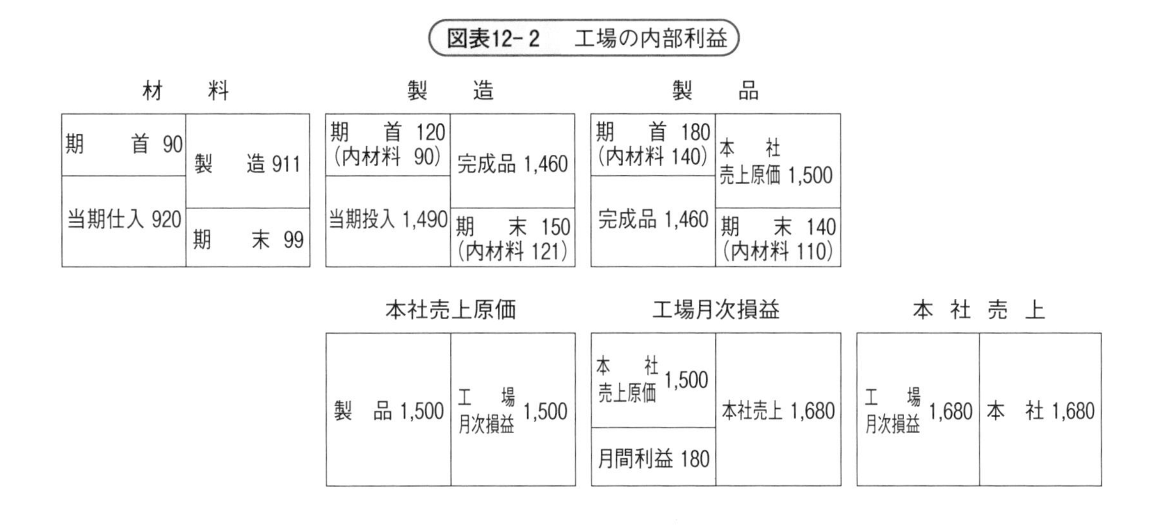

図表12-2　工場の内部利益

図表12－2に例示するように，期末材料棚卸高，期末仕掛品棚卸高の中の材料，期末製品棚卸高の中の材料に本社が内部利益を加算している。期末棚卸資産の中にある材料は，330千円（=99千円＋121千円＋110千円）である。本社が材料に10%の利益を加算しているとすると，30千円（$=330千円\times\frac{0.1}{1.1}$）として計算できる。同様に，工場が本社に製品を販売するとき12%の利益を加算しているとすると，今月の本社売上1,680千円には12%の利益180千円（$=1{,}680千円\times\frac{0.12}{1.12}$）が加算されていることがわかる。工場の期末棚卸資産に含まれる本社が材料に加算した利益30千円と工場が製品に加算した利益

180千円のうち，外部に販売されていない製品に含まれる利益は外部に販売したために発生した利益ではなく，本社と工場の間で材料もしくは製品を振り替えただけで発生した内部利益であるから，企業としては未実現の利益である。したがって，決算上はこの利益を控除しなければならない。

ところで，図表12－2では期末棚卸資産の内部利益だけを考慮した。本社が材料に加算した利益は，期末材料や期末仕掛品の中の材料などだけでなく，期首材料，当期材料仕入，材料の当期投入などの中にも加算しているはずである。これを控除する必要がないのかという疑問が残るかもしれない。もちろん期首棚卸資産や当期材料仕入などにも利益が加算されていることは間違いない。しかし，加算された内部利益のうち期末棚卸資産に計上されない部分は，消費され，製品となり，外部に販売されているため，企業にとっては実現した利益である。そのため，本社に計上している内部利益のうち，未実現利益の部分のみを控除するのであるから，期末棚卸資産に含まれる内部利益だけを控除すればいいということがわかる。

図表12－2の材料にかかわる内部利益の控除，控除した利益の総合損益への振替，期首の内部利益の戻入れについて仕訳を考える。

問題12－4　内部利益に関する一連の問題に関する仕訳をしなさい。

① 材料に加算された内部利益は，期末材料に含まれる内部利益9千円，期末仕掛品に含まれる材料の内部利益11千円，期末製品に含まれる材料の内部利益10千円であった。
② 決算時に，材料に関わる内部利益20千円を総合損益に振り替える。
③ 決算時に控除した内部利益を期首に戻入れ，利益が実現した処理を行う。

解答・解説

① 内部利益の控除

本社	（借）	内部利益控除	30	（貸）	繰越内部利益	30

② 決算時

本社	（借）	総合損益	20	（貸）	内部利益控除	20

③ 期首の戻入れ

本社	（借）	内部利益戻入	20	（貸）	総合損益	20

決　算

工業簿記は，商業簿記と同様に簿記一巡にしたがって会計処理が行われる。ここで簿記一巡とは，取引，仕訳，元帳転記，試算表の作成，決算整理，財務諸表の作成からなる。これを図示すると図表13－1となる。本章では，簿記一巡にしたがって，財務諸表の作成を学習する。

図表13－1　簿記一巡の流れ

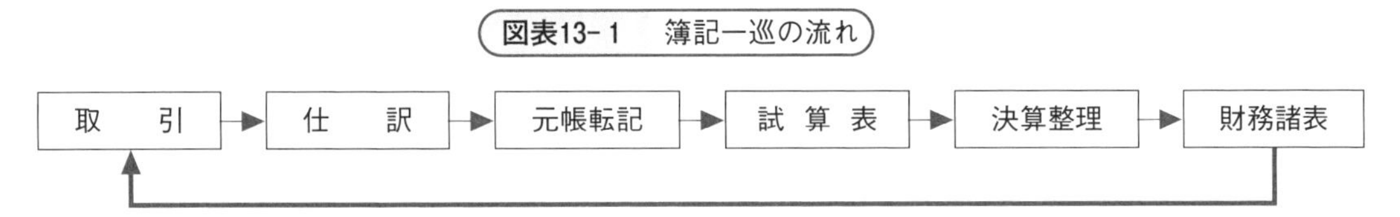

工業簿記の簿記一巡は，商業簿記と比較して３点で特徴がある。原価計算勘定の決算整理，月次決算，製造原価報告書の作成である。まず，以上の工業簿記の３つの特徴について明らかにする。次に，工業簿記について簿記一巡を例示する。さらに，残高試算表，整理記入，製造勘定，損益計算書，貸借対照表からなる10桁精算表を作成することで，簿記一巡の理解を深める。

1　原価計算勘定の決算整理

商業簿記と同様に，工業簿記でも決算整理が行われる。決算整理とは，帳簿記録と経済的事実とを一致させる手続きである。

簿記一巡にしたがうと，まず取引に基づいて仕訳を行い，次に元帳に転記する。その結果として，期末の勘定記録をチェックすると，取引である経済的事実と食い違うことがある。会計担当者が正しく帳簿記録しているのに経済的事実と食い違うのはなぜかを検討する。

不一致となる例として，経過勘定項目と商品勘定が好例であろう。たとえば，すでに支払った費用のうちまだ時間が経過していないために費用とはならず資産と処理しなければならない場合がある。また，商品を実際にたな卸しをした結果，帳簿記録と食い違っていたということもある。これらは商業簿記の例であるが，もちろん工業簿記にも共通する。

工業簿記に特有の決算整理事項もある。材料費・労務費・経費の計算，製造（仕掛品）勘定の作成，製品原価の算定などである。ところで，会計処理にあたっては，期末だけ原価計算を行う商的工業簿記と，期中にも原価計算を行う完全工業簿記とがある。完全工業簿記を行っている場合でも，原価差異の処理などは行わなければならない。

2 月次決算

商業簿記で決算というとき，一般には四半期決算か半期決算，もしくは年次決算をいう。これらの決算は，外部報告目的から制度的に行わなければならない。

ところが工業簿記では，外部報告目的以外にも内部管理目的から月次決算が行われるのが通常である。予算の進捗状況がどうなっているのか，利益が出ているのか，製品原価が採算割れしていないかといった課題に応えるには，できるだけ迅速な決算が求められる。毎日決算を行う企業もあるが，費用に対する効果を考えると，内部管理上は月次決算するのが一般的である。

以上の月次決算は，年次決算と比較すると，次のような特徴が明らかとなる。

① 制度上からの要請ではなく，企業の内部管理目的で決算が行われる。

② 内部管理する経営管理者へ報告することを目的として決算が行われる。

③ 必ずしも勘定を締め切る必要はなく，精算表上で決算が行われる。

④ 損益計算書は作成するが，貸借対照表を作成しないことがある。

図表12－1の中で，内部取引である製品勘定までは解説が終わっている。そこでここでは，製品が完成してからの外部取引である売上，売上原価，販売費・一般管理費，月次損益の勘定を締め切る。外部取引は商業簿記と同じなので，売上原価と月次損益のみに限定して解説する。

売上原価勘定の記入を解説する。売上原価勘定の借方は，製品勘定から振り替えられて記入される。一方，売上原価勘定の貸方には損益勘定へ振替記入がなされる。なお，「原価計算基準」では，原価差異を売上原価に賦課することになっているので，この勘定に振り替えられる。原価差異（不利差異）がある場合の売上原価勘定の記入を次に示す。

売上原価

製品勘定からの振替額	月次損益勘定への振替額
原価差異勘定からの振替額	

次に，月次損益勘定の記入を解説する。月次損益勘定の借方は，売上原価勘定と販売費・一般管理費からの振替額が記入される。一方，月次損益勘定の貸方には，売上勘定からの振替額が記入される。月次損益勘定を締め切ると営業損益が算定できる。貸方残が営業利益を示し，借方残は営業損失を示す。営業利益となったときを前提に月次損益勘定の記入を次に示す。

月次損益

売上原価勘定からの振替額	売上勘定の振替額
販売費・一般管理費勘定からの振替額	
営　業　利　益	

3 製造原価明細書

月次決算では一般に製造（仕掛品）勘定が締め切られることはない。むしろ精算表を作成するだけというのが一般的であるため，製造原価明細書まで作成することは稀である。ここでは，年次決算で製造勘定を締め切る場合を想定して製造原価明細書を作成する。

製造勘定を締め切ったとき，未完成品は仕掛品と呼ばれる。製造勘定の残高である仕掛品を製造勘定から仕掛品勘定に振替処理することが必要になる。製造勘定としないで仕掛品勘定にしておけば，振替処理が要らないという意味で仕掛品勘定とする企業も多い。

製　　造

材　　料　　費	月次損益勘定への振替額
労　　務　　費	
経　　　　　費	仕掛品勘定への振替額
製　造　間　接　費	

4 製造業会計と決算

製造業会計にしたがって，期首貸借対照表から期中取引，元帳転記，試算表の作成，決算整理，損益計算書と貸借対照表の作成までを取り上げる。元帳転記については紙幅の都合で割愛する。

問題13-1　期首貸借対照表は次のようであった。

期首貸借対照表

(単位：千円)

現金預金	150	買掛金	350
売掛金	450	支払手形	50
材料	120	借入金	400
仕掛品	80	資本金	1,000
製品	150	資本剰余金	50
機械設備	1,050	利益剰余金	150
	2,000		2,000

同社の期中取引と決算整理事項は次のとおりである。

(期中取引)

① 材料1,000千円を掛仕入した。

② 賃金350千円を現金預金で支払った。

③ 工場経費90千円を現金預金で支払った。

④ 製品1,400千円が完成した。

⑤ 上記製品を1,850千円で掛売りした。

⑥　販売費一般管理費50千円を現金預金で支払った。

⑦　借入金利息10千円を現金預金で支払った。

⑧　売掛金1,600千円を現金預金で回収した。

⑨　買掛金1,150千円を現金預金で支払った。

（決算整理事項）

⑩　期末棚卸資産有高は，材料150千円，仕掛品100千円，製品130千円であった。

⑪　期末に機械設備の減価償却費60千円を計上する。

⑫　今期は未払賃金10千円であった。

⑬　今期は前払経費８千円であった。

以上の期中取引と決算整理事項に基づいて，製造原価明細書，損益計算書，貸借対照表を作成しなさい。さらに，８桁精算表に製造勘定を含めた10桁精算表を作成しなさい。

解答・解説

製造勘定を報告式で示したものが製造原価明細書である。製造原価明細書は売上原価の中の当期製品製造原価が計算されるまでの内訳を示している。製造原価明細書の様式に決まりはないが，一般的には，材料費，労務費，経費の順に示し，これらを合計して当期製造費用を計算する。期首仕掛品と期末仕掛品を加減し，当期製品製造原価を算定していく。このようにして作成すると図表13－２の左側となる。

図表13－２　製造原価明細書と損益計算書

製造原価明細書（単位：千円）

材料		
期首材料	120	
当期仕入高	1,000	
計	1,120	
期末材料	150	970
労務費		
賃金	350	
未払賃金	10	360
経費		
支払経費	90	
減価償却費	60	
計	150	
前払経費	8	142
当期製造費用		1,472
期首仕掛品棚卸高		80
計		1,552
期末仕掛品棚卸高		100
当期製品製造原価		1,452

損益計算書（単位：千円）

売上高		1,850
売上原価		
期首製品棚卸高	150	
当期製品製造原価	1,452	
計	1,602	
期末製品棚卸高	130	1,472
売上総利益		378
販売費一般管理費		50
営業利益		328
支払利息		10
当期純利益		318

製造原価明細書の当期製品製造原価は，損益計算書の売上原価明細である。期首製品棚卸高に当期製品製造原価を加え，期末製品棚卸高を差し引くと売上原価となる。また，売上高から売上原価，販売費・一般管理費，支払利息を差し引くと経常利益となる。ここでは特別損益項目がないものとして，税引前で当期純利益までを示すと図表13－２の右側のような損益計算書が完成する。また，貸借対照表を作成するが，基本的に

は商業簿記と同じである。材料，仕掛品，製品を期末棚卸高にすることと，機械設備を減価償却費分だけ減額する。未払いと前払いを計上し，損益計算書で計算した当期純利益を期首の利益剰余金に加算すると，次のような貸借対照表が完成する。

貸 借 対 照 表　　(単位：千円)

借方	金額	貸方	金額
現金預金	100	買掛金	200
売掛金	700	未払賃金	10
材料	150	支払手形	50
仕掛品	100	借入金	400
製品	130	資本金	1,000
前払費用	8	資本剰余金	50
機械設備	990	利益剰余金	468
	2,178		2,178

以上の簿記一巡を10桁精算表上で行うこともできる。10桁精算表の作成では，商業簿記で扱われる８桁精算表と比較して製造勘定欄を作成するという点が異なる。そこで，製造勘定欄の作成と製造勘定と決算書とが関係する部分だけを解説する。

製造勘定には，すでに製造原価明細書で示したように，材料費，労務費，経費，仕掛品，当期製品製造原価という勘定科目が関わる。これらの勘定科目の処理手順を順に明らかにする。

まず材料費を取り上げる。試算表の借方残高は，期首材料棚卸高と当期材料仕入高の合計が計上されている。これを製造勘定欄に借方記入する。また，材料費を計算するために，期末材料棚卸高を整理記入欄の貸借両欄に記入し，借方は貸借対照表欄の借方へ，貸方は製造勘定欄貸方へ記入する。

次に労務費と経費を取り上げる。試算表の借方残高は当期支払額を示している。これ以外に，労務費や経費に決算整理事項があればこれらを記入する。決算整理として追加の費用項目や未払費用が見つかったときは，整理記入欄の借方に記入する。前払費用があれば，整理記入欄の貸方に記入する。製造勘定欄には，これらの費用を加減して記入することになる。

問題では，賃金に未払いがあり，経費に前払いがあるので，これらを整理する必要がある。

また，機械設備の減価償却費も決算整理しなければならないので，以下のような仕訳を行い決算整理記入する。

(借)	機械設備減価償却費	60	(貸)	機械設備	60
	工場経費	60		機械設備減価償却費	60

仕掛品については，試算表の借方に期首仕掛品が示されている。そこで，整理記入の貸借両欄に期末仕掛品を記入する。整理記入した仕掛品の借方は貸借対照表の借方へ記入する。また試算表の仕掛品貸方は製造勘定の貸方へ，整理記入した仕掛品の貸方は製造勘定の貸方に記入する。

最後に，製造原価を計算することになる。製造原価は製造勘定欄の貸借差額として貸方に記入され，製造勘定の貸借一致が図られる。ところでこの製造原価は，製造原価明細書では当期製品製造原価と示したものである。つまり，当期製品製造原価とは損益計算書の売上原価の内訳であるため，損益計算書の借方に記入される。

10 桁 精 算 表

（単位：千円）

勘定科目	試算表		整理記入		製造勘定		損益計算書		貸借対照表	
	借方	貸方	借方	貸方	借方	貸方	借方	貸方	借方	貸方
現金預金	100								100	
売掛金	700								700	
材料	1,120		150	150	1,120	150			150	
仕掛品	80		100	100	80	100			100	
製品	150		130	130			150	130	130	
機械設備	1,050			60					990	
買掛金		200								200
支払手形		50								50
借入金		400								400
資本金		1,000								1,000
資本剰余金		50								50
利益剰余金		150								150
売上		1,850						1,850		
賃金	350		10		360					
工場経費	90		60	8	142					
販管費	50						50			
支払利息	10						10			
	3,700	3,700								
機械設備償却費			60	60						
未払賃金				10						10
前払経費			8						8	
製造原価						1,452	1,452			
							1,662	1,980	2,178	1,860
当期純利益							318			318
			518	518	1,702	1,702	1,980	1,980	2,178	2,178

XIV 過去問題演習

【第1問】

全経製作所の大塚工場は2つの工程によって製品Xを生産販売しており，同工場の会計は本社から独立している。また，累加法による工程別総合原価計算を実施しており，棚卸資産の評価方法は平均法を採用している。次の**<資料>**に基づいて，下記の問1から問10に答えなさい。なお，問いに指示がないかぎり，割り切れない場合には，最終的な解答において小数点以下第1位を四捨五入すること。

<資料>

1．生産プロセス

第1工程始点において材料を投入し，第1工程終点において第1工程完了品Xが完成するとともに副産物Yが生じる。第1工程完了品Xの一部は中間製品Xとして外部に販売され，残りは第2工程に投入される。第2工程では，途中点において第1工程完了品に追加材料を投入し加工することによって製品Xが完成し本社に送付される。なお，第1工程で生じる副産物Yはそのまま売却される。

2．当月生産データ　　（数量単位：kg）

	第1工程		第2工程
月初仕掛品	250（0.8）	月初仕掛品	270（0.6）
当月投入	6,200	当月投入	5,740
月末仕掛品	400（0.5）	月末仕掛品	460（0.3）
副産物	1,200	完了品（製品X）	5,550
完了品（中間製品X）	4,850		

第2工程では，投入される第1工程完了品X10kg当たり5kgの追加材料を工程の途中点（加工進捗度 0.5）で投入している（第2工程のデータは追加材料の投入量を含んでいる）。また，カッコ内は加工進捗度である。なお，第2工程の加工換算量の計算においては，追加材料の投入量を含めないこと。

3．当月原価データ　　　　　　　　　　　　　　　　　　　　　　　　（金額単位：円）

	第1工程		第2工程		
	直接材料費	加工費	前工程費	追加材料費	加工費
月初仕掛品原価	106,240	154,750	260,000	90,000	134,460
当月製造費用	2,602,760	4,719,000	?	?	4,643,850

副産物は，通常，1kg当たり300円で売却され，売却のための費用1kg当たり20円が発生する。また，第2工程における追加材料は，1kg当たり1,000円である。

4．当月販売データ

販売価格，棚卸高および棚卸数量は以下のとおりである。なお，製品Xの販売価格は振替価格を意味する。

	販売価格	月初棚卸高	月初棚卸数量	月末棚卸数量
中間製品X	2,800円	142,700円	100kg	150kg
製品X	3,400円	933,300円	450kg	560kg
副産物	300円	22,400円	80kg	100kg

5．当月販売費及び一般管理費データ

当月販売費　1,050,000円　　　　当月一般管理費　1,120,000円

なお，これらの金額には，副産物の売却のための費用が含まれている。

問1　副産物評価額，第1工程月末仕掛品原価，第1工程完了品原価を計算しなさい。

問2　第1工程仕掛品勘定と副産物勘定を完成しなさい。

問3　第2工程月末仕掛品原価と第2工程完了品原価を計算しなさい。

問4　当月の副産物，中間製品X，製品Xの販売高を計算しなさい。

問5　製品Xを本社に振り替えるための仕訳を示しなさい。

問6　**<資料>**に基づいて月次損益を計算し，月次損益を本社に振り替えるための仕訳を示しなさい。

問7　以下では，副産物Yに対する需要が増大し，その経済価値が高まったために，原価計算上，第1工程完了品Xとともにこれを主産物として扱う場合を想定し，副産物Yを第1工程完了品Yと

呼ぶことにする。その結果，第1工程完了品Xと第1工程完了品Yはともに主産物となるため，これらは連産品であるといえる。

連産品に関する以下の文章を，空欄に適切な用語を入れることによって完成しなさい。

「連産品とは，同一（　ア　）において同一原料から生産される（　イ　）の製品であって，相互に（　ウ　）を明確に区別できないものをいう。連産品の価額は，連産品の（　エ　）等を基準として定めた等価係数に基づき，一期間の総合原価を連産品に按分して計算する。なお，この場合の総合原価を（　オ　）原価という。」

問8　**<資料>**と以下の**<追加資料>**に基づいて等価係数を設定しなさい。なお，**<資料>**における「副産物」は「第1工程完了品Y」と読み替え，副産物の評価額および販売価格に関する記述は無視すること。また，割り切れない場合には，小数点以下第3位を四捨五入すること。

<追加資料>

第1工程完了品Yは，追加的に加工したうえで販売される。追加加工のための加工費は単位当たり420円，販売価格は単位当たり2,520円と見積もられる。なお，第1工程完了品Xについては，中間製品Xの販売価格を参考にすること。

問9　問8で設定した等価係数（解答欄に記入したもの）を利用して，第1工程月末仕掛品原価およびそれぞれの第1工程完了品原価を計算しなさい。なお，**<資料>**における「副産物」は「第1工程完了品Y」と読み替え，副産物の評価額および販売価格に関する記述は無視すること。

問10　等級別総合原価計算と比較した場合の連産品の原価計算の特徴を述べなさい。

【解答用紙】

問1

副産物評価額	円
第1工程月末仕掛品原価	円
第1工程完了品原価	円

問2

（金額単位：円）

第1工程仕掛品

前月繰越	[　　]	第2工程仕掛品	[　　]
材料	[　　]	（　　）	[　　]
加工費	[　　]	（　　）	[　　]
		（　　）	[　　]
	[　　]		[　　]

副産物

前月繰越	[　　]	（　　）	[　　]
（　　）	[　　]	（　　）	[　　]
	[　　]		[　　]

問3

	前工程費	追加材料費	加工費	合計
第2工程月末仕掛品原価	円	円	円	円
第2工程完了品原価	円	円	円	円

問4

	当月販売高
副産物	円
中間製品X	円
製品X	円

問5　（金額単位：円）

借方科目	金　　額	貸方科目	金　　額

問6　（金額単位：円）

借方科目	金　　額	貸方科目	金　　額

問7

（ア）		（イ）		（ウ）	
（エ）		（オ）			

問8　割り切れない場合には，小数点以下第３位を四捨五入すること

（等価係数）第１工程完了品Ｘ：第１工程完了品Ｙ　＝　１　：　［　　　］

問9

第１工程月末仕掛品原価	円
第１工程完了品Ｘ原価	円
第１工程完了品Ｙ原価	円

問10

（第183回　工業簿記）

【第2問】

問題1　全経製作所は製品Xを製造・販売しており，標準原価計算制度を採用している。下記の資料に基づき，**問1**から**問5**に答えなさい。

<解答上の注意事項>

原価差異については借方差異か貸方差異かも示すこと。

計算上端数が生じる場合は，解答段階で円未満を四捨五入する。

問題1から問題3まで共通とする。

<資料>

1．標準原価カード　（製品X　1個当たり，前期も同一）

	数　量	単　価	金　額
直接材料費	3kg	1,400円／kg	4,200円
直接労務費	3時間	800円／時間	2,400円
製造間接費	2時間	1,500円／時間	3,000円
計			9,600円

2．当期の生産・販売実績

期首仕掛品	2,100個	(40%)	期首製品	900個
当期着手	8,400		当期完成品	9,100
計	10,500個		計	10,000個
期末仕掛品	1,400	(50%)	期末製品	700
完成品	9,100個		販売品	9,300個

直接材料は工程の始点で投入される。

(　) 内は加工進捗度

3．当期の実績

実際直接材料費：実際消費量　25,400kg，実際消費価格　1,450円／kg

実際直接労務費：21,226,500円，実際直接作業時間　26,700時間

実際製造間接費：27,500,000円

4．製造間接費について

製造間接費は機械運転時間基準によって配賦されており，公式法変動予算によっている。当期の実際機械運転時間は18,000時間，また，当期の基準操業度は18,750時間であり，その時の予算は変動費が，12,375,000円，固定費は（？）である。

5．製品Xの販売価格：11,000円／個

問 1 直接材料費の差異分析を行い，解答欄に入る適切な用語・数値を答えなさい。

問 2 製造間接費の差異分析を二分法と四分法で行い，解答欄に入る適切な用語・数値を答えなさい。

問 3 勘定記入は修正パーシャル・プランによるものとして，原価差異調整前の仕掛品勘定を完成させなさい。ただし，差異は「原価差異」に一括して示し，不要な場合は「×」を記入すること。

問 4 仕掛品勘定借方の直接材料費について，パーシャル・プランによった場合の金額を答えなさい。

問 5 原価差異の会計処理は「原価計算基準」によるものとし，資料のデータは当年度のものであるとして損益計算書を完成させなさい。ただし，材料消費価格差異は「標準価格が不適当かつ比較的多額」なものとし，操業度差異（四分法による）は「異常な状態に基づく」もの，その他の差異は「標準価格等が適当かつ比較的少額」なものとして処理する。

問題 2 Ｚ製品は作業区分１，２，３を通じて生産される。当月中に着手されたＺ製品は1,500個であり，当月末までに作業区分１と２はすべて終了したが，作業区分３を終了したのは1,050個であり，残りはまだ作業に入っていない。下記の資料により，直接労務費の差異分析の結果を解答欄に示しなさい。なお，期首に仕掛品は存在しなかった。

<資料>

1．標準原価カードの一部　（Ｚ製品１個当たり）

作業区分	直接作業時間	賃　率	金　額
1	2	900円	1,800円
2	3	960円	2,880円
3	1	1,020円	1,020円
			5,700円

2．当月実績

作業区分	実際作業時間	実際賃率
1	3,040	905円
2	4,520	968円
3	960	1,040円

問題 3

問 1 「原価計算基準」では，標準原価計算制度における直接材料費差異は価格差異と数量差異に分析され，次のように述べられている。

「価格差異とは，…直接材料の標準消費価格と実際消費価格との差異に，実際消費数量 (a) を乗じて算定する。

数量差異とは，…直接材料の標準消費数量と実際消費数量との差異に，標準消費価格 (b) を乗じて算定する。」

(a) は実際，(b) は標準と両者には違いがある。①それが生じる原因をあげ，②それはどういう考え方によって生じるか簡潔に答えなさい。

問 2　当期の材料実際受入数量27,000kg，実際消費数量25,400kg，材料期末棚卸高1,600kg，また，標準受入価格1,400円／kg，実際受入価格1,450円／kgである。「原価計算基準」にしたがって，材料受入価格差異及び差異調整後の期末材料棚卸高を答えなさい。ただし，期首材料棚卸高はないものとする。

【解答用紙】

問題1

問1　価格差異 [　　　　] 円（　　　）差異

　　　　数量差異 [　　　　] 円（　　　）差異

問2

二分法　順序は問わない

[　　　　] 差異 [　　　　] 円（　　　）差異

[　　　　] 差異 [　　　　] 円（　　　）差異

四分法　順序は問わない

[　　　　] 差異 [　　　　] 円（　　　）差異

[　　　　] 差異 [　　　　] 円（　　　）差異

[　　　　] 差異 [　　　　] 円（　　　）差異

[　　　　] 差異 [　　　　] 円（　　　）差異

問3

仕　掛　品

前期繰越		製　　品	
材　　料		原価差異	
賃　　金		次期繰越	
製造間接費			
原価差異			

問4　パーシャル・プランによる場合の直接材料費 [　　　　] 円

問 5

損益計算書 （単位：円）

売上高		[ ]
売上原価		
期首製品棚卸高	[ ]	
当期製品製造原価	[ ]	
計	[ ]	
期末製品棚卸高	[ ]	
差引	[ ]	
[ ]	[ ]	[ ]
売上総利益		[ ]

問題 2

作業区分 1　賃率差異 [ ] 円（　　）差異

作業区分 2　作業時間差異 [ ] 円（　　）差異

賃率差異合計 [ ] 円（　　）差異

作業時間差異合計 [ ] 円（　　）差異

問題 3

問 1

①

②

問 2

材料受入価格差異 [ ] 円（　　）差異

期末材料棚卸高 [ ] 円

（第173回　工業簿記）

【第3問】

受注生産を行っている全経工業株式会社は，経営管理上の目的から工場会計を本社から独立させており，工場は原価計算の方法として部門別個別原価計算を採用している。以下に示す3月の資料に基づいて**問1**から**問9**に答えなさい。

＜解答上の注意事項＞

計算過程で割り切れない場合には，最終的に解答欄に記入する金額において小数点第1位を四捨五入しなさい。

＜資　料＞

1．工場は，本社が購入したA材料を仕入先から受け取り，生産した完成品を顧客に直接に納入しているが，会計上は，本社が仕入れたA材料を工場に5％の利益を付して振り替え，工場で生産した製品は本社から提示された振替価格で本社に振り替えている。3月において生産した受注品の振替価格と受注価格は以下のとおりである。

	＃103	＃201	＃202	＃203
振替価格	480,000円	640,000円	720,000円	760,000円
受注価格	600,000円	800,000円	900,000円	950,000円

2．工場における3月の原価データは以下のとおりである。

(1)　直接材料費関係

主要材料であるA材料は，振替価格1,260円／kgで本社から振り替えられる。3月中における工場でのA材料の受け払い状況は以下のとおりである。

日　付	摘　要	数　量（kg）
3月1日	月初在庫	200
3日	＃201に払出	180
6日	本社より受入	400
12日	＃202に払出	150
15日	＃203に払出	120
18日	本社より受入	100
20日	＃203-2に払出	120

⑵　直接労務費関係

各製造部門における直接労務費の計算には，予定賃率を利用している。各製造部門における予定賃率および３月の指図書別直接作業時間は以下のとおりである。

	X製造部門	Y製造部門
予定賃率	400円／時間	420円／時間
直接作業時間		
＃103	50時間	280時間
＃201	240時間	210時間
＃202	280時間	270時間
＃203	60時間	－時間
＃203-２	300時間	330時間

⑶　製造間接費関係

製造間接費の計算は部門別予定配賦を行っており，予定配賦率は製造部門費予算に基づいて計算している。製造部門費予算は変動予算であり，正常操業度の前後における操業水準における製造部門費を費目別に予測して設定している。月間の製造部門費予算は以下のとおりである。操業度は直接作業時間によって把握しており，年間の正常操業度はX製造部門10,800時間，Y製造部門12,000時間である。なお，当工場では補助部門を設定していない。

	製造部門費予算（月間）	
操業度（月間）	X製造部門	Y製造部門
800時間	236,800円	277,600円
900時間	252,000円	306,000円
1,000時間	258,000円	330,000円
1,100時間	277,200円	360,800円

各製造部門費の３月における実際発生額は以下のとおりである。

X製造部門費　262,300円　　　　Y製造部門費　342,600円

3．当月に生産した製造指図書に関する説明は，以下のとおりである。なお，A材料はすべて生産着手時点で投入される。

指図書番号	説　　　明
#103	前月着手。前月からの繰越額は180,000円（うち，直接材料費115,500円）であり，当月中に完成し，顧客に引き渡した。
#201	当月着手。当月中に完成し，顧客に引き渡した。
#202	当月着手。同じ仕様の注文品５単位のうち２単位は完成し顧客に引き渡したが，残り３単位は着手済みであるが未完成である。なお，未完成品の加工作業は，全体の６分の１を終了している。
#203	当月着手。生産開始直後に正常な仕損が生じ，これを全部仕損として取り扱うこととした。
#203-2	#203の代品を製作するための指図書。代品は月末に未完成であった。

問１　３月６日におけるA材料の受入について，①工場会計における仕訳，および②本社会計における仕訳を示しなさい。

問２　製造間接費の部門別予定配賦率を計算しなさい。

問３　解答用紙に示す３月の原価計算表を完成しなさい。金額がマイナスの場合には金額の前に「△」，記入する必要がない場合には「－」をカッコ内に記入しなさい。なお，製造指図書#203の仕損品は売却を予定しているが月末時点で未売却の状態であり，その評価額が80,000円である。

問４　資料２(3)のような予算の設定方法を何というか。また，各製造部門における予算差異と操業度差異を計算しなさい。なお，借方差異（貸方差異）の場合にはカッコ内に借方（貸方）を記入しなさい。

問５　工場会計における３月の月末仕掛品原価と完成品原価を計算しなさい。

問６　３月末時点の工場売上勘定および本社売上勘定，さらに，３月の合併損益計算書上の売上高の金額を計算しなさい。なお，工場売上勘定と本社売上勘定については，本社と工場それぞれにおける月次損益勘定への振替前の貸方金額を計算すること。

問７　工場における月次損益勘定において，利益が220,000円であることが確認された。工場の利益を本社の総合損益勘定に振り替えるための工場における仕訳を示しなさい。

問８　３月末の①内部利益の控除，②控除した内部利益の総合損益勘定への振替，に関する仕訳を示しなさい。

問９　全経工業株式会社では，工場から顧客に完成品を直接に納入するにもかかわらず，会計上は，本社が指示する振替価格で工場から本社に振り替えている。このように振替価格を設定することの意義を簡潔に説明しなさい。

【解答用紙】

問１

（単位：円）

	借　　方	金　　額	貸　　方	金　　額
①				
②				

問２　部門別予定配賦率

X製造部門 [　　　] 円／時間　　　Y製造部門 [　　　] 円／時間

問３

（単位：円）

	＃103	＃201	＃202	＃203	＃203-２
前月繰越	（　）	（　）	（　）	（　）	（　）
直接材料費	（　）	（　）	（　）	（　）	（　）
直接労務費					
X製造部門	（　）	（　）	（　）	（　）	（　）
Y製造部門	（　）	（　）	（　）	（　）	（　）
製造間接費					
X製造部門	（　）	（　）	（　）	（　）	（　）
Y製造部門	（　）	（　）	（　）	（　）	（　）
小　計	（　）	（　）	（　）	（　）	（　）
（　　　）	（　）	（　）	（　）	（　）	（　）
仕　損　費	（　）	（　）	（　）	（　）	（　）
合　計	（　）	（　）	（　）	（　）	（　）

問4

予算の設定方法 [　　　　　　]

X製造部門

予算差異 [　　　] 円（　　　）　操業度差異 [　　　] 円（　　　）

Y製造部門

予算差異 [　　　] 円（　　　）　操業度差異 [　　　] 円（　　　）

問5

月末仕掛品原価 [　　　] 円　完成品原価 [　　　] 円

問6

工場売上勘定 [　　　　　　] 円

本社売上勘定 [　　　　　　] 円

合併損益計算書上の売上高 [　　　　　　] 円

問7

（単位：円）

借　方	金　額	貸　方	金　額

問 8

（単位：円）

	借　　方	金　　額	貸　　方	金　　額
①				
②				

問 9

（第171回　工業簿記）

【第4問】

問題1　Z社は，A製品とB製品を製造・販売している。**<資料1>**と**<資料2>**に基づいて，設問1と設問2に答えなさい。

<解答上の注意事項>

生産された製品はすべて販売されるものとする。計算過程で端数が生じる場合，個数と金額（円）は小数点以下第1位を四捨五入し，パーセントや比率は小数点以下第2位を四捨五入する。

<資料1>

1．×1年度のデータ（見積り）

	A製品	B製品
販売価格（単位当たり）	26,250円	21,000円
変動製造費（単位当たり）	15,375円	14,000円
変動販売費及び一般管理費（単位当たり）	2,125円	1,750円
固定製造費（年間）	2,937,500円	
固定販売費及び一般管理費（年間）	1,656,250円	

2．×1年度実績販売量

A製品　567個
B製品　378個

見積データに変更はないものとする。

<資料2>

1．A，B両製品はS機械とT機械を共同利用している。

2．製品1個を生産するために要する各機械の必要時間

機械＼製品	A	B
S	3時間	2時間
T	2時間	3時間

3．×2年度の機械利用可能時間（年間）

S機械	2,550時間
T機械	2,400時間

4．**<資料1>**の見積データについては×2年度の販売価格と単位当たり変動費は×1年度と変わらないが，固定費は4％増加するものとする。

5．×1年度までは機械の使用について特に考慮はしなかったが，×2年度からは機械の制約を考慮する。

設問１　×１年度では，Ａ製品とＢ製品を「３対２」の割合で製造・販売している。**<資料１>**に基づいて，問１から問６に答えなさい。

問１　１セット（Ａ製品３個，Ｂ製品２個）の貢献利益額合計はいくらか。

問２　Ａ製品およびＢ製品の損益分岐点販売量を答えなさい。

問３　損益分岐点売上高合計はいくらか。

問４　安全余裕率を答えなさい。

問５　経営レバレッジ係数を答えなさい。

問６　売上高営業利益率を答えなさい。

設問２　×２年度では，「Ａ製品３対Ｂ製品２」の割合という制約を外し，全体の営業利益が最大となる両製品の組み合わせによることとした。**<資料１>**，**<資料２>**に基づいて，問１から問４に答えなさい。

問１　営業利益が最大となるＡ製品とＢ製品の販売量を答えなさい。

問２　営業利益が最大となる場合のＡ製品とＢ製品の貢献利益はいくらか。

問３　経営レバレッジ係数を答えなさい。

問４　営業利益が最大となる場合の売上高営業利益率を答えなさい。

問題2 下記の文章のうち，内容が正しいものには○，誤っているものには×をつけ，×をつけた場合にはその理由を簡潔に述べなさい。

1．中期利益計画において新製品Xの予定販売価格を150万円，目標売上高利益率16%，現状の技術を前提に技術者が見積もった原価を144万円とすれば，許容原価は126万円，成行原価は144万円である。

2．経営レバレッジとは，原価構成において固定費の割合が大きいほど，売上高の変化率に比べて営業利益の変化率がより大きくなることをいう。売上高が減少し，損益分岐点に近づくにつれて，経営レバレッジの程度は大きくなる。

3．本年度の販売にかかわる予算と実績は次のとおりであった。

販売価格 ：	（予算）	1,414円	（実際）	1,524円
販売数量 ：	（予算）	3,300個	（実際）	2,900個
市場占有率 ：	（予算）	10%	（実際）	8%

このとき，市場占有率差異は1,104,900円（有利）であり，市場総需要量差異は459,550円（有利）である。

4．調達源泉別の資本構成及び資本コスト率が次のとおりであれば，全資本の加重平均資本コスト率は4.4%となる。ただし，税率は40%，将来にわたり十分な利益が見込まれる。

	金　額	資本コスト率
負　債	3,920億円	5%
株主資本	5,880億円	4%

5．意思決定において，犠牲にされる経済的資源を，他の代替案に振り向けた場合に得られるであろう最大の利益は機会原価と呼ばれ，また，代替案間に共通に発生する原価は意思決定に対して無関連であり，埋没原価と呼ばれる。

6．原価企画とは，製品開発の源流にさかのぼって，市場で顧客に受け入れられる品質・企画・信頼性などの実現をはかる総合的な利益管理活動である。原価企画の出発点は，市場や顧客に受け入れられる製品づくりを目指すプロダクト・アウト志向にある。

7．バックフラッシュ・コスティングでは，製品勘定を設けず，製品の完成・販売といった，後ろから前に向かって記帳が行われ，材料の購入時や加工費などの支払いについては，それらの取引発生時に記帳される。

8．コスト・ドライバーとして，伝統的原価計算では操業度に関連する尺度が用いられる。一方，活動基準原価計算では，経済的資源を割り当てる際の尺度として資源ドライバーが，また，集計された活動原価を活動の利用度に応じて製品に割り当てる際の尺度として活動ドライバーが用いられる。

【解答用紙】

問題１

設問１

問１　１セットの貢献利益 [　　　　] 円

問２　損益分岐点販売量　Ａ製品 [　　　　] 個

Ｂ製品 [　　　　] 個

問３　損益分岐点売上高 [　　　　] 円

問４　安全余裕率 [　　　　] %

問５　経営レバレッジ係数 [　　　　]

問６　売上高営業利益率 [　　　　] %

設問２

問１　営業利益が最大となる販売量　Ａ製品 [　　　　] 個

Ｂ製品 [　　　　] 個

問２　営業利益が最大となる場合の各製品の貢献利益　Ａ製品 [　　　　] 円

Ｂ製品 [　　　　] 円

問３　経営レバレッジ係数 [　　　　]

問４　営業利益が最大となる場合の売上高営業利益率 [　　　　] %

問題2

	○または×	×の場合，その理由
1		
2		
3		
4		
5		
6		
7		
8		

（第175回　原価計算）

【第5問】

問題1　全経製作所には二つの事業部がある。部品を製造・販売している部品事業部と，製品を製造・販売している製品事業部である。

部品事業部では，共通のラインと労働力を使って，部品Xと部品Yという2種類の部品を製造・販売している。部品事業部は部品Xを南大塚製作所に毎月1,000個販売しているが，部品Xにはその他の外部販売はない。部品Yは，外部市場で十分な需要があるため，部品事業部は生産能力の上限まで製造・販売している。

製品事業部では，製品Zのみを製造・販売している。現在，製品事業部では主要な部品Pを外部から購入し，製品Zを製造している。製品Z1個につき部品P1個を使用している。

なお，全経製作所では各事業部には販売部門や管理部門がなく，全社共通の販売部門と管理部門がある。また，販売費及び一般管理費はすべて固定費とする。

次の**<資料>**に基づき，問1から問6に答えなさい。

<資料>

1．部品事業部に関わるデータ

	部品X	部品Y
販売価格	2,700円／個	1,250円／個
直接材料費	500円／個	200円／個
直接作業時間	2h／個	1h／個

直接労務費の賃率　800円／h

月間の直接作業時間の上限　6,000h

2．製品事業部に関わるデータ

製品Zの販売価格	7,000円／個
部品Pの取得原価	3,500円／個
その他の直接材料費	1,000円／個
直接作業時間	3h／個
直接労務費の賃率	700円／h
製品Zの月間の需要	500個

問1　部品X，部品Y，および製品Zの単位あたり貢献利益を計算しなさい。部品事業部については部品Xおよび部品Yの直接作業時間あたりの貢献利益を計算しなさい。

問2　全経製作所の月次の貢献利益の総額を計算しなさい。

問3　製品Ｚの製造において，部品Ｐの代わりに部品Ｘを利用することができる。その場合，製品事業部では製品Ｚ単位あたり１時間の追加作業が必要になる。部品Ｐの代わりに部品Ｘを製品事業部に振り替えた場合の全経製作所の月次の貢献利益の総額を計算しなさい。

問4　原価基準によって内部振替価格を設定した場合の問題点を述べなさい。

問5　問３の想定のように部品Ｘを部品Ｐの代替とした場合，部品Ｘ１単位を製品事業部に振り替えた結果，部品事業部で生じる機会原価を計算しなさい。

問6　問３の想定で部品Ｘを製品事業部に振り替える場合の振替価格を，問５で計算した機会原価＋部品Ｘの単位あたり変動費で設定した時の部品事業部と製品事業部の月次の貢献利益の総額をそれぞれ計算しなさい。

問題2　巣鴨エレクトロニクスでは，１種類の製品を製造・販売している。年次予算を直接原価計算方式で作成している。次の**＜資料＞**に基づいて，問１から問３に答えなさい。

＜資料＞

１．第×１年度の予算データ

販売単価	250円／個
販売量	26,400個
市場占有率	12%
単位あたり変動製造原価	100円／個
単位あたり変動販売費	40円／個
固定製造原価	2,000,000円
固定販売費	700,000円
一般管理費（固定費）	44,280円

期首・期末に製品および仕掛品在庫はない。

２．第×１年度の実績データ

販売単価	240円／個
販売量	25,000個
市場占有率	10%

問1　**<資料>**１．に基づき，解答用紙の予算損益計算書（直接原価計算方式）を完成させなさい。

問2　問１の場合の損益分岐点販売量，安全余裕率，経営レバレッジ係数を計算しなさい。なお，計算に当たって割り切れない場合は，安全余裕率はパーセントの小数点以下第２位を，経営レバレッジ係数は小数点以下第１位を四捨五入すること。

問3　**<資料>**１．および２．に基づき，解答用紙の指示に従い，売上高差異の項目別分析を行いなさい。

【解答用紙】

問題1

問1 部品X［　　　　　］円／個　部品Y［　　　　　］円／個　製品Z［　　　　　］円／個

部品X［　　　　　］円／h　部品Y［　　　　　］円／h

問2 貢献利益の総額［　　　　　　　　］円

問3 貢献利益の総額［　　　　　　　　］円

問4

問5 ［　　　　　　］円／個

問6 部品事業部の貢献利益総額［　　　　　　　　］円

製品事業部の貢献利益総額［　　　　　　　　］円

問題 2

問 1

予算損益計算書（直接原価計算方式）　　　（単位：円）

売上高	[　　　　]
変動売上原価	[　　　　]
変動製造マージン	[　　　　]
変動販売費	[　　　　]
貢献利益	[　　　　]
固定製造原価	[　　　　]
固定販売費及び一般管理費	[　　　　]
営業利益	[　　　　]

問 2　損益分岐点販売量　[　　　　]個

安全余裕率　[　　　　]％

経営レバレッジ係数　[　　　　]

問 3　数値にはプラス・マイナスをつけず，不利な差異か有利な差異かに○をすること。

販売価格差異　[　　　　]円（不利・有利）

販売数量差異　[　　　　]円（不利・有利）

市場占有率差異　[　　　　]円（不利・有利）

市場総需要量差異　[　　　　]円（不利・有利）

（第181回　原価計算）

【第6問】

問題1 田端工業では設備投資を検討している。以下の資料に基づいて問1から問8に答えなさい。

＜資料＞

(1) 設備投資予定額：30,000,000円，残存価額：0円，耐用年数：3年

(2) 設備は定額法によって減価償却を行う予定である。減価償却費以外に非現金支出費用は存在しない。

(3) 有利子負債の債権者，株主が希望する収益率
有利子負債の債権者が希望する利子率：5％，株主が希望する収益率：12％

(4) 時価評価した有利子負債・自己資本の構成比率
有利子負債構成比率：40％，自己資本構成比率：60％

(5) 法人の所得にかかる税金を無視した場合の加重平均資本コスト：9.2％，
法人の所得にかかる税金を考慮に入れた場合の加重平均資本コスト：8.4％

(6) 実効税率：40％

(7) 税引前ネットキャッシュフローと現価係数

	1年	2年	3年
税引前ネットキャッシュフロー（円）	11,000,000	18,000,000	12,300,000
加重平均資本コスト8.4％の場合の現価係数	0.9225	0.851	0.7851
加重平均資本コスト9.2％の場合の現価係数	0.9158	0.8386	0.7679
加重平均資本コスト17％の場合の現価係数	0.8547	0.7305	0.6244
加重平均資本コスト18％の場合の現価係数	0.8475	0.7182	0.6086

（注意） 1．正味現在価値の計算は資料で与えられた現価係数を使用して行うこと。
2．解答が負の値となる場合は，数字の前に△をつけて解答すること。

問1 法人の所得にかかる税金の存在を無視した場合のこの投資案の累積法による回収期間は何年か（1年未満の小数第3位を四捨五入し，小数第2位まで解答）。

問2 法人の所得にかかる税金の存在を無視した場合のこの投資案の資金の時間価値を考慮に入れた累積法による回収期間は何年か（1年未満の小数第3位を四捨五入し，小数第2位まで解答）。

問3　法人の所得にかかる税金の存在を無視した場合のこの投資案の正味現在価値はいくらか（端数が出た場合は，1円未満の小数第1位を四捨五入して円の単位まで解答）。

問4　法人の所得にかかる税金を考慮に入れた場合のこの投資案の正味現在価値はいくらか（端数が出た場合は，1円未満の小数第1位を四捨五入して円の単位まで解答）。

問5　法人の所得にかかる税金の存在を無視した場合のこの投資案の内部利益率は何％か（線形補間法を使用して計算する。1％未満の小数第3位を四捨五入し，小数第2位まで解答）。

問6　次の文章の（　A　）から（　F　）に入れるのが適切と思われる語を解答用紙の該当欄に記入しなさい。

問5の場合，（　A　）が（　B　）を（　C　）ので，この設備投資案を（　D　）すべきである。投資案の採否を判断したこの判断基準が満たされているとき，設備投資案の（　E　）の値は（　F　）になっている。

問7　次の文章の（　G　）から（　I　）に入れるのが適切と思われる語または数値を解答用紙の該当欄に記入しなさい。

正味現在価値法の計算とは逆に，設備投資案から得られる年々のネットキャッシュフローの（　G　）の合計から投資額の（　G　）を差し引くことによっても，設備投資案の採否について正味現在価値法を適用した場合と同じ判断ができる。法人の所得にかかる税金の存在を無視した場合の（　H　）末の年々のネットキャッシュフローの（　G　）の合計額は（　I　）円になる。

問8　法人の所得にかかる税金を考慮に入れた場合の加重平均資本コストの計算式を本問題で与えられている値を使用して示しなさい。（計算式は負債資本コストから書き始めること）

問題2　次の文章に基づいて問1から問3に答えなさい。

駒込製造では，新製品の開発を計画しているが，類似製品の市場価格，競合他社の動向，新製品に盛り込む諸機能など勘案して，新製品の販売価格を15万円／個に設定した。また，中期経営計画や販売中の他の製品の売上高総利益率などを参照し，新製品の目標利益率を18%とした。過去の製造データをベースとし，新機能を付加するコストなどを考慮して積み上げた（　A　）原価は14万円／個であった。予定販売価格と目標利益から逆算した（　B　）原価と（　A　）原価の差額は，大きく，駒込製造は，新製品の発売予定日から逆算した開発期間内でこの差額を埋めるのは困難であると判断し，目標原価を（　B　）原価に1万円を加算した金額に設定した。

問1　問題文中の（　A　），（　B　）に入れるのが適当と思われる語を解答用紙の該当欄に記入しなさい。

問2　新製品1個当たりの目標原価はいくらか。

問3　駒込製造が行った目標原価の設定方法は何と呼ばれるか。

問題3　品質原価計算に関して，問1，問2に答えなさい。

問1　次の文章を読んで（　A　）から（　H　）に入れるのが適当と思われる語を解答用紙の該当欄に記入しなさい。

品質は顧客の求めているものに製品やサービスがどれほど適合しているかを示す（　A　）品質と製品設計や仕様に製品やサービスがどれほど合致しているかを示す（　B　）品質とに大きく分けられる。品質原価計算が対象としているのは，（　B　）品質である。品質原価計算では，ＰＡＦ法と呼ばれる品質原価の分類法が有名であるが，これは（　C　）コスト，（　D　）コスト，（　E　）コストを英文で表記した場合の頭文字をとって名付けられたものである。（　E　）コストはさらに製品出荷前に発生する（　F　）コストと製品出荷後に発生する（　G　）コストに分類される。（　C　）コスト，（　D　）コストと（　E　）コストの間には一方を増加させると他方が減少するという（　H　）関係があるので，これらのコストの合計が最小となる最適品質原価ポイントを実現するように管理していくべきであるとする考え方と（　E　）コストはコストでなく，企業にとっての損失だとする考え方がある。後者の考え方をとった場合は，損失を減少させることが大事なので，一時的に品質原価の合計が増加したとしても，（　E　）コストが減少する施策を実施し，中長期的に品質原価の合計が下がればよいという考えに結びつく。

問2　下記の**＜資料＞**は大塚工業の2012年度の品質関係の原価である。（　C　）コスト，（　D　）コスト，（　F　）コスト，（　G　）コストはそれぞれいくらか。

＜資料＞

単位：万円

苦情処理費	25
品質教育訓練費	80
仕損費	19
不良品の手直し費	20
製品出荷検査費	45
返品回収・補修費	30
返品廃棄処分費	14
購入材料受入検査費	27
製品・工程設計改善費	100
設備保全費	60
故障機械修繕費	18

【解答用紙】

問題 1

問 1　(　　　　　　　)年

問 2　(　　　　　　　)年

問 3　(　　　　　　　　　)円

問 4　(　　　　　　　　　)円

問 5　(　　　　　　　)％

問 6　A（　　　　　　　　　　　）　　B（　　　　　　　　　　　）
C（　　　　　　　　　　　）　　D（　　　　　　　　　　　）
E（　　　　　　　　　　　）　　F（　　　　　　　　　　　）

問 7　G（　　　　　　　　　　　）　　H（　　　　　　　　　　　）
I（　　　　　　　　　　　）

問 8

問題 2

問 1　A（　　　　　　　　　　　）　　B（　　　　　　　　　　　）

問 2　(　　　　　　　　　　)万円／個

問 3　(　　　　　　　　　　)法

問題 3

問 1　A（　　　　　　　　　　　）　　B（　　　　　　　　　　　）
C（　　　　　　　　　　　）　　D（　　　　　　　　　　　）
E（　　　　　　　　　　　）　　F（　　　　　　　　　　　）
G（　　　　　　　　　　　）　　H（　　　　　　　　　　　）

問2 （ C ）コスト （ ）万円
（ D ）コスト （ ）万円
（ F ）コスト （ ）万円
（ G ）コスト （ ）万円

（第171回 原価計算）

解答・解説

【第1問】

問1

副産物評価額	336,000円
第1工程月末仕掛品原価	323,960円
第1工程完了品原価	6,922,790円

副産物評価額　(300円－20円) ×1,200kg＝336,000円

月末仕掛品原価の計算

直接材料費　$\dfrac{106,240円+2,602,760円}{250kg+6,200kg}\times 400=168,000円$

加工費　$\dfrac{154,750円+4,719,000円}{4,850kg+1,200kg+400kg\times 0.5}\times 400kg\times 0.5=155,960円$

第1工程月末仕掛品原価　168,000円＋155,960円＝323,960円

完了品原価の計算

直接材料費　106,240円＋2,602,760円－168,000円＝2,541,000円

加工費　154,750円＋4,719,000円－155,960円＝4,717,790円

第1工程完了品原価　2,541,000円＋4,717,790円－336,000円＝6,922,790円

問2

(金額単位：円)

第1工程仕掛品

借方	金額	貸方	金額
前月繰越	[260,990]	第2工程仕掛品	[5,680,970]
材料	[2,602,760]	(中間製品X)	[1,241,820]
加工費	[4,719,000]	(副産物)	[336,000]
		(次月繰越)	[323,960]
	[7,582,750]		[7,582,750]

副産物

借方	金額	貸方	金額
前月繰越	[22,400]	(月次損益)	[330,400]
(第1工程仕掛品)	[336,000]	(次月繰越)	[28,000]
	[358,400]		[358,400]

前工程からの振替

月初	180	完了	3,700
投入	3,980	月末	460
	4,160		4,160

追加材料

月初	90	完了	1,850
投入	1,760	月末	0
	1,850		1,850

中間製品Xの生産数量　4,850kg－3,980kg＝870kg

中間製品X勘定振替額　$\frac{6,922,790円}{4,850kg}\times 870kg \fallingdotseq 1,241,820円$

中間製品Xの次工程勘定振替額　6,922,790円－1,241,820円＝5,680,970円

問3

	前工程費	追加材料費	加工費	合　計
第2工程月末仕掛品原価	656,934円	0円	171,810円	828,744円
第2工程完了品原価	5,284,036円	1,850,000円	4,606,500円	11,740,536円

月末仕掛品原価の計算

前工程費　$\frac{260,000円+5,680,970円}{3,700kg+460kg}\times 460kg \fallingdotseq 656,934円$

追加材料費　$\frac{90,000円+1,760,000円}{1,850kg+0kg}\times 0kg = 0円$

加工費　$\frac{134,460円+4,643,850円}{3,700kg+460kg\times 0.3}\times 460kg\times 0.3 = 171,810円$

第2工程期末仕掛品原価　656,934円＋0円＋171,810円＝828,744円

完了品原価の計算

前工程費　260,000円＋5,680,970円－656,934円＝5,284,036円

追加材料費　90,000円＋1,760,000円－0円＝1,850,000円

加工費　134,460円＋4,643,850円－171,810円＝4,606,500円

第2工程完了品原価　5,284,036円＋1,850,000円＋4,606,500円＝11,740,536円

問4

	当月販売高
副産物	354,000円
中間製品X	2,296,000円
製品X	18,496,000円

副産物の販売高　300円×（80kg＋1,200kg－100kg）＝354,000円
中間製品Xの販売高　2,800円×（100kg＋870kg－150kg）＝2,296,000円
製品Xの振替高　3,400円×（450kg＋5,550kg－560kg）＝18,496,000円

問5

（金額単位：円）

借方科目	金　額	貸方科目	金　額
本　社	18,496,000	本社売上	18,496,000

問6

（金額単位：円）

借方科目	金　額	貸方科目	金　額
月次損益	5,984,236	本　社	5,984,236

月次損益の計算　（金額単位：円）

販売高合計	21,146,000	＝354,000＋2,296,000＋18,496,000
製品X売上原価	11,490,945	＝（933,300＋11,740,536）÷（5,440kg+560kg）×5,440
中間製品X売上原価	1,170,419	＝（142,700＋1,241,820）÷（100kg+870kg）×820kg
副産物売上原価	330,400	＝（22,400＋336,000）÷（80kg+1,200kg）×1,180kg
販売費	1,050,000	
一般管理費	1,120,000	
月次損益	5,984,236	

問7

（ア）	工程	（イ）	異種	（ウ）	主副
（エ）	正常市価	（オ）	結合原価（連結原価）		

問8

（等価係数）第１工程完了品X：第１工程完了品Y　＝　1　：　0.75

第１工程完了品Xの正常市価　2,800円

第１工程完了品Yの正常市価　2,100円＝2,520円－420円

X：Y＝2,800：2,100＝１：0.75

問 9

第 1 工程月末仕掛品原価	323,960円
第 1 工程完了品X原価	6,122,632円
第 1 工程完了品Y原価	1,136,158円

問 1 の解答より，第 1 工程完了品原価2,541,000＋4,717,790＝7,258,790

・積数計算

第 1 工程完了品X　4,850× 1 ＝4,850

第 1 工程完了品Y　1,200×0.75＝900

・按分計算

第 1 工程完了品X　$\frac{7,258,790}{4,850+900}\times 4,850=6,122,632$

第 1 工程完了品Y　$\frac{7,258,790}{4,850+900}\times 900=1,136,158$

問10

等級別総合原価計算では原価発生原因に基づく等価係数を利用するのに対して，連産品原価計算では負担能力に基づく等価計数を利用する。

【第2問】

問題1

問1　価格差異　[1,270,000]円　（借方）差異

数量差異　[280,000]円　（借方）差異

標準消費量＝8,400個×3kg/個＝25,200kg

価格差異＝（1,400円/個－1,450円/個）×25,400kg＝△1,270,000円（借方差異）

数量差異＝1,400円/個×（25,200kg－25,400kg）＝△280,000円（借方差異）

問2

二分法　順序は問わない

[管理可能]　差異　[77,200]円　（貸方）差異

[管理不能]　差異　[697,200]円　（借方）差異

四分法　順序は問わない

[予算]　差異[130,000]円　（貸方）差異

[変動費能率]　差異[52,800]円　（借方）差異

[固定費能率]　差異[67,200]円　（借方）差異

[操業度*]　差異[630,000]円　（借方）差異

（*不働能力でも可）

変動費率＝12,375,000円÷18,750時間＝660円/時間

固定費率＝1,500円/時間－660円/時間＝840円/時間

標準操業度＝8,960個×2時間/個＝17,920時間

予算固定費＝840円/時間×18,750時間＝15,750,000円

・二分法による差異分析

管理可能差異＝（660円/時間×17,920時間＋15,750,000円）－27,500,000円＝77,200円（貸方差異）

管理不能差異＝（17,920時間－18,750時間）×840円/時間＝△697,200円（借方差異）

・四分法による差異分析

予算差異＝（660円/時間×18,000時間＋15,750,000円）－27,500,000円＝130,000円（貸方差異）

変動費能率差異＝（17,920時間－18,000時間）×660円/時間＝△52,800円（借方差異）

固定費能率差異＝（17,920時間－18,000時間）×840円/時間＝△67,200円（借方差異）

操業度差異＝（18,000時間－18,750時間）×840円/時間＝△630,000円（借方差異）

*四分法の予算差異と操業度差異を足すことで二分法の管理可能差異が，固定費能率差異と操業度差異を足すことで管理不能差異が計算される。

問 3

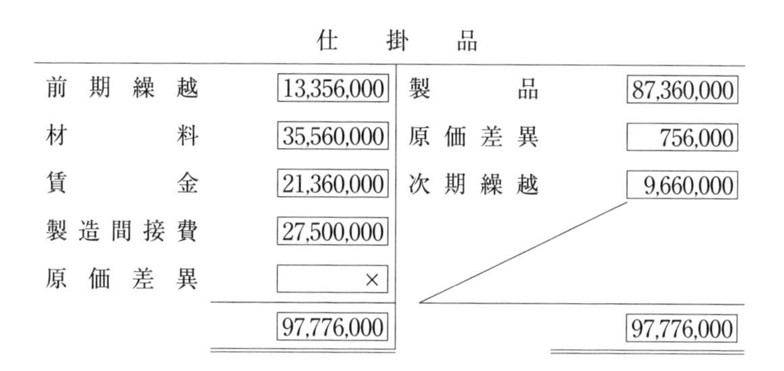

仕　掛　品

借方	金額	貸方	金額
前期繰越	13,356,000	製品	87,360,000
材料	35,560,000	原価差異	756,000
賃金	21,360,000	次期繰越	9,660,000
製造間接費	27,500,000		
原価差異	×		
	97,776,000		97,776,000

修正パーシャルプランなので，仕掛品勘定の借方の直接材料費と直接労務費については，実際消費量（作業時間）に標準価格（賃率）を乗じて計算した金額を記入する。製造間接費に関しては実際発生額を記入する。

問 4　パーシャルプランによる場合の直接材料費　36,830,000円

25,400kg×1,450円/kg＝36,830,000円

問 5

損益計算書　（単位：円）

売上高		102,300,000
売上原価		
期首製品棚卸高	8,640,000	
当期製品製造原価	87,360,000	
計	96,000,000	
期末製品棚卸高	6,720,000	
差引	89,280,000	
原価差額	945,000	90,225,000
売上総利益		12,075,000

問 4 までで計算されていないのは直接労務費差異である。

直接労務費差異＝2,400円/個×8,960個－21,226,500円＝277,500円（貸方差異）

①材料の価格差異　△1,270,000円は「標準価格が不適当かつ比較的多額」なもの

②操業度差異△630,000円は「異常な状態に基づく」もの

③それ以外の差異の合計7,500円（＝数量差異＋直接労務費差異＋予算差異＋変動費能率差異＋固定費能率差異＝△280,000円＋277,500円＋130,000円＋△52,800円＋△67,200円）は「標準価格等が適当かつ比較的少額」なもの

①は売上原価と期末棚卸資産に追加配賦する。

②は非原価項目として処理する。

③は売上原価に賦課する。

△1,270,000円は，売上原価のうち当期着手した分，そして期末仕掛品と期末製品とに追加配賦する。

売上原価負担分　$\triangle 1{,}270{,}000\text{円} \times \dfrac{18{,}900\text{kg}}{18{,}900\text{kg}+4{,}200\text{kg}+2{,}100\text{kg}} = \triangle 952{,}500\text{円}$

期末仕掛品負担分　$\triangle 1{,}270{,}000\text{円} \times \dfrac{4{,}200\text{kg}}{18{,}900\text{kg}+4{,}200\text{kg}+2{,}100\text{kg}} = \triangle 211{,}667\text{円}$

期末製品負担分　$\triangle 1{,}270{,}000\text{円} \times \dfrac{2{,}100\text{kg}}{18{,}900\text{kg}+4{,}200\text{kg}+2{,}100\text{kg}} = \triangle 105{,}833\text{円}$

△952,500円に上記③の売上原価に賦課する7,500円の差異を加えた△945,000円が売上原価に賦課する原価差額となる。

問題2

作業区分1　賃率差異	15,200	円	（借方）差異
作業区分2　作業時間差異	19,200	円	（借方）差異
賃率差異合計	70,560	円	（借方）差異
作業時間差異合計	36,600	円	（貸方）差異

作業区分1

標準作業時間＝1,500個×２時間/個＝3,000時間

賃率差異＝（900円/時間－905円/時間）×3,040時間＝△15,200円（借方差異）

作業時間差異＝900円/時間×（3,000時間－3,040時間）＝△36,000円（借方差異）

作業区分2

標準作業時間＝1,500個×３時間/個＝4,500時間

賃率差異＝（960円/時間－968円/時間）×4,520時間＝△36,160円（借方差異）

作業時間差異＝960円/個×（4,500時間－4,520時間）＝△19,200円（借方差異）

作業区分3

標準作業時間＝1,050個×１時間/個＝1,050時間

賃率差異＝（1,020円/時間－1,040円/時間）×960時間＝△19,200円（借方差異）

作業時間差異＝1,020円/時間×（1,050時間－960時間）＝91,800円（貸方差異）

問題3

問1

① 直接材料の標準消費価格と実際消費価格の差と，直接材料の標準消費数量と実際消費量との差からなる混合差異が生じるため。

② 数量差異は作業現場での能率の可否を見るものであり，価格要素の変動は作業現場には管理不能であり，責任がないため，混合差異の部分は価格差異に入れようという考え方。

問2 材料受入価格差異 1,350,000円 （借方）差異

期末材料棚卸高 2,320,000円

材料受入価格差異＝（1,400円/kg－1,450円/kg）×27,000kg＝△1,350,000円（借方差異）

期末材料棚卸高＝1,400円/kg×1,600kg＝2,240,000円

期末材料への配賦額＝1,350,000円×1,600kg/27,000kg＝80,000円

期末材料棚卸高＝2,240,000円+80,000円＝2,320,000円

【第3問】

問1

（単位：円）

	借　　方	金　　額	貸　　方	金　　額
①	材　　料	504,000	本　　社	504,000
②	工　　場 工場売上原価	504,000 480,000	工場売上 買 掛 金	504,000 480,000

問2

10,800時間÷12ヶ月＝900時間　　252,000円÷900時間＝280円/時間

X製造部門 280 円/時間

12,000時間÷12ヶ月＝1,000時間　　330,000円÷1,000時間＝330円/時間

Y製造部門 330 円/時間

問3

（単位：円）

	#103	#201	#202	#203	#203-2
前月繰越	(180,000)	(－)	(－)	(－)	(－)
直接材料費	－	(226,800)	(189,000)	(151,200)	(151,200)
直接労務費					
X製造部門	(20,000)	(96,000)	(112,000)	(24,000)	(120,000)
Y製造部門	(117,600)	(88,200)	(113,400)	(－)	(138,600)
製造間接費					
X製造部門	(14,000)	(67,200)	(78,400)	(16,800)	(84,000)
Y製造部門	(92,400)	(69,300)	(89,100)	(－)	(108,900)
小　計	(424,000)	(547,500)	(581,900)	(192,000)	(602,700)
仕損品	(－)	(－)	(－)	(△80,000)	(－)
(仕損費)	(－)			(△112,000)	(112,000)
合計	(424,000)	(547,500)	(581,900)	(0)	(714,700)

問4

予算の設定方法 実査法変動予算

X製造部門

実際操業度＝930時間

実際操業度における予算額

＝252,000円＋（258,000円－252,000円）÷100時間×30時間＝253,800円

実際操業度における予定配賦額＝280円/時間×930時間＝260,400円

予算差異 8,500 円（借方） 操業度差異 6,600 円（貸方）

Ｙ製造部門

実際操業度＝1,090時間

実際操業度における予算額

＝330,000円＋（360,800円－330,000円）÷100時間×90時間＝357,720円

実際操業度における予定配賦額＝330円/時間×1,090時間＝359,700円

予算差異 15,120 円（貸方） 操業度差異 1,980 円（貸方）

問５

#202（５単位）は２単位が完成・引き渡し済みなので完成品原価に含める。

月末仕掛品原価 906,680 円　　完成品原価 1,361,420 円

問６

問５と同様に，#202（５単位）は２単位が完成・引き渡し済みなので本社売上勘定，合併損益計算書の売上高に含める。

工場売上勘定 630,000 円

本社売上勘定 1,408,000 円

合併損益計算書の売上高 1,760,000 円

問７

（単位：円）

借　方	金　額	貸　方	金　額
月次損益	220,000	本　社	220,000

問８

（単位：円）

	借　方	金　額	貸　方	金　額
①	繰延内部利益控除	27,600	繰延内部利益	27,600
②	総合損益	27,600	繰延内部利益控除	27,600

月末材料（130kg）と月末仕掛品・材料（150kg×3/5＋120kg＋120kg）に含まれる内部利益を控除し，損益振替を行う。

問９

原価だけでなく利益に対する意識を組織内で醸成するという点。

【第４問】

問題１

設問１

問１　１セットの貢献利益 | 36,750 | 円

A製品の貢献利益　26,250円－（15,375円＋2,125円）＝8,750円/個

B製品の貢献利益　21,000円－（14,000円＋1,750円）＝5,250円/個

１セットの貢献利益合計　8,750円/個×３個＋5,250円/個×２個＝36,750円/セット

問２　損益分岐点販売量　A製品 | 375 | 個

B製品 | 250 | 個

損益分岐点販売量（セット数）（2,937,500円＋1,656,250円）÷36,750円/セット＝125セット

A製品分　125セット×３個/セット＝375個

B製品分　125セット×２個/セット＝250個

問３　損益分岐点売上高 | 15,093,750 | 円

26,250円/個×375個＋21,000円/個×250個＝15,093,750円

問４　安全余裕率 | 33.9 | %

実際売上高　26,250円/個×567個＋21,000円/個×378個＝22,821,750円

安全余裕率　（22,821,750円－15,093,750円）÷22,821,750円＝0.3386…

問５　経営レバレッジ係数 | 3.0

実際貢献利益　8,750円/個×567個＋5,250円/個×378個＝6,945,750円

実際営業利益　6,945,750円－（2,937,500円＋1,656,250円）＝2,352,000円

経営レバレッジ係数　6,945,750円÷2,352,000＝2.95…

問６　売上高営業利益率 | 10.3 | %

2,352,000円÷22,821,750×100＝10.305…

設問２

問１　営業利益が最大となる販売量　A製品 | 850 | 個

B製品 | 0 | 個

営業利益を最大化する販売量の組み合わせを，制約条件の下で特定する。

営業利益：8,750a＋5,250b　の最大化

制約条件

$$\begin{cases} 3a + 2b \leqq 2{,}550 \\ 2a + 3b \leqq 2{,}400 \\ a, b \geqq 0 \end{cases}$$

これをグラフにすると，以下のとおりであり，これに営業利益X＝8,750a＋5,250bの直線（点線で示している）を重ね合わせると，(a,b)　＝　(850,0) のとき，Xが最大となることがわかる。

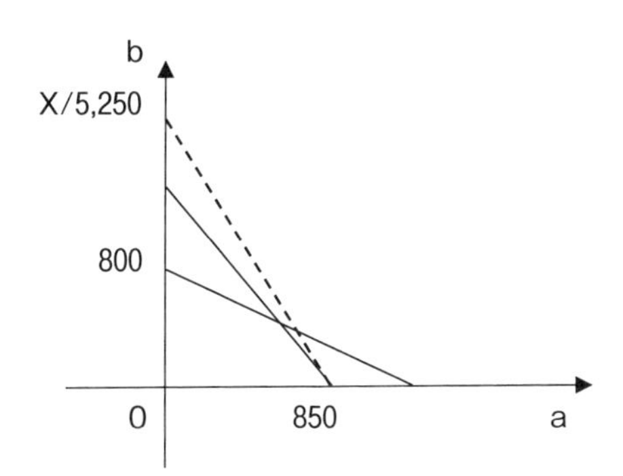

問2　営業利益が最大となる場合の各製品の貢献利益　A製品 | 7,437,500 | 円

B製品 | 0 | 円

A製品の貢献利益　8,750円/個×850個＝7,437,500円
B製品の貢献利益　5,250円/個×　0個＝　0円

問3　経営レバレッジ係数 | 2.8 |

実際貢献利益　8,750円/個×850個＋5,250円/個×0個＝7,437,500円
実際営業利益　7,437,500円－（2,937,500円＋1,656,250円）×1.04＝2,660,000円
経営レバレッジ係数　7,437,500円÷2,660,000＝2.796…

問4　営業利益が最大となる場合の売上高営業利益率 | 11.9 | %

実際売上高　26,250円/個×850個＋0円/個×0個＝22,312,500円
売上高営業利益率　2,660,000円÷22,312,500円×100＝11.921…

問題2

	○または×	×の場合，その理由
1	○	
2	○	

3	×	市場占有率差異差異は1,025,150円（不利）である。
4	×	加重平均資本コストは3.6％である。
5	○	
6	×	プロダクト・アウトではなく，マーケット・インである。
7	×	製品在庫があるときは製品勘定が必要である。
8	○	

【第5問】

問題1

問1　部品X［　600　］円/個　部品Y［　250　］円/個　製品Z［　400　］円/個

部品X［　300　］円/h　部品Y［　250　］円/h

	X	Y	Z
売上高	2,700	1,250	7,000
直接材料費	500	200	4,500
労務費	1,600	800	2,100
貢献利益	600	250	400

問2　貢献利益の総額［　1,800,000　］円

部品Xを1,000個製造すると，2,000hの直接作業時間を消費する。したがって，部品事業部では6,000h－2,000h＝4,000hを部品Yの製造販売にあてる。したがって，部品Yの生産販売個数は1個/h×4,000h＝4,000個である。

部品Xの貢献利益@600円×1,000個＋部品Yの貢献利益@250円×4,000個＋製品Zの貢献利益@400円×500個＝1,800,000円

問3　貢献利益の総額［　1,900,000　］円

部品Xを部品Pの代替にした場合，部品事業部は部品Xを1,500個生産することになる。2h/個×1,500個＝3,000hの直接作業時間を部品Xが消費する。したがって，残りの3,000hで部品Yを3,000個製造する。

製品Zの単位あたり貢献利益は，売価7,000円－（部品Xの単位原価2,100円＋その他の直接材料費1,000円＋直接労務費700円/h×4h）＝1,100円

貢献利益総額＝600円×1,000個＋250円×3,000個＋1,100円×500個＝1,900,000円

問4　原価を振替価格とすると，供給側事業部の利益が常にゼロになってしまう。

問5　［　500　］円/個

部品Xを1単位製品事業部に振り替えることによって部品事業部が失う利益は，部品Yの2単位分の貢献利益250円×2個＝500円である。

問6　部品事業部の貢献利益総額［　1,600,000　］円

製品事業部の貢献利益総額［　300,000　］円

	部品事業部				製品事業部
	X	Y	合計		Z
売上高				売上高	3,500,000
南大塚製作所	2,700,000			内部振替	1,300,000
内部振替	1,300,000			直接材料費	500,000
外部市場		3,750,000	7,750,000	労務費	1,400,000
直接材料費	750,000	600,000	1,350,000	貢献利益	300,000
労務費	2,400,000	2,400,000	4,800,000		
貢献利益	850,000	750,000	1,600,000		

問題 2

問 1

予想損益計算書（直接原価計算方式）	（単位：円）
売上高	[6,600,000]
変動売上原価	[2,640,000]
変動製造マージン	[3,960,000]
変動販売費	[1,056,000]
貢献利益	[2,904,000]
固定製造原価	[2,000,000]
固定販売・管理費	[744,280]
営業利益	[159,720]

問 2　損益分岐点販売量　[　24,948　] 個

安全余裕率　[　5.5　] %

経営レバレッジ係数 [　18　]

$$\text{損益分岐点販売量} = \frac{2{,}744{,}280\text{円}}{250\text{円}/\text{個} - 140\text{円}/\text{個}} = 24{,}948\text{個}$$

$$\text{安全余裕率} = \frac{26{,}400\text{個} - 24{,}948\text{個}}{26{,}400\text{個}} \times 100 = 5.5\%$$

$$\text{経営レバレッジ係数} = \frac{2{,}904{,}000\text{円}}{159{,}720\text{円}} = 18.181818 \fallingdotseq 18$$

問 3　数値にはプラス･マイナスをつけず，不利な差異か有利な差異かに○をすること。

販売価格差異	[　250,000　]	円	（不利）
販売数量差異	[　350,000　]	円	（不利）
市場占有率差異	[　1,250,000　]	円	（不利）
市場総需要量差異	[　900,000　]	円	（有利）

販売価格差異＝（240円/個－250円/個）×25,000個＝－250,000円（不利差異）

販売数量差異＝（25,000個－26,400個）×250円/個＝－350,000円（不利差異）

　予算総需要量＝26,400個÷12％＝220,000個

　実際総需要量＝25,000個÷10％＝250,000個

市場占有率差異＝250,000個×（0.1－0.12）×250円＝－1,250,000円（不利差異）

市場総需要量差異＝（250,000個－220,000個）×0.12×250円/個＝900,000円（有利差異）

【第6問】

問題1

問1　(　2.08　) 年　　**問2**　(　2.51　) 年　　**問3**　(　4,613,770　) 円

問4　減価償却費の影響＝30,000,000円÷３年×40％＝4,000,000円

１年度のCIF＝11,000,000円×（１－40％）＋4,000,000円＝10,600,000円

２年度のCIF＝18,000,000円×（１－40％）＋4,000,000円＝14,800,000円

３年度のCIF＝12,300,000円×（１－40％）＋4,000,000円＝11,380,000円

8.4％の場合の現価係数を利用すると，現在価値は1,307,738円となる。

(　1,307,738　) 円

問5　17％の場合と18％の場合の現価係数を利用してCIFの現在価値を求める。

17％の場合＝30,230,820円

18％の場合＝29,735,880円

線形補間法を利用して内部収益率を求める。

(30,230,820円－30,000,000円）÷（30,230,820円－29,735,880円）＝0.466

(　17.47　) ％

問6

A　(　内部収益率　)　　B　(　加重平均資本コスト　)　　C　(　上回る　)　　D　(　採用　)

E　(　正味現在価値　)　F　(　プラス　)

問7

G　(　終価　)　　H　(　3年　)　　I　(　45,073,104円　)

I　11,000,000円×（１＋9.2％)^2＋18,000,000円×（１＋9.2％）＋12,300,000円

＝45,073,104円

問8

５％×（１－40％）×40％＋12％×60％＝8.4％

問題2

問1　A　(　成行　)　　B　(　許容　)

問2　(　13.3　) 万円/個

問3　(　折衷　) 法

問題3

問1

A　(　設計　)　　B　(　適合　)　　C　(　予防　)　　D　(　評価　)　　E　(　失敗　)

F　(　内部失敗　)　　G　(　外部失敗　)　　H　(　トレード・オフ　)

問2

Cコスト　(　240　) 万円　　Dコスト　(　72　) 万円

Fコスト　(　57　) 万円　　Gコスト　(　69　) 万円

<付　録>

現　価　係　数　表

$$\frac{1}{(1+r)^n}$$

$n \backslash r$	1%	2%	3%	4%	5%	6%	7%	8%	9%	10%
1	0.9901	0.9804	0.9709	0.9615	0.9524	0.9434	0.9346	0.9259	0.9174	0.9091
2	0.9803	0.9612	0.9426	0.9246	0.9070	0.8900	0.8734	0.8573	0.8417	0.8264
3	0.9706	0.9423	0.9151	0.8890	0.8638	0.8396	0.8163	0.7938	0.7722	0.7513
4	0.9610	0.9238	0.8885	0.8548	0.8227	0.7921	0.7629	0.7350	0.7084	0.6830
5	0.9515	0.9057	0.8626	0.8219	0.7835	0.7473	0.7130	0.6806	0.6499	0.6209
6	0.9420	0.8880	0.8375	0.7903	0.7462	0.7050	0.6663	0.6302	0.5963	0.5645
7	0.9327	0.8706	0.8131	0.7599	0.7107	0.6651	0.6227	0.5835	0.5470	0.5132
8	0.9235	0.8535	0.7894	0.7307	0.6768	0.6274	0.5820	0.5403	0.5019	0.4665
9	0.9143	0.8368	0.7664	0.7026	0.6446	0.5919	0.5439	0.5002	0.4604	0.4241
10	0.9053	0.8203	0.7441	0.6756	0.6139	0.5584	0.5083	0.4632	0.4224	0.3855

$n \backslash r$	11%	12%	13%	14%	15%	16%	17%	18%	19%	20%
1	0.9009	0.8929	0.8850	0.8772	0.8696	0.8621	0.8547	0.8475	0.8403	0.8333
2	0.8116	0.7972	0.7831	0.7695	0.7561	0.7432	0.7305	0.7182	0.7062	0.6944
3	0.7312	0.7118	0.6931	0.6750	0.6575	0.6407	0.6244	0.6086	0.5934	0.5787
4	0.6587	0.6355	0.6133	0.5921	0.5718	0.5523	0.5337	0.5158	0.4987	0.4823
5	0.5935	0.5674	0.5428	0.5194	0.4972	0.4761	0.4561	0.4371	0.4190	0.4019
6	0.5346	0.5066	0.4803	0.4556	0.4323	0.4104	0.3898	0.3704	0.3521	0.3349
7	0.4817	0.4523	0.4251	0.3996	0.3759	0.3538	0.3332	0.3139	0.2959	0.2791
8	0.4339	0.4039	0.3762	0.3506	0.3269	0.3050	0.2848	0.2660	0.2487	0.2326
9	0.3909	0.3606	0.3329	0.3075	0.2843	0.2630	0.2434	0.2255	0.2090	0.1938
10	0.3522	0.3220	0.2946	0.2697	0.2472	0.2267	0.2080	0.1911	0.1756	0.1615

年金現価係数表

$$\frac{(1+r)^n-1}{r(1+r)^n}$$

$n \backslash r$	1%	2%	3%	4%	5%	6%	7%	8%	9%	10%
1	0.9901	0.9804	0.9709	0.9615	0.9524	0.9434	0.9346	0.9259	0.9174	0.9091
2	1.9704	1.9416	1.9135	1.8861	1.8594	1.8334	1.8080	1.7833	1.7591	1.7355
3	2.9410	2.8839	2.8286	2.7751	2.7232	2.6730	2.6243	2.5771	2.5313	2.4869
4	3.9020	3.8077	3.7171	3.6299	3.5460	3.4651	3.3872	3.3121	3.2397	3.1699
5	4.8534	4.7135	4.5797	4.4518	4.3295	4.2124	4.1002	3.9927	3.8897	3.7908
6	5.7955	5.6014	5.4172	5.2421	5.0757	4.9173	4.7665	4.6229	4.4859	4.3553
7	6.7282	6.4720	6.2303	6.0021	5.7864	5.5824	5.3893	5.2064	5.0330	4.8684
8	7.6517	7.3255	7.0197	6.7327	6.4632	6.2098	5.9713	5.7466	5.5348	5.3349
9	8.5660	8.1622	7.7861	7.4353	7.1078	6.8017	6.5152	6.2469	5.9952	5.7590
10	9.4713	8.9826	8.5302	8.1109	7.7217	7.3601	7.0236	6.7101	6.4177	6.1446

$n \backslash r$	11%	12%	13%	14%	15%	16%	17%	18%	19%	20%
1	0.9009	0.8929	0.8850	0.8772	0.8696	0.8621	0.8547	0.8475	0.8403	0.8333
2	1.7125	1.6901	1.6681	1.6467	1.6257	1.6052	1.5852	1.5656	1.5465	1.5278
3	2.4437	2.4018	2.3612	2.3216	2.2832	2.2459	2.2096	2.1743	2.1399	2.1065
4	3.1024	3.0373	2.9745	2.9137	2.8550	2.7982	2.7432	2.6901	2.6386	2.5887
5	3.6959	3.6048	3.5172	3.4331	3.3522	3.2743	3.1993	3.1272	3.0576	2.9906
6	4.2305	4.1114	3.9975	3.8887	3.7845	3.6847	3.5892	3.4976	3.4098	3.3255
7	4.7122	4.5638	4.4226	4.2883	4.1604	4.0386	3.9224	3.8115	3.7057	3.6046
8	5.1461	4.9676	4.7988	4.6389	4.4873	4.3436	4.2072	4.0776	3.9544	3.8372
9	5.5370	5.3282	5.1317	4.9464	4.7716	4.6065	4.4506	4.3030	4.1633	4.0310
10	5.8892	5.6502	5.4262	5.2161	5.0188	4.8332	4.6586	4.4941	4.3389	4.1925

全経簿記上級
原価計算・管理会計テキスト［第4版］

2007年3月25日　第1版第1刷発行
2011年3月30日　第1版第3刷発行
2013年1月10日　第2版第1刷発行
2015年3月30日　第2版第2刷発行
2017年9月20日　第3版第1刷発行
2023年2月20日　第3版第6刷発行
2023年11月1日　第4版第1刷発行

編　者　公益社団法人
全国経理教育協会
発行者　山　本　　継
発行所　（株）中央経済社
発売元　（株）中央経済グループ
パブリッシング

〒101-0051　東京都千代田区神田神保町1-35
電話　03（3293）3371（編集代表）
03（3293）3381（営業代表）
https://www.chuokeizai.co.jp
印刷／文唱堂印刷（株）
製本／誠　製　本（株）

＊頁の「欠落」や「順序違い」などがありましたらお取り替えいたしますので
発売元までご送付ください。（送料小社負担）
ISBN 978-4-502-47701-0　C3034